普通高等教育“十二五”规划教材

项目管理概论

主　编　江　平　张　霜

副主编　杨翠兰　何雪峰

科学出版社

北　京

内 容 简 介

本书系统地介绍了项目管理的基本理念和基础技能，以PMBOK的知识框架为基础，并用大量案例来说明如何运用这些基本技能使读者掌握项目管理。本书具有注重理论知识和案例分析相结合、图文并茂；在内容上力求简洁，具有较强的逻辑性等特点，共分为11章，主要内容包括项目与项目管理、项目选择与排序、项目组织与项目经理、项目范围管理、项目时间管理等。

本书可作为高等学校经济管理、工程管理、工业工程等专业的本科生教材使用，也可作为公共选修课教材，还可供项目管理人员、各类专业技术人员参考。

图书在版编目（CIP）数据

项目管理概论/江平，张霜主编．—北京：科学出版社，2014
普通高等教育“十二五”规划教材
ISBN 978-7-03-039661-7

Ⅰ．①项… Ⅱ．①江… ②张… Ⅲ．①项目管理-高等学校-教材
Ⅳ．①F224.5

中国版本图书馆CIP数据核字（2014）第017769号

责任编辑：李淑丽/责任校对：郭瑞芝
责任印制：徐晓晨/封面设计：华路天然工作室

科学出版社出版
北京东黄城根北街16号
邮政编码：100717
http://www.sciencep.com
北京中科印刷有限公司印刷
科学出版社发行 各地新华书店经销
*
2014年1月第 一 版 开本：787×1092 1/16
2019年7月第六次印刷 印张：16 1/2
字数：391 000

定价：39.00元

（如有印装质量问题，我社负责调换）

前　言

项目管理作为近年来迅速发展的一门新兴学科和一种特殊的管理方法，给社会经济带来了巨大的影响。项目管理已成为土木和建筑工程、信息工程、软件工程、制造工程、农业工程、环境工程、国防工程等多种行业运作的核心技术。为此，本书系统地介绍了项目管理的基本理念和基础技能，以 PMBOK 的知识框架为基础，引入各个行业的具体实例来说明如何运用这些基本技能使读者掌握项目管理。

本书融项目管理知识体系和项目管理实务为一体，具有很好的知识性和操作性。本书在编排上有如下特点：

（1）每章的开始部分都给出本章的学习目标，以帮助读者从总体上把握全章和各个知识领域的核心知识，对每章的学习起到穿针引线的作用。

（2）采用理论知识和案例分析相结合、图文并茂的形式。

（3）在知识内容的讲解上力求简洁，具有较强的逻辑性，便于读者阅读理解。

（4）各章附有复习题，以供读者复习巩固。

本书由西南科技大学经济管理学院江平、张霜任主编，负责拟订本书的框架结构和写作思路，杨翠兰、何雪峰任副主编。江平负责全书的统稿并编写第 2、5 章，张霜编写第 8 章，唐小红编写第 1 章，杨翠兰编写第 3、9 章，付群英编写第 4 章，何雪峰编写第 6、11 章，陈文君编写第 7 章，陈昌洪编写第 10 章。

本书在编写过程中，参考和借鉴了国内外项目管理专家、学者和项目管理实践者的研究成果，在此，表示诚挚的谢意。

由于编者水平有限、时间仓促，书中难免存在疏漏和不妥，敬请读者批评指正。

编　者

2013 年 11 月

目　录

第1章 项目与项目管理

知识目标

1. 了解项目的定义、特征、项目管理与日常管理的区别，以及项目的组成要素
2. 掌握项目管理的定义、基本特征及基本职能
3. 掌握项目生命周期四阶段的内容和项目生命周期的特征
4. 了解项目管理知识体系
5. 熟悉 IPMP 和 PMP

能力目标

1. 熟练应用项目生命周期四阶段理论
2. 能够应用项目管理的知识来分析实际案例

关键词 项目 项目管理 项目生命周期 项目管理知识体系

五星级酒店装饰的项目管理

一位民营企业家投资了一家五星级酒店装饰项目。该酒店建筑面积约八万平方米，投资近一亿元，装饰工期已有四年，目前仅完成装饰基础工作。该项目十分特别：第一，承包方式特别，全部工程内容采用包工不包料的方式运作；第二，项目管理特别，每个管理者既是甲方又是监理还是乙方；第三，管理的模式特别，董事长既是决策者又是项目经理还是采购员；第四，建设资金奇缺，施工现场问题多，施工周期延长；第五，管理责任特别，好像人人都有管理责任，又好像人人都没有。关键是组织、成本、进度、质量似乎无人提起。

讨论题

1. 从管理的角度出发，分析该项目存在的问题。
2. 如果你是该项目的负责人，对于该项目你将如何管理？

“项目”如今已普遍存在于人们的工作和生活中，并对人们的工作和生活产生着重要的影响。社会和经济的发展离不开项目，项目是构成各行各业发展的基础。项目管理在社会中的应用也日益广泛。在当今信息社会和知识经济时代之中，人们创造财富和社会福利的途径已经由过去的以重复进行的生产活动为主，逐步转向了以项目开发和项目实施活动为主。项目管理的理论和方法适用于现代社会中各种项目的管理，如科技开发项目、房地产开发项目、软件开发项目、新产品开发项目等。仔细观察会发

现，在许多领域中，项目开发与实施已经成为最主要的生产运营方式。可见，项目管理已经成为现代社会中主要的管理领域。

1.1 项目概述

在人们的工作和生活中，小到举行一个生日聚会、举办一场文艺演出、策划一场婚礼、撰写一本书籍、承办一个节日庆典，大到承包一项建筑工程、建设一个油田、开发一个新软件、安装一条新的生产线、开发一种新产品、进行一项科学试验等，都属于项目。项目随处可见，项目无处不在。正如美国项目管理专业资质认证委员会主席保罗·格雷斯（Paul Grace）所讲："项目管理如狂潮般席卷整个经济领域，而且在越来越多的领域中体现着非凡的生命力，到处都可见到它的影子。因此，在当今社会，一切都是项目，一切也都将成为项目。"

1.1.1 项目的定义

从人类开始有组织地活动起，就一直执行着各种规模的"项目"。史前人类的围猎是人类历史上最早的项目；埃及金字塔的建造，中国长城的修建、都江堰水利工程是古代大型、复杂的项目；美国的"曼哈顿计划"、"阿波罗登月计划"、中国的"两弹一星计划"、中国的三峡工程、希望工程、2008 年北京奥运的筹备和英法海底隧道工程等则是现代项目管理的典范。

一般认为，项目是一个组织为实现既定的目标，在一定的时间、人员和资源约束条件下，所开展的一种具有一定独特性的一次性工作。美国项目管理专家约翰·本（John Ben）指出："项目是要在一定时间里，在预定范围内需要达到预定质量水平的一项一次性任务。"项目是人类社会特有的一种经济活动，是为创造特定的产品或服务而开展的一次性活动。项目侧重过程，它是一个动态的概念。例如，一栋楼房的建设过程可以视为项目，但楼房本身不能称为项目。

国内外研究项目的组织及学者给项目下过各种定义，其中有代表性的有如下几种。

（1）美国项目管理的权威机构——项目管理协会（Project Management Institute, PMI）认为，项目是为提供某项独特产品、服务或成果所进行的临时性努力。

（2）美国著名学者罗伯特 J. 格雷厄姆（Robert J. Graham）认为，项目是为了达到特定目标而调集到一起的资源组合，它与常规任务的主要区别是，项目通常只做一次；项目是一项独特的工作努力，即按某种规范及应用标准导入或生产某种新产品或从事某项新服务。这种工作努力应当在限定的时间、成本费用、人力资源及资金等项目参数内完成。

（3）德国标准 DIN 69901-2—2009 认为，项目是指在总体上符合如下条件的唯一性任务：①具有预定的目标；②具有时间、财务、人力和其他限制条件；③具有专门的组织。

（4）美国的哈罗德·科兹纳（Harold Kerzner）博士认为，项目是具有以下条件的任何活动和任务的序列：①有一个将根据某种技术规格完成的特定的目标；②有确定的开始和结束日期；③有经费限制；④消耗资源（如资金、人员、设备）。

综上所述，本书认为，项目是指在一定资源约束下，为创造独特的产品或服务而进行的一次性努力。

1.1.2 项目的特征

通过对项目定义的认识和理解，可以归纳出项目作为活动所表现出来的区别于其他活动的特征。

1. 一次性

项目是一次性任务，一次性是项目区别于其他活动（任务）的基本特征。这意味着每一个项目都有特殊性，不存在两个完全相同的项目。项目有明确的开始时间和结束时间，项目在此之前从来没有发生过，而且将来也不会在同样的条件下再发生。项目有投入也有产出，项目大多带有某种创新和创业的性质。项目的其他属性也是从这一最主要的特征中衍生出来的。

2. 独特性

独特性又称唯一性。一个项目就是一次独一无二的冒险。在一定程度上，项目与项目之间没有重复性，每一个项目都有独自的特点，每个项目都有别于其他的项目。每个项目自身有着具体的时间期限、费用限制和性能质量等方面的独特要求，所以每个项目的决策、实施、运营全过程都具有自身的独特性。项目的这种特征意味着项目不能完全用常规方法完成，这就要求项目经理创造性地解决项目所遇到的问题。

3. 多目标性

项目是一种有着规定要求的最终产品的一次性活动。每个项目都有明确的目的和目标。项目工作的目的是追求特定的、可能实现的目标。目标贯穿项目工作的始终，所有的项目工作都围绕目标进行。项目的总任务是单一的，它可以被分解为分任务，而分任务（具体目标）有成本、质量、进度等各方面的要求。分任务必须完成，这样才能实现项目的目标。项目是相当复杂的，因此分任务在时间、优先权、费用和执行情况等方面都需要项目管理者进行合理的协调和控制。

4. 组织的临时性和开放性

项目往往需要组织去实现，一旦项目完成，组织就会解散。参与项目的组织往往有多个，它们通过合同、协议或其他的社会联系组合在一起。项目组织没有严格的界限。从人员构成和组织形态两方面看，项目组织都只是一个临时性的组织。

5. 生命周期性

项目的一次性特征决定了项目有一个确定的起始、实施和终结过程，这就构成了项目的有限寿命。任何项目都会经历项目启动、项目计划、项目实施、项目收尾等过程，人们通常把这一过程称为生命周期。在项目进行中，项目的生命周期性还表现出启动阶段比较缓慢，实施阶段比较快速，而结束阶段又可能比较缓慢的规律。

6. 资源约束性

项目必须在一定的组织机构内、在规定的时间内利用有限的资源完成。无论是简单的项目还是复杂的项目都需要消耗资源，都要受到人力、物力、财力的限制。任何项目都是在有限的资源条件下进行的，项目的资源约束性带给项目管理者各种新的挑战。

7. 不确定性

项目开始时，会在一定的假定和预算基础上进行时间、成本、质量的估计，而假定和预算存在一定程度的不确定性，由此便导致了项目目标实现的不确定性。这一特征表明，项目的建设不是一帆风顺的。项目管理稍有不慎就会达不到预期目标，造成无法挽回的损失。也正是由于这一点，项目管理显得尤为重要。

8. 冲突性

项目经理与其他经理相比，处理的工作更具有冲突性。比如，项目之间有为资源而与其他项目进行的竞争，有为人员与其他职能部门的竞争；项目组织的成员为了获得项目资源和解决项目问题时的主导地位也总是处在冲突之中；用户要变更，而上级组织要利润，但利润又因做出变更而减少；项目组成员有时同时向两个上司负责，从而存在命令不统一的冲突。

1.1.3 项目管理与日常管理的区别

组织的经营活动，大致可分为一次性的项目管理活动和重复性的日常管理活动。据统计，随着竞争的日趋激烈和需求的个性化发展，一般的组织和机构里，多达 50% 的工作是以项目的形式进行的。项目管理活动和日常管理活动有许多共性的地方，例如，二者都是由人来实施的、都受制于有限的资源，管理过程都需要计划、实施和控制。但是它们之间仍然存在着相当大的区别，如表 1-1 所示。

表 1-1 项目管理活动与日常管理活动的区别

名称 / 比较	项目管理活动	日常管理活动
责任人	项目经理	职能部门经理
组织机构	项目组织	职能部门
组织特征	临时性	稳定性
风险	不确定	相对确定
时间	有明确的开始及结束日期	相对而言无时间限制
特性	独特性	普遍性
持续性	一次性	重复性
资源需求	多变	稳定
管理标准	运用事先制订的计划来指导	运用标准化作业指导书来指导
参与人	较多，无法确定	有限，相对确定

1.1.4 项目的组成要素

为了满足项目预期的需求，我们可以将项目看成是由项目的范围、项目的组织结构、项目的质量、项目的成本和项目的进度五大要素构成的。

1. 项目的范围

项目的范围是指为了实现项目目标必须完成的所有工作，即项目预期目标的界定。由于项目目标的独特性，项目管理者需要全面、透彻地理解要管理的项目，把要管理的项目定义弄清楚，对项目目标进行界定，从而界定项目的范围。项目范围由项目目标分解得到，其指出了完成哪些工作就可以达到项目的目标，或者说完成哪些工作项目就可以结束。

确定了项目的范围以后，需要编写正式的项目范围说明书，并以此作为项目管理的基础。具体来说，项目范围说明书包括项目的合理性说明、项目目标和项目可交付成果三方面的内容。确定了项目的范围，项目的基本框架就形成了，使项目所有者或项目管理者能够系统、有逻辑地分析项目关键问题及项目形成中的相互作用要素，使得项目的干系人能就项目的基本内容和结构达成一致。

2. 项目的组织结构

项目组织是为完成项目而建立的项目团队，一般被称为项目班子、项目管理班子或项目组等。项目组织中的成员、人数和各自的职能需要进行搭配，通过设计合理的组织结构来实现，从而达到团队内部资源的合理配置，并促成彼此间很好地交流与合作。

项目组织决定了项目实施的成效。项目组织同其他组织一样，有自己的领导（项目经理)、经理班子、规章制度、人员配备、部门及人员间的沟通以及组织文化等。

在项目的五个组成要素中，项目的范围与项目的组织结构是最基本的，没有项目的范围就没有项目，没有组织结构项目就无法实施。其他三个项目要素（质量、成本和进度）则是软约束，是依附于基本要素之中的，是可以有所变通的，进行微调时必须符合上述两个基本要素的要求。

3. 项目的质量

项目质量的主体是项目，项目的结果可能是有形产品，也可能是无形产品，更多的则是二者的结合。根据项目的一次性特点，项目质量取决于所确定的项目范围内所有的阶段、子项目、各工作单元的质量，即项目的工作质量。要保证项目质量，首先应保证项目的工作质量。

项目的建设过程就是质量的形成过程。为此，坚持项目建设程序，严格按建设程序办事，把控建设过程中各个阶段的质量关，是保证项目质量的重要环节。保证项目质量即要保证项目可行性研究质量、项目决策质量、设计质量、施工质量和竣工验收质量。

根据美国项目管理协会编著的《项目管理知识体系指南》，项目质量管理是为保证项目达到原先规定的各项要求而进行的组织活动，即确定质量方针、目标与责任，并通过质量规划、质量保证、质量控制、质量持续改进等加以实施的各项管理活动的总和。

因此，项目的质量管理包括两方面的内容：一是项目工作质量的管理，二是项目产出物的质量管理。项目产出物的质量是靠项目工作的质量来保证的。

4. 项目的成本

项目的成本是项目为了达到特定的项目目标而牺牲或放弃的资源。对项目成本的计量，一般用花费多少资金来衡量，但也可以根据项目的特点，用特定的计量单位来表示。项目的成本约束就是规定完成项目需要花多少钱。关键是通过成本核算，能让项目干系人了解在当前成本约束之下，所能完成的项目范围及时间要求。

项目的总成本以预算为基础，项目结束时的最终成本应控制在预算内。项目成本管理包括确保在批准的预算范围内完成项目所需的各个过程。

5. 项目的进度

项目时间相关的因素用进度计划来描述，进度计划不仅说明了完成项目工作范围内所有工作需要的时间，也规定了每项活动的具体开始和完成日期。项目的时间约束就是规定项目需要多长时间完成，项目的进度应该怎样控制，项目的活动在时间上的要求，各项活动在时间安排上的先后顺序。

项目进度管理又称项目工期管理，也有人将其称为项目时间管理。项目进度管理的内容包括确保项目准时完工所必需的一系列管理过程与活动，如界定和确认项目活动的具体内容，项目活动内容的排序，估算工期，对工作顺序、活动工期和所需资源进行分析并制订项目进度计划，项目进度的管理与控制等。

大多数项目都会有明确的完成日期、项目成本和项目范围的限制。项目进度、项目成本和项目范围三个要素称为项目成功的三大要素。项目很难最终完全按照预期的范围、进度和成本三大约束条件完成。三个要素之间是互相矛盾、互相制约的。如果调整了这三个要素中的任何一个，另外两个都会受到影响。项目范围扩大，会导致项目工期延长或需要增加资源，进一步会导致项目的成本增加；如果决定对项目工期计划进行调整以缩短工期，提前完成项目，那么就会面临增加项目成本或缩小项目范围的选择；同样，如果需要调整项目计划以将项目成本控制在项目预算之内，那么其结果可能会延长项目工期或缩小项目范围。项目管理者需要运用项目管理九大领域的知识，在项目的管理过程中，科学、合理地分配各种资源，以尽可能地实现项目干系人的期望，使他们获得最大的满意度。

有了项目，有了项目软件，是否就能高枕无忧？

办公室里静悄悄的，只有墙壁上时钟发出的声音，滴答、滴答……李总坐在办公桌前，一筹莫展。他刚刚在会上跟几个项目经理发了一通脾气。他弄不明白，为什么这些技术上顶呱呱的年轻人在管理项目时却一塌糊涂；为什么给他们提供了那么好的工具，问题还是层出不穷，而且迟迟解决不了；为什么几乎所有的项目都受到客户的抱怨。

回想几年前，他和另外两个同学创办了这家软件开发公司，虽然起初只是三个人的小作坊，但生意做起来还得心应手。经过几年的摸爬滚打和资本积累，这家公司如今已经发展成为数十人的公司，尽管规模不算大，但在别人眼里也算小有成就了。而现在他却感到困难越来越大，尤其是在管理方面，项目经常延期，质量问题突出，费了九牛二虎之力做出来的软件，却无人问津。他一时不知从何下手。一次偶然的机会，李总参加了微软公司的一次产品发布会，他被Project 2003这种简单易懂、功能强大的项目管理软件深深地吸引住了。当即就为每一位开发人员购买了一套这样的软件。通过组织学习、培训和讨论，大家一致认为Project 2003很不错。李总非常高兴，他要求所有的项目都用软件来管理。然而事与愿违，这套他极为重视的项目管理软件，并没有解决他们在软件开发中存在的问题。项目依然延期，开发成本依然居高不下，软件质量依然问题多多。

李总深感困惑，如果说以前是因为没有相应的管理工具而不能很好地完成项目，那么为什么有了Project 2003这样先进的管理工具，问题还依然存在呢？这些项目经理的技术都是数一数二的，为什么就管理不好项目呢？发脾气是没有用的，也许，他该想想其他的办法了。

1.2　项目管理概述

项目构成了社会经济生活的基本单元，项目开发的成败决定着一个国家、一个地区或一个企业的发展速度和综合实力。随着项目规模的日趋扩大及技术工艺复杂程度的提高，专业化分工愈加精细，投资者对项目在质量、工期、投资效益等方面的要求也越来越高。因此，项目管理已成为决定项目生命力的关键。美国学者戴维·克莱兰德（David Cleland）指出：在应付全球化的市场变动中，战略管理和项目管理将起到关键性的作用。项目管理是一种管理方法体系，是一种已获得公认的管理项目的科学管理模式，而不是任意的一次管理过程。

1.2.1　项目管理的定义

项目管理，顾名思义就是对项目进行的管理。美国项目管理协会对项目管理的定义是：为了满足甚至超越项目涉及人员对项目的需求和期望，而将项目理论知识、技能、工具和技巧应用到项目的活动中去。

更全面地讲，项目管理就是指项目管理者为了实现项目的预定目标，在有限的资源约束下，满足或超越项目有关各方对项目的要求与期望，按照客观规律的要求，运用各种知识、技能、方法与工具，运用系统工程的观点、理论和方法，对执行中的项目发展周期中的各阶段工作进行计划、组织、控制、沟通和激励，以取得良好效益的各项活动的总称。

上面的定义表明，项目管理具有以下几层含义：

（1）项目管理的目标是满足或超越项目干系人的需求和期望。

（2）项目的资源是有限的，管理者需要在相互冲突的要求与资源约束中寻求平衡。项目管理就是合理地把各种资源应用到项目中去，以实现项目的目标，满足既定的需求。

（3）在项目活动中需要运用专门的知识、技能、工具和方法。

（4）项目管理的过程包含整个项目生命周期的各个阶段。

（5）项目管理的职能是一般管理的职能在项目领域的应用，其基本的职能有计划、组织及评价与控制。

（6）项目管理是以项目经理负责制为基础的目标管理。项目管理的组织是一个临时性、专门的柔性组织，或称为团队。

项目管理是伴随着技术进步与项目的复杂化和大型化而逐渐形成的一门管理学科。当然，项目管理属于管理的范畴，是管理领域的一个分支；然而，随着项目及其管理实践的发展，项目管理的内涵得到了较大的充实和发展，项目管理已成为一种新的管理方式。项目管理的理念在人们生产实践中起到越来越重要的作用，应用项目管理理论在实践中取得成功的例子使得人们越来越重视项目管理理论，它对提高项目管理效率起到了重要的作用。所以项目管理既有实践性，又有理论性，项目管理需要理论和实践相结合。

项目管理既是一门科学又是一门艺术。项目管理是一门科学，因为它以各种图表、数值以及客观事实为依据，来分析并解决问题，它要求掌握系统的管理方法和相应领域的技术。因此，人们也称它为硬技术。项目管理是一门艺术，因为它也受经济发展、人际关系、组织行为等因素的制约。项目管理经常会遇到相互沟通、协商谈判、解决冲突等问题，它强调团队精神和有效的激励机制，以调动项目组所有成员的主动性和积极性。项目经理、项目组成员、客户和有关的风险承担者之间要进行充分的沟通与协作，确保项目目标的顺利实现。

1.2.2 项目管理的基本特征

项目管理的基本特征包括以下几个方面。

1. 复杂性

项目管理一般由多个部分组成，工作跨越多个组织，需要运用多种学科的知识来解决问题。项目的独特性决定了项目工作通常没有或很少有以往的经验可以借鉴，执行中有许多影响因素，每个因素又常常带有不确定性；同时，项目经理还需要将具有不同经历、来自不同组织的人员有机地组织在一个临时性的柔性机构内，在技术、质量、成本、进度等较为严格的约束条件下实现项目目标等。这些因素都决定了项目管理是一项复杂的工作，而且其复杂性与一般的生产运作管理有很大不同。

2. 普遍性

项目作为一种创新活动普遍存在于人类社会生产活动之中。现有的各种文化物质成果最初都是通过项目的方式实现的，现有的各种运营活动都是各种项目的延续或延伸，人们的各种想法、建议和提案或迟或早都会转化成项目，并通过项目的方式得以验证或实现。项目的普遍性使得项目管理也具有了普遍性。新经济时代的浪潮已经扑面而来，企业面临着重大变革。从组织结构上来看，原有组织的传统职能部门由于缺乏灵活性，无法适应变幻莫测的新经济时代对组织高速变革的要求。这样就需要对传统的体制进行变革，项目管理将越来越多地受到企业管理者的青睐，其灵活的组织方式和对有限资源的合理组合分配将使组织的适应性大大提高。可以预见，新经济时代中企业对项目管理的需求将是空前的。

3. 创造性

项目的一次性特点决定了项目管理既有一定的风险性，同时又具有创造性。项目管理的创造性包括两层含义：一是指项目管理是对于创新（项目包含有许多创新之处）的管理；二是指任何一个项目的管理都没有一成不变的模式和方法可供参考，必须通过管理创新去实现对具体项目的有效管理。但创造总是带有探索性，并往往会导致失败，因此创造性必须依赖于科学技术的发展和支持。通过对前人经验的继承和积累，综合多种学科知识及其最新研究成果，将多种技术综合起来，创造性地完成项目预期的目标。

4. 目的性

项目管理的另一个重要特征是它的目的性。一切项目管理活动都是为实现“满足或超越项目有关各方对项目的要求与期望”这一目的服务的。项目管理的目的性不但表现在要通过项目管理活动保证满足或超越那些项目有关各方已经明确提出并清楚地规定出的项目目标，而且要通过项目管理去识别和满足、超越那些尚未识别和明确的潜在需要。

5. 组织具有临时性、柔性和集权性

项目管理是基于团队的管理，需要集权领导和建立专门的项目组织。项目组织为了完成某个特定的项目任务而由不同部门、不同专业的人员组成一个特别工作组织。这样的组织不受现存组织的任何约束，通过计划、组织、领导、控制等过程，对项目的各种资源进行合理配置，以保证项目目标的实现。由于项目是一次性的，所以，一旦项目结束，成功地实现了项目目标，项目组织的使命也就完成了，项目组织随着项目的结束而解散。项目组织的形式和用人机制具有很大的机动灵活性和柔性。项目组织的柔性还反映在各个项目相关者之间的联系都是有条件的、松散的，它们是通过合同、协议、法规以及其他各种社会关系结合起来的。

6. 贯穿系统工程的思想

组成项目的活动很多，活动之间的关系也很复杂；参与项目设计、建设的单位很多；项目周期一般都比较长。这些都要求项目管理用系统工程的理论与思想进行全面管理。项目管理把项目看成一个完整的系统，依据系统论“整体—分解—综合”的原理，将项目这一系统分解为许多个责任单元，由责任者按要求完成任务，然后汇总、综合成最终的成果。项目在实施过程中，实现项目目标的责任和权力往往被集中到一个人（项目经理）或一个小组身上。由于项目任务是由不同的人执行的，所以项目管理要求把这些任务和人员集中到一起，把它们当做一个整体对待，最终实现整体目标。因此，项目管理需要以系统工程的思想来管理项目。

7. 项目经理起核心作用

项目管理的一个主要原理是把一个时间有限和预算有限的事业委托给项目经理，他有权独立施行计划、进行资源分配、指挥和控制。项目经理是项目的负责人，是项目的直接管理者，他对项目的计划、组织、实施以及保证项目目标的实现负全部责任。项目经理还必须通过人的因素来熟练地运用技术因素，以达到项目目标。也就是说项目经理必须使他的组织成员成为一支真正的队伍，一个工作配合默契、具有积极性和责任心的高效率群体。项目经理在项目组织中处于核心地位，对项目组织的组建、项目实施的进度与费用控制、项目目标的实现起重要作用，是沟通和协调项目所有干系人的核心人物。项目经理负责制是目前项目管理的一个主要形式。

1.2.3 项目管理的基本职能

项目管理最基本的职能有三个：计划、组织及评估与控制。

1. 计划

凡事预则立，不预则废。如果项目想获得成功就必须编制详细的计划。项目计划是对未来进行预测，根据项目目标的要求，估计会碰到的问题，提出实现目标、解决问题的有效方案、措施和手段，对项目范围内的各项活动做出合理安排。项目计划系统地确定项目的任务、进度和完成任务所需的资源等，使项目在合理的工期内，用尽可能低的成本高质量地完成。

项目计划需要制订一份合理的进程表，让所有人明确任务、统一步调，从而准时地完成项目。项目计划是要付诸实施的，不能夸张，项目计划重在“准确”而非“快速”，当然项目经理也要考虑时间和成本的问题。

任何项目的管理都要制订项目计划，项目计划是确定项目协调、控制方法和程序的基础及依据，项目的成败首先取决于项目计划工作的质量。项目计划作为项目执行的重要依据，是项目中各项工作开展的基础。计划涉及项目的各个方面，有很多子过程，如范围规划、项目分解、进度规划、成本预算、风险规划和组织规划等。

项目计划可以按照以下步骤进行，即确定项目目标、明确假设和前提、提出实现各种目标的可行性方案、对方案进行评估、确定方案和写出项目计划书。项目计划按作用和服务对象可以分为四个层次，即决策型计划、管理型计划、执行型计划和作业型计划。项目计划按活动内容分类主要有项目主体计划、进度计划、费用计划和资源计划等。

项目经理也可以利用某些常用的制订项目计划的工具和方法，如工作分解结构(WBS)、线性责任矩阵、甘特图和编制项目时间进度计划的网络计划技术等；同时，项目经理要善于利用项目相关人员的知识、技能；还要创造一个良好的环境和气氛，使得项目团队的每一个成员都尽可能地发挥自己的才能和专长。

2. 组织

组织有两重含义：一是指组织机构，二是指组织行为、组织活动。项目管理的组织是指，为进行项目管理、完成项目计划、实现组织职能而进行的项目组织机构的建立、组织运行与组织调整等组织活动。

项目管理的组织职能包括五个方面，即组织设计、组织联系、组织运行、组织行为与组织调整。项目组织是实现项目计划、完成项目目标的基础条件，组织的好坏对于能否取得项目成功具有直接的影响。

项目的组织方式根据项目的规模、类型、范围、合同等因素的不同而有所不同，典型的项目组织形式有职能式、项目式和矩阵式三种。

1）职能式项目组织

职能式组织结构是社会生产力发展、技术进步和分工专业化的结果。随着企业规模的不断扩大，业务量的增加，出于企业的目标及管理上的需要，企业系统需要并开始设立专业职能人员和相应的部门，将相应的专业管理职责和权力赋予职能部门，各职能部门在专业职责范围内拥有直接指挥下级工作部门的权力。

项目的各个任务分配给相应的职能部门，项目成员按专业划分形成部门，每个成员都有一个明确的直接上司，职能部门经理对分配到本部门的项目任务负责，职能部门在自己职能范围内独立于其他职能部门进行工作。而涉及职能部门之间的项目事务和问题由各个部门负责人处理和解决，在职能部门经理层进行协调。

2）项目式项目组织

与职能式组织结构截然相反的是项目型组织结构，它从公司组织中分离出来，作为独立的单元，其系统中的部门全部是按项目进行设置的，即每个项目部门均有项目经理，负责整个项目的实施，有其自己的技术人员和管理人员，在项目的责任范围内有充分的自主权。

项目式项目组织结构又称线性组织结构，系统内的成员或调用或招聘，以项目进行分配和组合，接受项目经理的领导。项目可直接获得系统中大部分的组织资源，项目经理具有较大的独立权力和对项目的绝对权力，对项目的总体负责。

项目式组织结构是按项目来规划所有资源的，即每个项目有完成项目任务所必需的资源，每个项目的负责人对上直接接受企业主管或大项目经理领导，对下负责本项目资源的运用以完成项目任务。每个项目组之间相对独立。项目型项目组织结构中，也常设置若干部门，但是这些部门一般直接向项目经理报告工作，或为不同的项目提供支持服务。

3）矩阵式项目组织

矩阵式项目组织是职能式项目组织和项目式项目组织的一种混合体。它既有项目式项目组织注重项目和客户的特点，也保留了职能式项目组织的职能特点。矩阵式项目组织中每个成员和职能部门各司其职，共同为公司和每个项目的完成贡献力量。项目经理对项目的结果负责，而职能经理则负责为项目提供所需资源。

矩阵式组织结构是现代大型项目管理应用最广泛的组织形式，也是目前最为典型的项目组织形式。

3. 评估与控制

项目计划只是根据预测对未来做出的安排，由于在编制计划时难以预见的问题很多，项目计划付诸实施之后，会遇到意外情况，使项目不能按照计划进行，所以在项目组织实施过程中往往会产生偏差。正因为如此，才需要项目经理和项目组织进行控制。如何识别偏差、消除偏差或调整计划，保证项目目标的实现，这就是项目管理的评估与控制职能所要解决的问题。

项目控制就是监视和测量项目实际进展，若发现实施过程偏离了计划，就要找出原因，采取行动，使项目回到计划的轨道上来。项目控制要真正有效，就必须做到：要有明确的目的，要及时，要考虑代价，要适合项目实施组织和项目班子的特点，注意预测项目过程的发展趋势，要有灵活性，要有重点，要便于项目干系人了解情况，要有全局观念。

项目评估是项目控制的基础和依据，项目控制是项目评估的目的和归宿。要有效地实现项目评估和控制的职能，必须满足以下条件：

（1）项目计划必须以适于评估的方式来表达。

（2）评估的要素必须与项目计划的要素相一致。

（3）计划的进行及相应的评估必须按足够接近的时间间隔进行，一旦发现偏差，可以保证有足够的时间和资源来纠偏。

1.3 项目的生命周期

大部分项目从开始到结束，必然经过启动、计划、执行和结束这四个阶段，项目的这些阶段就称为项目的生命周期。在项目的生命周期内，首先，项目诞生，项目经理被选出，项目组织成员和最初的资源被调集到一起，工作程序也都安排妥当；然后，工作开始进行，各类要素迅速运作；接着，就有了成果，一直持续到项目即将结束。每个项目的生命周期都是独一无二的。每个项目的过程都不少于这些阶段，否则就不是一个完整的项目；每个项目的过程也不会多于这几个阶段，如果认为项目生命周期可以超出这个范围，那必定是错用了项目的概念。

1.3.1 项目生命周期四阶段及其主要工作内容

在关于项目生命周期的各种理论中，项目生命周期四阶段理论被人们广泛接受。项目生命周期四阶段理论在实际工作中又可根据不同领域或不同方法再进行具体的划分。美国宾夕法尼亚州立大学技术援助项目主任杰克·吉多（Jack Gido）提出项目生命周期分为识别需求、提出解决方案、执行项目和结束项目四个阶段的观点。

1. 识别需求

项目的发起是为了满足某种需求或解决某种难题，客户确定项目需求以后，项目就产生了。项目生命周期的第一阶段就是由客户和项目承约商就客户的需求进行识别、发现，确认客户现实的真实需求和未来的潜在需求，分析投资收益比，研究项目的可行性，以明确项目的目标、产品、服务或要解决的问题，同时分析识别项目面临的各种制约因素。

商务上，这个阶段以客户提出明确的“需求建议书”或“招标书”为结束标志。这个阶段尽管可以由客户单独完成，但如果项目承约商介入则非常有利：一方面，可了解客户真正需要什么；另一方面，早期的交流可建立良好的客户关系，从而为后续的项目建设奠定良好的基础。

本阶段对成功完成项目的影响最小，其风险和不确定性最高，因此进行项目可行性分析是十分必要的，其所付出的费用一般占项目总费用的1%。一个好的可行性分析可以避免后几个阶段的很多风险。

2. 提出解决方案

项目生命周期的第二阶段主要由各项目承约商向客户提交标书、提交满足客户需求的方案。这时候项目承约商会在第一阶段可行性研究的基础上，针对客户的需求，提出具体的解决问题的方案，双方就方案及其目标进一步磋商，确定最优方案并与项目承约商签订合同，详细估计所需资源的种类、数量以及所需花费的时间和成本。这一阶段的主要工作包括目标确定、范围界定、工作分解、工作排序、成本估计、人员分工、资源计划、质量保证和风险识别。

这个阶段是赢得项目的关键，项目承约商既要展示实力又要合理报价，他们会花大量时间和精力提出解决客户问题、满足客户需求的方案及其所需资源的种类、数量、执行方案所需的时间等，并形成书面文件提交客户，参与项目执行权的竞争。在客户对多个项目承约商的项目方案进行评估并选出中标者后，客户和中标商将共同协商签署项目合同或协议，项目承约商开始承担项目成败的责任。

在这个阶段，还应召开项目启动会。项目启动会是为了确保项目的所有成员明确自身职责，准确进入项目工作，同时也可以引起客户的足够重视。所以尽可能让客户以及项目方的高层领导参与项目的启动会并发表讲话，以调动项目成员的积极性，这是项目成功的第一步。在项目启动会上，还可让项目成员和项目干系人作自我介绍，创建联系名单，为团队建设打下基础。

3. 执行项目

项目生命周期的第三阶段主要是执行项目方案。从公司角度来看，这才是项目的开始。这个阶段通常组成项目经理部之类的机构，由项目经理负责管理，代表客户完全承担项目建设任务。

本阶段的内容包括：为细化项目目标，制订详细的工作计划；组建项目团队；协调人力资源和其他资源，执行项目计划；定期监控项目进展，分析项目偏差，采取必要措施纠正偏差，保证项目任务在预算内高质量地按时完成，实现项目目标。因为项目的不确定性，项目监控显得非常重要，特别是有多个单位参与建设的项目，必须建立有效的监控体系跟踪项目的运行状态。

值得注意的是，任何计划都不是尽善尽美的，对计划的修正是不足为奇的。

4. 结束项目

项目生命周期的最后阶段是项目结束阶段。这个阶段有两个任务。一是项目结束的后续活动，即项目成果的移交与接交、项目款项的清算等。在移交之前，要检查、测试项目的结果是否满足客户的要求，确保客户能接受项目的产品或服务。二是项目绩效的评估。一方面要确认客户对项目的满意度及项目是否达到客户的期望度；另一方面要分析项目缺陷，总结失败教训，为未来执行项目提供可借鉴的经验。

这一阶段的主要工作包括范围确认、质量验收、费用结算与审计、资料整理与归档、移交与评估。

项目的评估可以请客户参加，让其提出意见，并争取下一个商业机会，或请求将项目作为成果向其他客户展示。最后，举行庆祝仪式，让项目成员释放心理压力、享受成果。

研制青霉素项目的生命周期

青霉素的发现者亚历山大·弗莱明（Alexander Fleming）是英国细菌学家。1922年，他发现人的眼泪、唾液及感冒后的鼻涕里都含有一种能溶解细菌的物质，并为它取名为溶菌酶。1928年夏天，弗莱明发现他培养的霉菌能杀死炭疽杆菌、白喉杆菌、葡萄球菌、链球菌等凶猛的革兰氏阳性菌，而革兰氏阴性菌如痢疾杆菌、流感杆菌、伤寒杆菌等都不受影响。根据长期研究溶菌酶的经验，弗莱明推断这种霉菌一定是产生了一种抗菌物质，而这种抗菌物质有可能成为击败细菌的有效药物。弗莱明将这种抗生素命名为青霉素。

由于当时的医学界不相信青霉素的治疗效果，而且弗莱明所在的研究所的所长也不支持对青霉素进行深入研究，弗莱明只好孤军奋战。由于缺乏必要的实验条件、实验经费及合作者，他终究没有成功地将青霉素分离提纯出来以进行临床试验。直到第二次世界大战爆发，巨大的战争伤亡使人们对抗菌药物产生了迫切的需求，凡是有可能挽救生命、防止感染死亡的药物都得到了前所未有的关注与支持，这时青霉素才引起人们的注意。完善的设备、充足的经费以及霍华德·华特·弗洛里（Howard Walter Florey）、恩斯特·钱恩（Ernst Chain）等二十多名病理学家、生物学家、细菌学家、医学家经过一年的分工合作，才奠定了青霉素的治疗学基础。青霉素这种特效药花了近十年的时间才走完从发现到临床应用的过程。

随后的几十年里，青霉素作为抗生素家族的重要成员，在临床上被广泛应用，世界青霉素的产量从1975年的8000～10 000吨增加到2000年的27 000吨。

青霉素的发现虽然源于偶然因素，但它说明了一个项目的诞生。从发现到临床应用，这漫长的十年就是青霉素项目的生命周期。

1.3.2 里程碑事件

里程碑事件即项目中的重大事件，是指项目开展过程中一个主要的可交付成果的完成，它是项目进程中的一个重要标志，是在计划阶段应该考虑的关键点。可交付成果是指为了完成项目或其中一部分而必须完成的可度量的、有形的及可以核实的任何工作成果或事项。

在识别需求阶段，提出明确的“需求建议书”或“招标书”是一个里程碑事件，其可交付成果就是“需求建议书”或“招标书”；在提出解决方案阶段，签订项目合同是一个里程碑事件，其可交付成果就是项目合同；在执行项目阶段，项目完工是一个里程碑事件，其可交付成果就是有待交付的完工产品（基本完成的项目）；在结束项目阶段，项目交接是一个里程碑事件，其可交付成果就是完工产品和项目文件。

里程碑事件在项目管理中具有重要意义。首先，对一些复杂的项目，需要逐步逼近目标，里程碑事件是每一步逼近的结果，也是控制的对象。如果没有里程碑事件，想知道项目的进度情况是很困难的。其次，里程碑事件可以降低项目风险。通过早期评审可以提前发现需求和设计中的问题，降低后期修改和返工的可能性。再次，还可根据每个阶段的可交付成果分期确认收入，避免血本无归。最后，一般人在工作时都有“前松后紧”的习惯，而里程碑事件强制规定在某段时间做什么，从而合理分配工作，细化管理。

1.3.3 项目生命周期的特征

项目生命周期用来定义一个项目的开始与结束。项目生命周期的描述可能十分简单，也可能十分详细。高度详细的说明可能会包含大量的表、图和清单，以便于确定项目生命周期的结构，并确保其稳定性。这种详细说明的方法常常被称为项目管理方法学。

项目生命周期从几个小时到几年不等，依项目的内容、规模及复杂程度而定，并且不是所有项目都必然经历项目生命周期的四个阶段。一般来说，当项目在商业环境中执行时，项目生命周期将以更正式、更有内在结构性的方式展开；而当项目由私人或志愿者执行时，项目生命周期则趋向于较随便、不太正式。无论项目生命周期经历几个阶段，都有以下几个特征。

1. 项目资源耗费的变动性

项目最初对成本和工作人员的需求比较少，费用和人员的投入水平在项目开始时较低，随着项目的进展会逐渐增加，在项目要结束时又迅速降低。首先进行的是项目是否合理的论证和项目方案的选择，此后，随着项目计划的确定，项目开始启动。进入项目的执行、控制阶段后，项目的各种活动层数迅速增加，人力、物力投入水平急剧增加，达到最高峰。最后到了项目的评估、收尾阶段，投入水平亦随之下降，直到项目终止。

2. 项目风险的变动性

在项目开始时，一般都有许多不确定因素，因此风险性和不确定性最高，成功完成项目的概率最低。随着项目的进展，任务逐项完成，不确定因素逐渐减少，成功完成项目的概率会逐步提高。

3. 项目纠错费用的急剧增长性

项目起始阶段，项目干系人的能力对项目产品的最终特征和最终成本的影响力是最大的。随着项目的进行，这种影响力逐渐削弱。这主要是由于随着项目的逐步发展，投入的成本不断增加，变更和错误纠正的成本也逐渐增加，而出现的错误也不断得以纠正。随着项目的推进，项目变更和纠错的花费将总体增长，随着时间的推移，修正的成本将呈几何级数增长。因此，在每一个项目阶段结束时应及时进行总结回顾，尽可能以较小的代价纠正错误，将偏差和错误“扼杀在摇篮里”。

掌握项目生命周期的特征，有利于项目管理者在项目管理中把握重点，集中精力采取相应措施，保证项目建设的顺利进行。

1.4 项目管理知识体系

项目管理是从第二次世界大战以后发展起来的。一些项目管理者在实践中认识到，虽然他们从事的项目类型不同，但是仍有一些共同之处，因此，他们自发地组织起来探讨这些共性主题，即项目管理知识体系的建立。项目管理知识体系是指在项目管理中所要开展的各种管理活动，所要使用的各种理论、方法和工具，以及所涉及的各种角色的职责和他们之间的相互关系等一系列内容的总称。

项目管理知识体系中有一部分知识和方法是项目管理学科所独有的，或以独特的方式表达并普遍被接受的，如项目和项目管理的定义、属性，项目生命周期和干系人的概念，项目工作分解结构、网络计划技术等，这是项目管理学科的主体。还有一部分知识和方法是通用的管理知识和方法，如领导与激励、决策与控制、组织与策划、谈判与沟通、财务与会计，以及人事管理、营销管理、系统科学、行为科学等。

现代项目管理知识体系包括许多方面的内容，这些内容可以按多种方式进行组织，从而构成现代项目管理知识的一套完整的体系。

1.4.1 项目管理的系统框架

1965 年，欧洲成立了国际项目管理协会（International Project Management Association，IPMA），1969 年，美国也成立了项目管理协会（Project Management Institute，PMI）。1976 年，美国项目管理协会在蒙特利尔召开研讨会。会议期间，人们开始议论将当时项目管理的通用做法汇集为一个标准。1981 年，美国项目管理协会委员会同意成立一个小组来系统地整理有关项目管理职业的程序和概念。后来，人们又提出应当把项目管理看做单独的职业。1994 年 8 月，美国项目管理协会标准委员会发布了《项目管理知识体系指南》的草稿，并于 1996 年正式颁布，现在使用的是《项目管理知识体系指南》2000 年版。

项目管理知识体系是指项目管理学科的主体，是项目管理在各种特殊应用领域中都会涉及的知识，其中也包括在项目管理中需要的一般管理学知识。

项目管理知识可以用不同的方式来加以组织。目前，项目管理领域有两个广为流行的知识体系：一是以欧洲国家为主体的知识体系——国际项目管理专业资质标准（IPMA Competence Baseline，ICB），由国际项目管理协会编制；二是以美国为主体的知识体系——项目管理知识体系（Project Management Body of Knowledge，PMBOK）指南，由美国项目管理协会编制。本书主要参照美国项目管理协会提出的项目管理知识体系，将项目管理知识分为九个领域。

1. 项目整体管理

项目整体管理描述了用以保证各种项目要素能够相互协调所需要的各个过程，它需要在相互影响的项目目标和方案中作出平衡，对冲突目标进行权衡折中，最大限度地满足或超出项目干系人的需求和期望。项目整体管理主要包括三个过程：项目计划制订、项目计划实施和综合变更控制。这些过程之间及其与其他知识领域的过程间是相互作用的，根据项目需要，每一个过程都包含了一个或多个个人或团体的共同努力。虽然这里各个过程是作为彼此独立、相互间有明确界限的组成部门分别介绍的，但在实践中，它们可能会交叉重叠、互相影响。

2. 项目范围管理

项目范围管理描述了用以保证项目包含（且只包含）所有需要完成的工作，以便顺利完成项目所需要的各个过程。项目范围管理的主要过程包括：启动、范围计划编制、范围定义、范围核实和范围变更控制。这个过程是为达到项目目标对项目的工作内容范围保持控制所需要的一系列过程。项目范围管理的作用是保证项目计划包括且仅包括为成功地完成项目所需要进行的所有工作。

范围分为产品范围和项目范围。产品范围是指将要包含在产品或服务中的特性和功能，产品范围的完成与否用需求来度量。项目范围是指为了完成规定的特性或功能而必须进行的工作，而项目范围的完成与否是用计划来度量的。二者必须很好地结合，才能确保项目的工作符合事先确定的规格要求。

3. 项目时间管理

项目时间管理描述了用以保证按时完成项目所需的各个过程，是为确保项目各部分工作按时完成所需要的一系列过程。项目时间管理主要过程包括：活动定义、活动排序、活动工期估算、进度计划编制和进度计划控制。项目时间管理的作用是保证在规定时间内完成项目。

4. 项目成本管理

项目成本管理描述了用以保证在批准预算内完成项目所需的各个过程，是为确保完成项目的总费用不超过批准的预算所需要的一系列过程。项目成本管理主要过程包括：资源计划编制、成本估算、成本预算和成本控制。成本管理的作用是保证在规定预算内完成项目。

项目成本管理首先关心的是完成项目活动所需要资源的成本，但也应该考虑项目决策对使用项目产品成本的影响。项目成本管理的这种广义观点常被称为全生命周期成本计算。在许多应用领域，对项目产品的未来财务执行的预测和分析是在项目之外进行的。在包括这种预测和分析的情况下，项目成本管理将包括一些附加的过程和许多一般管理技术，如投资回报、折算成本流、回收期分析等。

5. 项目质量管理

项目质量管理描述了用以保证项目满足其所执行标准的要求而需要的各个过程，

是为确保项目达到其质量目标所需要实施的一系列过程。项目质量管理主要过程包括：质量计划编制、质量保证和质量控制。它涵盖了全面管理职能的所有活动，这些活动决定着质量的政策、目标、责任，并在质量体系中凭借质量计划编制、质量控制、质量保证等措施决定着对质量政策的执行、对质量目标的完成以及对质量责任的履行。质量管理的作用是保证满足承诺的项目质量要求。

6. 项目人力资源管理

项目人力资源管理描述了用以保证参加项目的人员能够被最有效使用所需要的各个过程，是为了保证所有项目干系人的能力和积极性得到最有效的利用而采取的一系列步骤。项目涉及的人员包括所有项目干系人——项目发起人、客户、个体贡献者等。项目人力资源管理主要过程包括：组织的计划编制、人员获取和队伍组建。人力资源管理的作用是保证最有效地使用项目人力资源完成项目活动。

7. 项目沟通管理

项目沟通管理描述了用以保证项目信息能够及时、准确地产生、收集、发布、储存和最终处理所需要的各个过程，是为确保项目信息合理收集和传输所需要实施的一系列措施。项目沟通管理主要过程包括：沟通计划编制、信息发送、绩效报告和管理收尾。项目沟通管理提供了成功所必需的人、思想和信息之间的重要联系。参与项目的每个人都必须做好传送和接收信息的准备，他们以个人身份涉及的信息将影响整个项目。沟通管理的作用是保证及时准确地产生、收集、传播、储存以及最终处理项目信息。

8. 项目风险管理

项目风险管理描述了识别、分析和应对项目风险的各个过程，涉及项目可能遇到的各种不确定因素，为了将它们的有利方面尽量扩大并加以利用，而将其不利方面带来的后果降到最低程度，需要采取一系列的风险管理措施。项目风险管理主要过程包括：风险管理计划、风险识别、定性风险分析、定量风险分析、风险应对计划编制和风险监控。风险管理的作用是识别、分析风险以及对项目风险作出响应。

9. 项目采购管理

项目采购管理描述了用以从执行机构以外获得物资和服务所需要的各个过程。项目采购管理主要过程包括：采购计划编制、询价计划编制、询价、供方选择、合同管理和合同收尾。项目采购管理是从买卖双方关系中买方的角度进行讨论的。在项目的许多层次上都存在买方—卖方关系。根据应用领域的不同，卖方可以称为转包商或供应商。卖方通常以项目方式管理他们的工作，在这种情况下，买方成为客户，并且是卖方的一个重要的项目干系人；卖方的项目管理队伍应关注项目管理的所有过程，而不仅仅是项目采购管理的过程；合同条款是卖方许多过程的关键性输入。

美国项目管理协会的项目管理知识体系基本覆盖了项目管理实践中的基本管理过程。但是，这些项目管理过程必须和实际项目的具体产品开发过程结合起来，才能完成整个项目活动。

1.4.2　国际项目管理协会和美国项目管理协会

目前国际上的两大项目管理协会是：国际项目管理协会和美国项目管理协会。自成立以来，这两个协会的工作卓有成效，为推动现代项目管理发挥了积极作用。

项目管理研究机构

目前，国际上具有较大影响力的项目管理协会是国际项目管理协会和美国项目管理协会。此外，我国也成立了中国项目管理研究委员会。这三个机构的具体情况如表 1-2 所示。

表 1-2　项目管理研究机构

项目管理机构	英文简称	知识体系	认证体系
国际项目管理协会	IPMA	ICB	IPMP
美国项目管理协会	PMI	PMBOK	PMP
中国项目管理研究委员会	PMRC	C-PMBOK	C-NCB

1. 国际项目管理协会

1）国际项目管理协会概述

国际项目管理协会于 1965 年在瑞士注册，为非营利性组织。该协会的成员以各个国家的项目管理研究组织为主；宗旨是促进全球的项目管理的发展；职能是促进项目管理国际化、专业化的发展；目的是促进国际间项目管理的交流，为国际项目领域的项目经理之间提供一个交流经验的论坛。国际项目管理协会于 1967 年在维也纳召开了第一届国际会议，从那时起项目管理即作为一门学科而得到了不断发展。

到目前为止，国际项目管理协会有英国、法国、德国、中国、澳大利亚等几十个成员国组织，这些国家的组织用它们自己的语言服务于本国项目管理的专业需求，国际项目管理协会则以英语作为工作语言提供有关需求的国际层次的服务。

国际项目管理协会与每个国家的项目管理组织的分工是：每个国家的项目管理组织负责实现项目管理本地化的特定需要，而国际项目管理协会则负责协调国际间的具有共性的项目管理的需求。国际项目管理协会还提供范围广泛的产品和服务，包括研究和发展、培训和教育、标准和认证，此外，还举行各种研讨会等。其成员组织可以得到许多优惠。

《国际项目管理杂志》是国际项目管理协会的正式会刊，每年面向其个人会员发行 6 期，该刊涵盖并综合了项目管理各方面的内容。它为全世界的专业人士提供了一个了解所需技术、实践和研究领域的场所，同时也为读者提供了一个论坛。在这里，读者可以分享到各个行业应用项目管理的共同经验，也可以分享在项目管理中应用各种技术的共同经验。

2）国际项目管理协会的知识体系

国际项目管理协会将项目的生命周期划分为四个阶段，即概念阶段、开发阶段、实施阶段和收尾阶段。

国际项目管理协会也有自己的知识体系标准——国际项目管理专业资质标准。它是国际项目管理协会编制的项目管理知识体系标准，它描述了项目管理界定的能力的各个方面以及对知识、经验和个人素质的评估分类方法，同时还有对项目管理人员总体印象的评价。其特点是：①对项目管理者的素质要求大约有40个方面。其中，28个为核心要素。②容许各成员组织变更除了28个核心要素之外的其他要素的20%，以照顾不同民族、不同文化以及新的职业发展要求。③特别强调从事项目管理人员的实践背景。④特别注意项目管理学科与具体专业知识的结合。⑤认证极为严格，有笔试、面试等多种方式综合认证。

国际项目管理协会的这种灵活性和强调实践的特色，是它与美国项目管理协会的最大不同之处。

3）国际项目管理协会的资质认证

国际项目管理专业资质认证（International Project Management Professional，IPMP）是国际项目管理协会在全球推行的四级项目管理专业资质认证体系的总称。国际项目管理专业资质认证是对项目管理人员知识、经验和能力水平的综合评估证明，能力证明是国际项目管理专业资质认证考核的最大特点。根据国际项目管理专业资质认证等级划分获得国际项目管理专业资质认证各级项目管理认证的人员将分别具有负责大型国际项目、大型复杂项目、一般复杂项目或具有从事项目管理专业工作的能力。

国际项目管理专业资质认证注重经验、能力的考核，“能力＝知识＋经验＋个人素质”是国际项目管理专业资质认证考核的最基本定义。国际项目管理专业资质认证有一套严格、科学、规范化的程序，每个级别有其相应的认证程序，包括笔试（题型为与经验和知识有关的问题）、研讨会、项目报告和面试。

国际项目管理协会依据国际项目管理专业资质标准，针对项目管理人员专业水平的不同将项目管理专业人员资质认证划分为四个等级，即A级、B级、C级和D级，每个等级分别授予不同级别的证书。

A级（Level A）证书认证的是高级项目经理。获得这一级认证的项目管理专业人员有能力指导一个公司（或一个分支机构）的包括有诸多项目的复杂规划，有能力管理该组织的所有项目，或者管理一项国际合作的复杂项目。这类等级称为CDP（Certificated Project Director）。

B级（Level B）证书认证的是项目经理。获得这一级认证的项目管理专业人员可以管理大型复杂项目。这类等级称为CPM（Certificated Project Manager）。

C级（Level C）证书认证的是项目管理专家。获得这一级认证的项目管理专业人员能够管理一般复杂项目，也可以在所有项目中辅助项目经理进行管理。这类等级称为PMP（Certificated Project Management Professional）。

D级（Level D）证书认证的是项目管理专业人员。获得这一级认证的项目管理人员具有项目管理从业的基本知识，并可以将它们应用于某些领域。这类等级称为PMF（Certificated Project Management Practitioner）。

国际项目管理专业资质认证的基准是国际项目管理专业资质标准。由于各国项目管理发展情况不同，所以，国际项目管理协会允许各成员国的项目管理专业组织结合本国特点，参照 ICB 制定在本国认证国际项目管理专业资质的国家标准（National Competence Baseline，NCB），这一工作授权于代表本国加入国际项目管理协会的项目管理专业组织完成。

2. 美国项目管理协会

1）美国项目管理协会概述

成立于 1969 年的美国项目管理协会是全球最大的由研究人员、学者、顾问和管理人员组成的项目管理专业组织，在全球 14 个国家拥有 12 万余名会员。它致力于向全球推行项目管理。美国项目管理协会在推进项目管理知识和实践的普及中扮演了重要角色，它卓有成效的贡献是编写了《项目管理知识体系指南》(PMBOK 指南)。

2）美国项目管理协会的知识体系

从 1981 年美国项目管理协会组委会批准总结实践经验，制定项目管理标准的研究开始，经过二十多年的实践、探索、总结、提高和完善，2004 年，美国项目管理协会第四次对研究成果进行修订，出版了《项目管理知识体系指南（第 3 版）》。该 PMBOK 指南是一个动静结合的整体，它包括动态的项目进程的五大过程管理和静态的项目管理九大知识领域，形成了一套独特而完整的科学体系，它是项目管理学科和专业的基础。

项目管理知识体系是由美国项目管理协会首先提出来的，该协会按照项目的生命周期理论将项目管理划分为五个过程，即启动过程、计划过程、执行过程、控制过程和结束过程。

3）美国项目管理协会的资质认证

资质认证是美国项目管理协会从 1969 年以来汇集大量研究人员、学者、有经验的管理者，通过对大量案例分析、提炼生成的精华并把它用资格认证和考试的方式加以固化的一个全新体系。美国项目管理协会于 1984 年设立了项目管理资质认证制度，项目管理人员通过考试成为被认证的项目管理专业人员（Project Management Professional，PMP），从 1991 年开始正式推广，现在全世界每年有数万人申请参加认证。

美国发达的经济使得一些国家向其学习，引进其技术，包括 PMP 认证体系。PMP 认证考试只有一个级别，并且只有笔试这一个程序，没有面试，对参加 PMP 认证学员资格的要求与国际项目管理专业资质认证的 C 级相当。

1999 年，PMP 在国际所有认证考试中，第一个获得 ISO 9001 质量认证，成为全球权威认证考试，全世界有 130 多个国家和地区认可 PMP。现在《项目管理知识体系指南》和 PMP 已成为全世界公认的标准，同时用英语、德语、法语、日语、朝鲜语、西班牙语、葡萄牙语和汉语等 9 种语言进行 PMP 资格认证考试。

《项目管理知识体系指南》提供的是一种思维方式，而不是死记硬背。由于项目管理涉及的知识面很广，考试的范围也不仅仅局限于《项目管理知识体系指南》这本书，需要有一定的书本以外的技能。考试时间长达 4 个小时，使得考场成为脑力和体力的双重考验。准备 PMP 考试，理论基础和实践经验缺一不可，但考试更侧重于理论、概念的检验。考试中给定场景来回答的问题占总题目数量的20%～30%。

美国项目管理协会的项目管理专业人员认证与国际项目管理协会的资格认证侧重点有所不同。它虽然有项目管理能力的审查，但更注重知识的考核，必须参加并通过包括200个问题的考试。

3. 中国项目管理研究委员会

1）中国项目管理研究委员会概述

中国项目管理研究委员会（Project Management Research Committee China，PMRC），于1991年6月成立，代表中国参加国际项目管理协会，并成为国际项目管理协会的团体会员。

为了进一步推动项目管理事业发展，中国科学院科技政策与管理科学研究所牵头成立了中国优选法统筹法与经济数学研究会，挂靠于西北工业大学。1991年6月，西北工业大学钱福培主持创建了中国项目管理研究委员会，这是我国唯一的、跨行业的、全国性的、非营利的项目管理专业组织，其上级组织就是由著名数学家华罗庚组建的中国优选法统筹法与经济数学研究会。

中国项目管理研究委员会自成立至今，做了大量具有开创性的工作，为推进我国项目管理事业的发展，促进我国项目管理与国际项目管理专业领域的沟通与交流起到了积极的作用。特别是在推进我国项目管理专业化方面，发挥着越来越重要的作用。其开展的主要工作包括：发行内部刊物《项目管理》，加强组织国内外及地区交流，开展国际交流、促进项目管理国际化，积极开展培训教育工作，积极发展组织、扩大专业影响。

中国项目管理研究委员会先后组织召开了“网络计划技术及其应用与发展”、“中国的项目管理——理论与实践”、“发展中的项目管理——时代与变革”等多次全国性项目管理专业学术会议，邀请了理论界、企业界及研究机构专业人员参加。在这一时期，国家技术监督局（后更名为国家质量技术监督局，现已同国家出入境检验检疫局合并为国家质量监督检验检疫总局）组织国内的专家，对网络计划技术进行研究总结，并于1992年推出了网络计划技术的国家标准，建设部（现在为中华人民共和国住房和城乡建设部）在2001年年初也推出了部门标准。

2）中国项目管理研究委员会的知识体系

中国项目管理研究委员会的知识体系是以“与国际接轨并具有中国特色、兼顾知识体系的完整性和开放性、逐步完善和取得广泛的认同”为基本原则来编写的。为建立适合我国国情的项目管理知识体系，形成我国项目管理学科和专业的基础，我国于1993年开始研究中国项目管理知识体系，并于2001年7月正式推出中国项目管理知识体系文件——《中国项目管理知识体系》（Chinese-Project Management Body of Knowledge，C-PMBOK）。

《中国项目管理知识体系》吸取了世界各国项目管理知识体系中的已经成熟的内容，以及先进的概念和方法，反映了中国由计划经济向社会主义市场经济转型阶段的社会经济状况和实际需要，形成了以项目管理共性知识为核心内容并方便在此基础上补充和扩展的框架。

《中国项目管理知识体系》主要以项目生命周期为基本线索展开，从项目及项目管理的概念入手，按照项目开发及其相应的知识内容，同时兼顾项目管理过程中所需要的共性知识及方法工具，共分为 88 个知识模块。

《中国项目管理知识体系》的基本框架如下：

第一部分：项目与项目管理的概念、特点和属性。

第二部分：项目生命周期与阶段，包括项目孵化、启动、规划、实施（执行与控制）、收尾与交接。

第三部分：项目管理的知识领域和技术方法，包括整体管理、范围管理、时间管理、成本管理、质量管理、人力资源管理、沟通与信息管理、采购管理、风险管理和基于计算机网络的项目管理技术。

第四部分：应用领域的特性知识。应用领域可以有各种不同的分类方法，如产业类别、行业类别、产品类别等；如果从管理方法的角度来归类，还可以分为建设项目、设计咨询项目、技术改造项目、新产品研发项目、信息技术（IT）项目、教育培训项目、科研项目、军事项目等。

第五部分：组织机构与项目管理，包括基于项目管理的组织机构设计，组织机构中的多项目管理，组织中的项目财务管理，组织中的项目资源管理等。

第六部分：项目管理人员道德规范，包括人格品行、工作态度、为人处世原则、对社会公众的责任等。管理人员的职业道德与组织机构一起，成为项目管理知识得以应用并推动项目走向成功的前提，缺一不可，以此体现了项目管理中突出人的因素这一重要的理念。

3）中国项目管理研究委员会的资质认证

从 20 世纪 90 年代末开始，项目管理在国内日益受到重视。1999 年 11 月，中国与美国项目管理协会签订合作协议，正式引入 PMP 认证体系。2000 年 6 月，中国举办了首次 PMP 考试，当时参考者只有 60 多人，而现在每次 PMP 考试的报名人数都在千人以上。许多公司的高层管理者也已认识到项目管理的重要性和学习有关知识的迫切性。目前社会上各种有关项目管理的培训、讲座、认证、考试已让人目不暇接。今天的项目管理已经成为白领职业中的又一亮点。

2001 年，我国成立了中国国际项目管理专业资质认证委员会，建立了强大的国际项目管理专业资质认证培训师队伍、评估师队伍及分布在全国 30 多个省、市的考点和培训点，形成了完整的培训体系、认证体系和市场体系。

2001 年 5 月，中国项目管理研究委员会根据国际项目管理专业资质标准的要求建立了《中国项目管理知识体系纲要》，其后又建立了《国际项目管理专业资质认证中国标准》（Chinese-National Competence Baseline，C-NCB）。

2006 年 6 月，中共中央办公厅、国务院办公厅印发《关于进一步加强高技能人才工作的意见》的通知，要求加快高技能人才队伍建设，充分发挥高技能人才在国家经济社会发展中的重要作用。对于获得项目管理师国家职业资格证书的高技能人才，在待遇和保障制度上有更多的鼓励和支持。

根据人力资源和社会保障部文件精神，为适应社会经济发展对项目管理师的需求，我国第一次项目管理师考试于2009年3月30日举办。

中国项目管理师（China Project Management Professional，CPMP）国家职业资格认证是人力资源和社会保障部在全国范围内推行的四级项目管理专业人员资质认证体系的总称。项目管理师是指掌握项目管理原理、技术、方法和工具，参与或领导项目的启动、计划、组织、执行、控制和收尾过程的活动，确保项目能在规定的范围、时间、质量与成本等约束条件下完成既定目标的人员。该职业共设四个等级：项目管理员、助理项目管理师、项目管理师、高级项目管理师，每个等级分别授予不同级别的证书。

中国项目管理师作为国家职业资格考试，具有广泛的认可度和专业权威性，代表了我国政府对项目管理专业从业人员资格认证的最高水平。国家职业资格项目管理师证书已成为我国政府部门和各企事业机构组织对项目管理专业人员素质考核的主要参考因素，是对项目管理专业人员执业、求职、任职的基本要求。而那些拥有良好项目管理教育和实践经验的人员早已成为众多公司追逐的对象。

本章回顾

项目是一个组织为实现既定的目标，在一定的时间、人员和资源约束条件下，所开展的一种具有一定独特性的一次性工作。由于项目的独特性和一次性特征，引申出其他特点，如不确定性、组织的临时性和开放性等。可以说项目是一种创新的事业，项目管理则可简洁地称为实现创新的管理。这恰恰是社会当前最需要的。

项目管理就是指项目管理者为了实现项目的预定目标，在有限的资源约束下，满足或超越项目有关各方对项目的要求与期望，按照客观规律的要求，运用各种知识、技能、方法与工具，运用系统工程的观点、理论和方法，对执行中的项目发展周期中的各阶段工作进行计划、组织、控制、沟通和激励，以取得良好效益的各项活动的总称。明确项目的生命期对于项目的成功具有极其重要的指导意义。

目前，国际上的两大项目管理协会是国际项目管理协会和美国项目管理协会。美国项目管理协会对项目管理的最大贡献是开发了一套项目管理知识体系，《项目管理知识体系指南（第3版）》科学地把项目管理划分为九个知识领域，即范围管理、时间管理、成本管理、质量管理、人力资源管理、沟通管理、采购管理、风险管理和综合管理。

发达国家相当重视项目管理专业人才的培养和资质认定，并形成了具有一定规模的行业，在这方面我国还存在很大差距。但是随着项目管理的需求在我国日益增多，对这方面的专业人才培养以及资格认证已经起步并得到发展。

复　习　题

一、判断题

1. 项目管理的目标就是按时完成任务。(　　)

2. 项目是为完成某一独特的产品、服务或任务所作的一次性努力。(　　)

3. 日常运作总是在很短的时间内完成，而项目必须要跨越数年或数十年。(　　)

4. 每一个项目阶段的结束必须以某种可交付成果为标志。(　　)
5. 项目的生命周期可以归纳为四个阶段，这种划分通常是固定不变的。(　　)
6. 里程碑即是指一个可交付成果。(　　)
7. 可交付成果必须是可以测量的、可以验证的事实或结果，它可以是有形的，也可以是无形的。(　　)
8. 项目在开始时，它的风险性和不确定性最高。(　　)
9. 项目启动就是开始执行项目。(　　)
10. 项目管理中计划工作过程、执行工作过程、控制工作过程是截然分开的。(　　)

二、单项选择题

1. 项目是（　　）。
   A. 一个实施相应工作范围的计划
   B. 一组以协作方式管理、获得一个期望结果的主意
   C. 创立独特的产品或服务所承担的临时任务
   D. 必须在规定的时间、费用和资源等约束条件下完成的一次性任务
2. 以下属于项目的一个实例是（　　）。
   A. 管理一个公司　　B. 提供技术服务
   C. 建设一栋楼房　　D. 提供金融服务
3. 项目区别于其他任务（运作）的最基本特征是（　　）。
   A. 目标明确性　　B. 一次性
   C. 整体性　　D. 依赖性
4. 项目管理的基本职能包括（　　）。
   A. 项目计划　　B. 项目评价与控制
   C. 项目组织　　D. 以上所有
5. 以下各项都是项目的特点，除了（　　）。
   A. 有始有终　　B. 临时性
   C. 重复性　　D. 独特性
6. 随着项目生命周期的进展，资源的投入（　　）。
   A. 逐渐变大　　B. 逐渐变小
   C. 先变大再变小　　D. 先变小再变大
7. 项目的“一次性”的含义是指（　　）。
   A. 项目的持续时间很短
   B. 项目有确定的开始和结束时间
   C. 项目将在未来的一个不确定时间结束
   D. 项目可以在任何时候取消

三、多项选择题

1. 下列属于项目的实例是（　　）。
   A. 举办一场婚礼　　B. 开发一种新的计算机软件系统
   C. 提供金融服务　　D. 管理一个公司

2. 项目的共同点有（　　）。

A. 明确的起止时间　　B. 预定目标

C. 受到资源的限制　　D. 消耗资源

3. 项目当事人应该包括（　　）。

A. 项目经理　　B. 客户

C. 供货商　　D. 项目发起人

4. 项目从开始到结束的若干阶段，构成了项目的生命周期。以下哪些是项目生命周期的阶段（　　）。

A. 实施阶段　　B. 终止阶段

C. 概念阶段　　D. 计划阶段

5. 项目管理过程可以由（　　）组成。

A. 启动过程　　B. 计划过程

C. 执行和控制过程　　D. 收尾过程

四、简答题

1. 试阐述项目和项目管理的定义。你如何对一个项目加以定义？

2. 列举出项目的五个特征。

3. 试分析项目管理的基本职能。

4. 项目管理和日常管理有哪些区别？

5. 简述项目生命周期的几个阶段及其主要工作内容。

6. 美国项目管理协会提出的项目管理知识体系分为哪九个知识领域？

五、能力应用题

案例分析　9000万元的订单怎么会失去？

A公司是一家大型跨国企业，专为汽车和飞机制造商生产专用机器、零配件和工具，每年的销售额达13亿元之多。

在生产管理方式上，公司采用传统的项目分配方法。由王杰领导的工程部主要负责购买资本设备和选择产品制造中使用的生产方法，并掌管项目任务评估，购买新机床，安排新产品生产。王杰将不同项目分配给适当的部门，在项目工程师的指导下完成项目。

王杰要前往广州的一个工厂。这家工厂的经理马克要购买一台价值105万元的数控机床。在征得王杰的同意时，他有很多疑问并希望进行面对面的交流。

这家工厂为航空业提供产品，其中在一家航空公司的销售额约占其总销售额的90%。王杰最关心的是马克的销售目标，该销售目标是马克要求建立新加工中心的理由。马克指出他的目标是基于该航空公司在未来5年内的预计采购量制定的。

鉴于这种预计是建立新加工中心的一个重要的理由，王杰建议与航空公司的有关人士召开座谈会，商讨项目开发的相关事宜。

当王杰走进航空公司的首席工具采购唐强的办公室时，迎接他的是这样的质问："你们公司出了什么问题？他们拒绝接受这一特殊零件的报价。我们寄给他们图纸，询问其价格和交付方式，并向其表明这会是个很可观的订单，然而他们拒绝了我，说没有完成此业务的能力。你们的销售部出了什么问题？"

这一切对王杰来说太突然了。他看着这些零件图纸问："你们说的业务是哪一方面的？"唐强眼都不眨地说："每年 9000 万元。"

王杰清楚自己公司有生产这种零件的专家，并且只需要增加一台机器（一台价值两万美元的压力机）就可满足全部生产能力。王杰也意识到自己正处在一个两难境地。公司的销售代表不在这儿，他当然不能对销售发表什么评论。但是，不能轻易丢掉一个每年 9000 万元的订单。王杰向唐强表示，他会将这一信息带回去，与负责销售、制造和工程的副总裁商量，销售副总裁会与他联系。

在返程途中，王杰回顾了他与唐强会面的情况。为什么公司的销售副总裁李斌会拒绝这一报价呢？难道他不知道会有 9000 万元的订单？尽管王杰并不负责销售，但他决定尽力为公司争得这个订单。

第二天早上，当王杰刚想查看一下邮件时，李斌就暴跳如雷地走进他的办公室。"你以为你是谁？可以在没有一个销售代表出席的情况下，为公司接受订单？你知道吗，所有与客户的沟通都要通过销售部门。"

王杰去见他的上司谭雅辉。他告诉谭雅辉所发生的事情，然后说："我已仔细考虑了这个项目，李斌也同意接受这项工作。但是，如果我们按照正常的渠道进行，会耽搁很长时间并出现问题。在这个项目的不同阶段，客户会有许多问题和变动，并要求不断地升级。我们先前的系统不允许这些发生。执行这个项目需要所有部门的协作，只有各部门在同一系统下工作，才有可能完成。我们需要的是项目管理。不采用这一方法，就无法让一个人统管整个项目，我们就无法完成工作。"

谭雅辉看着窗外说："许多年来，我们用传统方法成功地完成了项目工作。我向你保证，我们不必担心这样规模的订单，即使是 1 亿美元的订单，我也看不出有什么变化的必要。"

"老兄，项目管理是处理这类项目的唯一方法。不采用这种方法，我们无法承受 9000 万元的风险。"

"你的毛病就是，以为自己听听象牙塔里教授的讲座，就是个专家了。我已经从事这个行当 40 多年了，知道该如何处理工作——它可不是靠项目管理。我将召集所有有关部门经理开会，然后就可以开始工作了。"

项目开始了。

王杰花费大量时间来澄清客户提交的图纸。所有的沟通都是通过郭凯进行的。在新建生产线前，要回答有关图纸的问题。客户迫切地想得到定价，因为他们的管理者要在 8 个星期内选择供应商。由于沟通的拖延，已经耽误了 1 个星期；谭雅辉决定，为加快报价过程，指示王杰、郭凯和销售副总裁李斌一起去会见客户。

王杰返回后，开始安排此零件的生产线。他任命了两个最富创新精神的机械师和一个工程师，对各种不同的制造方法单独测试，最终从测试结果中选择用于这一订单的生产线。8 个星期已过去了 2 个星期，王杰还是比较满意的。然而这时，郭凯却打来了电话。

"王杰，我认为如果我们改变零件的后部设计，就可以增加其长度。我已经让我的部下考虑这一方案，并付诸实施了，看来效果还不错。"

就在这时，谭雅辉突然冲进了王杰的办公室，说销售部已经答应在两星期内为客户寄出 100 件零件样品。王杰大怒。产品设计正在改变。销售部承诺交付的样品，至今还没有人见过它的模样。

不必再说什么了。接下去的几天是漫长而苦闷的。

王杰和郭凯用3天的时间解决设计的问题。谭雅辉提不出任何有意义的意见，只是一味催促。在第3个星期结束时，解决了设计问题，报价也准备好了，并交给了客户。客户在没有检测100件样品的情况下就接受了报价。

第4个星期开始时，王杰拿着行程安排找到生产经理并告诉他，在星期五之前，需要100个零件。生产经理看看行程安排，说："我最早也要两星期才能交货。"

100件产品在3个星期后发出。这意味着已过去了6个星期，只剩下两周时间了，检查部门在第7个星期的周一接到了样品，并立即通知他们样品不合格。唐强很郁闷。他指望着公司能够提供这些零件。唐强也接到了其他4个公司的报价和样品：价格相近，却符合规格。然而尽管样品不合格，但视觉效果比较好。唐强提醒李斌在签订合同之前只剩9天的时间了。这意味着，100件样品要在9天内完成。李斌立即通知谭雅辉，谭雅辉同意让员工尽力在9天内完成。

样品在11天后寄出，比客户与其他3家公司签约晚了两天。唐强对该公司的表现非常失望，但告诉李斌明年还会考虑贵公司，至少是考虑一部分。

当王杰得知公司失去了订单后，他返回办公室，关上门，静静地思考了几个小时。由于缺乏沟通，没有统一的优先权，浪费了大量的时间，事实上这都是没有项目经理的缘故。"我想知道谭雅辉是否从中吸取了教训？也许没有吧。这个项目至少可为公司带来1200万元的利润，一切都是因为没有采用项目管理。"王杰认为这项工作彻底把他激醒了。一定要让谭雅辉和其他人认识到项目管理的优势。尽管谭雅辉在两年前参加过一个为期一天的研讨会，但王杰仍决定明年的目标之一是建议他了解更多的有关项目管理的知识。王杰认为公司要继续保持较高利润，就必须采用项目管理。

电话铃响了，是谭雅辉。他说："王杰你有时间到我办公室来一下吗？我想与你谈一下有关你几个月前提到的项目管理的可行性问题。"

讨论题

1. 能得到的订单而没有得到，请说明原因。
2. 如果你是王杰，当推门进入谭雅辉的办公室后，你会说些什么？

白思俊．2003．现代项目管理．北京：机械工业出版社．

项目管理协会．2009．项目管理知识体系指南（PMBOK指南）．4版．王勇，张斌译．北京：电子工业出版社．

蒂莫西J．克罗彭伯格．2010．现代项目管理．戚安邦译．北京：机械工业出版社．

杰克·吉多，詹姆斯P．克莱门斯．2007．成功的项目管理．4版．张金成译．北京：电子工业出版社．

第 2 章　项目选择与排序

知识目标

1. 学习使用财务模型
2. 学习加权多重要素评价矩阵
3. 运用加权多重要素评价矩阵对项目进行选择和排序

能力目标

1. 了解如何进行项目选择与排序
2. 在给定的几个项目中，如何运用加权多重要素评价矩阵对项目进行选择和排序

关键词　项目选择　财务模型　加权多重要素评价矩阵　项目优先级

项目选择的程序：来自多个行业的项目选择实例

项目选择既是科学也是艺术，需要企业认真对待。来自不同行业的企业开发了相当复杂的项目选择方法，以保证所投资的项目能够成功。在这个项目选择的过程中，组织通常会用各自独特的方法，而这些方法都是以技术问题、可获取数据、共同文化和偏好为基础的。下面通过一些实例来大致了解什么是项目选择的方法。

德国赫斯特制药公司在对项目机会进行评价的时候，采用了一种由五个主要类别 19 个问题构成的评分组合模型。这五个主要类别包括：技术成功的可能性、商业成功的可能性、给公司所带来的回报、是否符合商业战略以及战略层次（使用和提升企业资源与技能的项目能力）。在每一类下又提出了一些有针对性的问题，这些问题采用十分制，由管理人员进行打分。

加拿大皇家银行开发了一种用来评价项目机会的评分模型。其组合评分的标准包括项目的重要性（战略重要性、影响的大小以及经济利益）和操作的简易性（开发成本、项目复杂程度以及资源是否可获得）。每年预期的花费以及整个项目的支出也是对项目优先排序的标准。此外，其他一些评判准则也被采纳进来，如将重要性很低又难以实施的项目划分到不执行的等级中。

美孚化工公司使用六种项目类型来对项目群中的项目进行排序，这六种类型包括：①成本减少和流程改进项目；②产品改进、产品修改和提高客户满意度项目；③新产品开发项目；④新平台项目和基础/突破研究项目；⑤设施支持

项目；⑥客户技术支持项目。高级管理层对所有提议的项目进行审核后，就根据这六种类型来进行资金分配。其中一个很重要的决策变量是“实际是什么”和“应该是什么”的比较。

埃克森化工公司的管理层根据事业部战略和战略次序来对新项目提议进行评估，全面考虑所有的项目，以决定需要的支出。每年所有的项目会用评分模型进行重新排序，对于那些计划支出和实际支持有显著区别的项目，高级管理层则会做出一些调整以便于第二年的管理。

资料来源：杰弗里 K. 宾图 .2010. 项目管理 . 鲁耀斌，赵玲译 . 北京：机械工业出版社 .

2.1 项目选择

2.1.1 项目选择的概念与原则

如何选择一个合适的项目是项目管理的开端，也是项目管理成功与否的前提。人们往往从不同角度选择项目，市场需求是自主补偿性项目首要考虑的问题，同时，项目选择还需要符合企业发展的战略方向，作为实施企业发展战略的具体措施。

1. 项目选择的概念

组织或个人需要对各种项目机会做出比较与选择，将有限的资源以最低的代价投入到收益最高的项目中，以确保个人或组织的发展，这就是项目选择。正确地选择项目往往比正确地规划、实施项目更具有战略意义。在项目选择阶段，筛选掉那些不太有希望或不会产生效益的项目设想，以避免在项目以后的阶段浪费大量的资源。项目选择关系到组织的生死存亡，很多企业的兴盛源于正确的项目选择，亦有不少企业的破产或陷入困境是由项目选择错误所导致的。世界上成功的项目选择不乏其例，如通用电气公司于 1995 年 5 月开始推行 6σ 管理，公司的增长速度不断加快，公司的面貌焕然一新，在《财富》500 强中连续多年排在前 10 名。1995 年海尔整体并购红星电器公司，在并购中海尔没有投入一分钱，只是用海尔的品牌和管理等无形资产入股，在短时间内就使红星扭亏为盈并且成为海尔洗衣机的重要组成部分。通过这一并购，新成立的海尔洗衣机有限公司不仅将原有的洗衣机生产能力提高了一倍，产生了规模经济，并且极大地丰富了海尔的产品线，大大增强了其市场竞争能力。同时，项目选择的重大失误也并不罕见，如曾经名噪一时的协和式飞机项目——成功的技术，失败的经济；广州市的“特一号”重点工程等。

2. 项目选择的原则

项目选择是对一个复杂的多因素的投资系统进行逻辑分析和综合判断的过程，包括项目投资的必要性和可行性的分析论证、对项目投资方案的制定与选择以及对方案的评价和审批。为了正确地选择项目，避免失误，在项目选择过程中一般应遵循下列基本原则。

（1）科学化原则。项目选择行为本身其实是一种决策行为，而决策有科学决策和非科学决策之分。科学的项目决策就是在科学的理论和知识的指导下，通过科学的方法和程序所做的符合客观规律的决策。而非科学决策则是指那些没有足够的科学依据，仅凭经验和臆测做出的决策。非科学决策一般经不起实践的检验，实施后往往达不到预期目的或造成损失。

世界上成功的项目决策不乏其例，如投资 300 亿美元的阿波罗登月计划、鲁布革水电站引水系统工程等，不胜枚举。但是，大型建设项目的决策失误也绝非罕见。

要使项目决策科学合理，必须满足以下三个条件：其一，投资目标必须合理，不能将资金投入不可行或无明显效益的领域；其二，决策结果必须满足预定投资目标的要求，使投资目标的实现有坚实的基础；其三，决策过程必须符合效率性和经济性的要求，既要保证快速决策，又不至于为项目决策花费大量的资金。

为实现科学决策，应做好下列工作：①确定投资目标。②围绕预定目标拟定出多个实施方案。③在多个方案中进行比较选择。④要预计方案实施过程中可能出现的变化及应采取的应急措施，要考虑到目标实现后的实际效果。

（2）民主化原则。项目选择应避免单凭个人主观经验决策，应广泛征求各方面的意见，在反复论证的基础上，有机地做出决策。民主决策是科学决策的基础。

（3）系统性原则。要根据系统论的观点，全面考核与项目有关的各方面信息，如市场需求信息、生产供给信息、技术信息、政策信息、自然资源与经济社会基础条件等信息。还要考虑相关项目的情况，研究项目建设对原有产业结构的影响，分析项目的产品在市场上的竞争能力和发展潜力。那种“一叶障目，不见森林”的片面观点是短视的，也是危险的。

（4）效益性原则。进行项目选择时，要讲求项目的总体效益最优，既要考虑经济效益，也要考虑组织建设与团队发展和社会、文化以及生态等方面。这体现在两个方面。

一是微观效益与宏观效益的统一。微观的技术经济效果是从一个企业的角度出发来考察技术方案的经济效果，而宏观的技术经济效果则是从整个国民经济的角度出发来考察技术方案的经济效果。因此微观经济效果与宏观经济效果相结合的实质就是要处理好局部利益与整体利益的关系。一般而言，微观（企业）经济效果是宏观经济效果的基础，而宏观（国家）经济效果则是衡量微观经济效果的最终标准。通常情况下两者是一致的，但在某些情况下也可能会发生矛盾，主要表现为这种效果有时从一个企业、一个部门的角度来看是有利的，但从整个国民经济的角度来看却是不利的；或者从整个国民经济的角度来看是有利的，而从一个企业、一个部门的角度来看则经济效果不大。在这种情况下，企业或部门的利益就要服从国民经济的整体利益，要在计算由于占用劳动力、资金、资源而引起的其他国民经济部门劳动耗费和效益发生相应变化的基础上，选择宏观经济效果最佳的技术方案。

二是近期效益与远期效益的统一。近期经济效果与远期经济效果相结合的实质就是正确处理当前利益与长远利益之间的关系。而通常只有把当前利益与长远利益相结合，才能确保国民经济的稳定、持续、健康发展。因此，我们在评价技术方案时，不仅要看近期的经济效果，更要考察长远的、潜在的经济效果。要从经济发展上进行动态的考察，克服在只做静态考察时容易产生的片面性，从而避免因贪图眼前小利而带来无穷后患的结果。

（5）效率性原则。遵循这一原则就是要在项目投入产出比、投入产出时间周期等方面进行细致分析，选择投入产出比高、投入产出时间周期短的项目。

2.1.2 项目选择的过程与应考虑的内容

1. 项目选择过程

项目选择涉及一系列复杂的决策活动。项目的确立必须按照系统工作方法有步骤地进行。尤其是工程项目投资大、规模大、技术复杂，其影响巨大且深远，它们的确立过程更加复杂，需要慎重对待。项目选择一般经过以下几个阶段。

（1）项目构思的产生和选择。项目构思产生于解决项目的上层组织（如国家、地方、企业、部门）问题的期望或满足上层组织的需要，或为了取得投资收益等。这种构思可能很多，可以通过许多途径和方法（即各种项目）达到目的，因此必须在它们中间选择，并经权力部门批准，以进行进一步的研究。

（2）项目的目标设计和项目定义。这一阶段主要通过对上层组织的进一步研究，提出项目的目标因素，进而构成项目的目标系统，通过对目标的书面说明形成项目定义。这个阶段包括如下工作：①情况的分析和问题的研究。即对上层组织状况进行调查，对其中的问题进行罗列、分析、研究；确定问题的产生原因和关键。②项目的目标设计。针对情况和问题，提出目标因素，建立目标系统。③项目的定义。包括项目的构成和界限的划定、项目的说明。④项目的审查。包括对目标系统的评价、目标决策，提出项目建议书。

（3）可行性研究。即提出实施方案，并对实施方案进行全面的技术经济论证，看能否实现目标。它的结果作为项目决策的依据。

在这个过程中还必须注意如下问题：一是在整个过程中必须不断地进行环境调查。环境是确定项目目标、进行项目定义、分析可行性的最重要的影响因素，是进行正确决策的基础。二是在整个过程中有一个多重反馈的过程，要不断地进行调整、修改、优化，甚至放弃原定的构思、目标或方案。三是在整个过程中必须有几个决策点，对阶段工作结果进行选择。在项目前期，阶段性的决策是非常重要的。

2. 项目选择应考虑的内容

进行项目选择，一般可以从生产、市场、财务、员工、管理等方面来考虑，对于一般的产品开发项目、技术改造项目以及改建扩建项目，项目选择应考虑的具体内容如下：

（1）生产因素。主要包括新能源需求量，设备需求，生产过程的安全性，新技术的应用与现有技术的衔接性，单位产量生产成本的变动，单位产量生产时间的变动，原材料使用情况的变化，原材料的可获得性，对现有的供应商即协作厂的影响，产品质量的变化，质量控制过程的变化等多个方面。

(2) 市场因素。主要包括潜在的市场规模，可能的市场份额，占有市场份额所需时间长短，公众接受程度，产品生命周期曲线的形状，项目产生副产品的可能性等方面。

(3) 财务因素。主要有盈利性，投资的净现值，对现金流的影响，支付周期，现金需求量，投资回收期，投资规模，季节变化和周期性波动的影响，财务风险水平等方面。

(4) 员工因素。主要包括培训要求，劳动技能要求，劳动强度当前水平，劳动强度的可能变化，劳动力的性别、年龄方面的变化，对工作条件的影响等方面。

(5) 管理和其他各种因素。主要包括国家安全标准满意度，国家环境标准满意度，对信息系统及计算机应用的影响程度，股东和证券市场的反应，对专利和贸易秘密的保护，对消费者、供应商和竞争对手的形象影响，对新项目的管理能力等方面。

2.2　项目选择的基本方法

项目选择方法通常包括测量该项目对于项目业主的价值或吸引力。进行项目选择时，为了保证把财务和非财务的因素都考虑在内，通常有三种方法：①在选择项目时，以财务分析为主，非财务因素为辅；②使用财务模型用于项目的初选，然后使用评分模型最后敲定；③将财务分析作为多因素评分模型要素之一进行项目筛选。这三种方法的相同思路是在选择项目时兼顾财务和非财务因素。本课程对财务模型主要进行概念的介绍，而不推导其计算过程；但对评分模型将进行概念和计算过程介绍。

2.2.1　使用财务模型选择项目

财务模型通常借助预期的项目成本和预期的项目收益之间的比较来选择项目。以下几种方法可供选择。

1. 净现值法

净现值法又称 NPV 法，是使用最广泛的财务模型之一。所谓净现值是指研究项目在计算期内的现金流量总值（净现金收益总值）。净现值法是指项目在研究年限内，逐年的净现金流量按某一预定的折现率换算成等值的现值之和，其表达式为

$$\mathrm{NPV}=\sum_{t=0}^{n}(\mathrm{CI}-\mathrm{CO})_t\cdot(1+i_0)^{-t} \tag{2-1}$$

式中，NPV——净现值；

n——项目的使用年限；

$(\mathrm{CI}-\mathrm{CO})_t$——第 t 年的净现金流量，其中 CI 为现金流入，CO 为现金流出；

i_0——基准收益率。

如果净现值为正数，表明该项目的收益率水平大于基准收益率水平，即除了能够保证预定收益外，还能得到超额收益；如果净现值为零，说明该项目的收益率水平正好达到规定的基准收益率水平；如果净现值为负数，则说明该项目的收益率水平达不到规定的基准收益率水平。

因此，用净现值法评价项目的准则是：若 NPV≥0，则项目是经济合理的；若 NPV<0，则项目应予否定。高净现值预示着高盈利额。

2. 投资效果系数法

投资效果系数是指项目达到设计生产能力正式投产后，一个正常生产年份的年净收益与总投资的比率，计算公式为

$$E=\frac{F}{P}=\frac{R-C}{P} \tag{2-2}$$

式中，E——投资效果系数；

F——年净收益；

R——年销售收入；

C——年总成本；

P——总投资。

如果在生产期内，各年净收益相差较大，则可以求出各年净收益的均值，以其作为一个正常年份的净收益，再与总投资相比。计算出来的投资效果系数 E，应与本行业或部门的基准投资效果系数 E_0 进行比较，当 $E \geqslant E_0$ 时，可以考虑接受该项目，否则不可接受。

3. 内部收益率法

内部收益率又称为内部报酬率。使项目在计算期内的净现值为零的收益率称为项目的内部收益率，即使

$$\sum_{t=0}^{n}(\mathrm{CI}-\mathrm{CO})_t \cdot (1+\mathrm{IRR})^{-t}=0 \tag{2-3}$$

式中，IRR——内部收益率；

其他符号意义同上。

内部收益率的经济含义是表示项目的获利能力，代表的是项目的投资在项目的经营过程中获利的利率，它显示了项目对贷款利率的最大承受能力，也就是说，IRR 实际上代表的是偿还贷款的能力。在具体利用内部收益率法对项目进行评价时，需将计算出来的 IRR 与部门或行业的基准收益率 i_0 进行比较。如果内部收益率大于基准收益率，则项目是可行的，如果内部收益率小于基准收益率，则项目不可行。

4. 投资回收期法

投资回收期是指投资回收的期限，也就是通过投资项目的净收益（包括利润、折旧等）来回收总投资（包括建设期投资和流动资金投资）所需的时间。计算投资回收期时，根据是否考虑资金的时间价值，可分为静态投资回收期（不考虑资金时间价值因素）和动态投资回收期（考虑资金时间价值因素）。资金时间价值是指在不同时间发生的等额资金在价值上的差别。

静态投资回收期是指回收全部投资的时间，通常用年来表示，其计算公式为

$$\sum_{t=0}^{P_t}(\mathrm{CI}-\mathrm{CO})_t=0 \tag{2-4}$$

式中，t 的数值即为项目的投资回收期。

动态投资回收期考虑了资金的时间价值，各年现金流量现值的累积和为零的年限即为动态投资回收期，其计算公式为

$$\sum_{t=0}^{P_t}(\mathrm{CI}-\mathrm{CO})_t\cdot(1+i_0)^{-t}=0 \tag{2-5}$$

式中，t——动态投资回收期。

由此可见，动态投资回收期比静态投资回收期更准确，但是计算较为复杂。如果投资回收期小于基准的投资回收期，则项目可行。对于投资者来讲，投资回收期越短，投资回收就越快，项目的风险也就越小。

2.2.2　加权多重要素评价矩阵

除了要保证项目选择在财务方面具有合理性，也应当考虑其他因素。加权多重要素评价主要是针对项目设定一系列的要素，并给予它们一定的权重，然后对各个要素分别打分，综合分值最高的项目即为最好方案。加权多重要素评价矩阵是目前应用得最好的项目优先级评价方法之一，它特别适合在多项目和多种评价标准时使用。

1. 识别关键成功要素

采用头脑风暴法、德菲尔法等挑选取出若干个关键成功要素，关键成功要素一般应包括（但不限于）下列主要评价因素：

(1) 对企业的回报。对公司利润的贡献、技术上的回报、商业启动时间。

(2) 战略杠杆作用。项目所有者位置、项目发展的平台、项目的持续性及项目与企业其他资源、技能的协同作用。

(3) 商业成功的可能性。现在的市场需求、市场成熟度、竞争的激烈程度、现在的商业应用发展情况、商务设想、法规的/社会的/政治的影响。

(4) 技术成功的可能性。技术差距，程序的复杂性、现存的技术技能基础、人才与设施的可利用性。

2. 赋予因素权重

由高层领导和专家根据各成功要素对组织目标和战略计划的重要性，为每个关键成功要素确定其相对重要性，即因素权重。在过去，一些公司用比较复杂的方法来确定权重和评价项目，而现在多数公司用比较简单的方法就可以实现。见表 2-4 项目评价的例子。首先，由管理人员决定哪个因素最重要，并赋予 10 分的权重，然后把其他因素与其对比确定各自相应的权重。例如，某投资公司的管理层认为在一个项目中项目按计划执行的可能性是最重要的指标，那么它将被赋予 10 分的权重；内部收益率指标的重要性与项目按计划执行的可能性的重要性基本相当，可赋予 8 分；通过比较可知，项目所含风险大小和项目运营的必要条件相当于项目按计划执行的可能性的重要性的一半，那么就分别赋予 5 分。还可能有其他一些因素，如费用降低、客户关系，等等，

这些属于次要因素。带有权重的因素见表 2-1 的第一行，多数公司在项目选择时采用 3～5 个因素。必要时，次要的因素作为附加考虑。

表 2-1 项目选择和优化矩阵

	项目按计划执行的可能性（10 分）	内部收益率（8 分）	所含风险大小（5 分）	项目运营的必要条件（5 分）	权重总分
项目 A					
项目 B					
项目 C					
项目 D					

3. 项目评价

接下来项目决策团队按照每项指标评价项目。最好的评价方法是每次集中于某一项标准，依次按顺序进行。一个非常有效的方法是基于一个特定指标对每一个项目按 5 级分打分（1 分代表潜在的项目对该指标有很小甚至是负面的影响，5 分代表潜在的项目对该指标有很好的影响），每单项评分栏中代表评定的级别，体现项目满足该指标的程度。

项目按照每一指标打分以后，评定的分值乘以该标准的权重得出加权分数填写在加权得分栏中。每个项目按列计算出总分，通常情况下选择得分最高的项目。如果存在两个项目的得分相近，那么就需要采用其他标准来打破平局。

从表 2-2 中可以看出，项目 A 得分最高，但项目 A 与项目 D 得分相差无几，是否选择项目 A 则由决策团队根据实际情况或市场情况来决定。

表 2-2 运用加权多重要素评价矩阵对项目 A、B、C、D 的比较

要素	权重	单项得分				加权得分			
		A	B	C	D	A	B	C	D
项目按计划执行的可能性	10	5	2	2	4	50	20	20	40
内部收益率	8	4	5	3	3	32	40	24	24
所含风险大小（5 表示最低）	5	3	4	5	4	15	20	25	20
项目运营的必要条件	5	4	2	3	5	20	10	15	25
总加权得分	—	—	—	—	—	117	90	84	109

4. 灵敏度分析

采用评分模型需要项目决策团队进行“灵敏度分析”，也就是分析，一旦某些因素发生了变化，它对项目选择决策会带来什么影响。有可能对选择标准进行补充或调整，按照标准的重要程度重新赋予相应的权重，根据新指标体系和选项，对决策加以修订。例如，在表 2-1 中，项目决策团队认为项目运营的必要条件非常重要，应赋予 9 分，因为项目团队经验不足导致项目失败的影响太大。那么应重新计算加权分值，见表 2-3。

项目选择的决策者应保证所选的项目理由充分，例如，如果增加一个有关消费数量的指标，那么营销部门应按照客户兴趣的调查来推测消费者的数量。

如果一个公司计划选择多个项目，那么，该公司可以将选择矩阵计算出加权分数作为项目优先顺序的方法之一。

表 2-3　修订的项目选择和优化矩阵

要素	权重	单项得分				加权得分			
		A	B	C	D	A	B	C	D
项目按计划执行的可能性	10	5	2	2	4	50	20	20	40
内部收益率	8	4	5	3	3	32	40	24	24
所含风险大小（5 表示最低）	5	3	4	5	4	15	20	25	20
项目运营的必要条件	9	4	2	3	5	36	18	27	45
总加权得分	—	—	—	—	—	133	98	96	129

2.3　设置项目优先级

一旦项目选定以后，接下来就要进行顺序安排，即决策者需要明确首先保证哪些项目的资源配置。比如一个公司在一年内（或一个财务季度内）选择了一系列项目，但事实上这些项目不可能同时开工，这时评分模型所提供的项目顺序安排就非常有效。大多数项目选择团队经常按照这个项目的得分作为分配资源和选择实施日期的依据。在资源严重受限，项目建议的权重排序彼此类似的少有情况中，应谨慎选择对资源要求少的项目，应对每个被选中的项目进行排序，并公布结果。如某公司在项目选定中的做法如下：董事会在每年元月根据发展战略、可用资源、项目的优先级、项目间的联系等要素，选取确定列入企业年度计划的项目，并限定总经理层可临时决定的投资总额，总经理层确定各职能部门及直线单位可支配的费用总额，年度计划外的项目酌情由相关职能部门或直线决策权限和项目的涉及范围、复杂程度、所需资源等临时研究决定。然而，有时也会考虑下列问题：企业领导和专家综合考虑各个体项目被评价的优先级、企业可用资源、项目风险、项目之间的依赖性等因素，决定企业将接受或拒绝哪些项目建议；在企业能力有限的情况下，必须要选择那些对企业最为有利的项目优先执行。

本章回顾

项目选择既是科学也是艺术，如何选择一个合适的项目是项目管理的开端，也是项目管理成功与否的前提。一旦潜在的项目被选择识别出来以后，就进入优选排序过程。项目评估最常用的方法是财务模型和多重要素评价矩阵。在财务模型中，最常用的方法是净现值法和内部收益率法，财务分析借助成本效益分析可以体现出项目能够带来的效益，但对组织目标的实现和贡献程度难以衡量，为此，多重要素评价矩阵会发挥它的效用。项目优先级意味着项目实施的有序安排。

复 习 题

一、判断题

1. 项目只能在进行了一系列正规的可行性研究之后才可以启动。（　　）
2. 可行性研究报告的结果未必都是可行的。（　　）
3. 需求识别是项目启动的起点。（　　）
4. 项目识别是以需求识别为基础的。（　　）
5. 项目可行性研究的主要目的是论证项目在经济上是否可行。（　　）

二、单项选择题

1. 一般要进行项目可行性研究是在项目的哪个工作过程中（　　）。
   A. 启动　B. 计划　C. 执行　D. 控制
2. 下列表述正确的是（　　）。
   A. 在进行项目方案选择时，多重要素评价矩阵是必须采用的一种方法
   B. 在进行项目方案选择时，多重要素评价矩阵是比较公正的一种方法
   C. 多重要素评价矩阵中的权重与因素的重要性无关
   D. 在进行单项打分时，同时要考虑权重问题
3. 在项目生命周期的哪个阶段颁发项目的许可证书（　　）。
   A. 启动　B. 计划　C. 执行　D. 控制

三、多项选择题

1. 项目选择的财务模型包括（　　）。
   A. 净现值法　B. 效益成本比率法
   C. 内部收益率法　D. 评分模型
2. 运用财务模型选择项目（　　）。
   A. 净现值越高越好　B. 收益成本比率越高越好
   C. 内部收益率越高越好　D. 投资回收期越长越好
3. 运用财务模型选择项目（　　）。
   A. 净现值＞预期值　B. 收益成本比率＞预期值
   C. 内部收益率＞预期值　D. 投资回收期＞预期值

四、简答题

1. 项目选择的原则是什么？
2. 简述财务模型的优缺点。
3. 简述用加权多重要素评价矩阵选择项目的程序。

五、能力应用题

案例分析　陕西新星技术开发公司

刘刚，陕西新星技术开发公司新产品开发部的副总经理，此刻正坐在办公桌前阅读员工提交的最新的项目提议。陕西新星技术开发公司是一家大型的商业软件和应用程序开发商。在过去的三个季度里，该公司的产品市场一直处于低谷，收益大幅下滑。高层管理团队已经感受到来自公司董事会的压力，并正在采取措施来增加收益和盈利。

他们的一致意见是要尽快开发出一些新的产品。

刘刚正在阅读的报告是产品开发部两个独立小组进行的项目评估结果。经过几周的分析讨论，两个小组关于最优项目的争议越来越激烈。其中一个被称为模拟操作(Unity 3D)的项目是由软件开发部门提议的，而另一个3Dmax数字城市项目则是由商业应用部门提议的。刘刚最初要求他们准备两个项目的评估报告，以便从中做出选择。但由于预算的限制，公司无法同时资助两个项目。

第一个评估小组使用了基于陕西新星技术开发公司战略类别的评分模型，这些类别主要包括：符合公司战略方向、技术成功的可能性、财务风险、潜在收益和战略作用（项目使用和增强企业资源及技术性能的能力）。使用这些类别，该小组对两个项目的评估如表2-4所示。

表 2-4　两个项目的评价矩阵

模拟操作（Unity 3D）项目				3Dmax 数字城市项目			
要素	权重	得分	加权得分	要素	权重	得分	加权得分
符合公司战略方向	10	4	40	符合公司战略方向	10	5	50
技术成功的可能性	6	4	24	技术成功的可能性	6	4	24
财务风险	6	2	12	财务风险	6	4	24
潜在收益	8	5	40	潜在收益	8	5	40
战略作用	4	2	8	战略作用	4	3	12
得分			124	得分			150

上面的结果显示出3Dmax数字城市项目是最后的选择。

同时，刘刚又得到来自第二个小组的一份使用净现值分析的评估结果。假设要求的投资收益率为10%，第二小组的评估结果如表5-2所示。

表 2-5　两个项目的净现金流量表　　（单位：万元）

年份	模拟操作（Unity 3D）项目		3Dmax 数字城市项目	
	投资	预期现金流	投资	预期现金流
0	−5000		−2500	
1		2000		1800
2		2000		1800
3		2000		1800
4		2000		2000
5		2000		—
6		2500		—
累积净现值	3992.0		3342.2	

用不同的方法对两个项目进行评估，得到了不同的结果。评分模型显示3Dmax数字城市项目是最好的选择，而净现值模型则显示模拟操作（Unity 3D）项目最好。刘

刚今天下午就要给这两个高级管理团队提出建议，但仍然存在一些问题。

讨论题

1. 根据上面的分析，你认为陕西新星技术开发公司会选择哪个项目？说明你的理由。

2. 上面的案例对企业中项目选择的方法的应用情况进行了介绍，说明了什么问题？你会如何解决本案例中出现的矛盾？

杰弗里 K. 宾图 . 2010. 项目管理 . 鲁耀斌，赵玲译 . 北京：机械工业出版社 .

蒂莫西 J. 克罗彭伯格 . 2010. 现代项目管理 . 戚安邦译 . 北京：机械工业出版社 .

骆珣 . 项目管理教程 . 2004. 北京：机械工业出版社 .

吴天祖，冯勤，欧阳仲健 . 2004. 技术经济学 . 北京：清华大学出版社 .

第3章 项目组织与项目经理

知识目标

1. 掌握项目组织结构的各种类型及它们的优缺点
2. 认识项目经理的重要性及其需要具备的能力
3. 了解项目团队形成的过程及团队精神

能力目标

1. 有能力为项目设置合理的组织结构
2. 有能力成为一名合格的项目经理或为项目挑选一名合格的项目经理
3. 有识别团队效率的能力

关键词 项目组织 项目经理 项目团队

Y先生是合格的项目经理吗?

T公司是一个软件开发公司，由于项目管理混乱，出现了诸多问题，特招聘了一名从大公司来的项目经理Y先生。

Y先生到T公司后，采取了很多措施，比如，与每一个项目成员当面交流，了解项目状况；建立统一的交流平台；制定了通用和专用的工作文档模板；建立了配置管理服务器；制定了项目制度，加强了项目的制度和定期交流；进行了以前从来没有的项目培训及CMM推广。

三个月就取得了很好的效果。推卸责任的事少了，工作效率提高了，工作成果和会议有了文档记录，项目有了计划和控制，员工积极性高涨，得到T公司合作伙伴、客户对项目问题的解决速度和质量的认可，对公司的回款起到了很大的促进作用。

正在大家对项目充满信心时，公司部门经理Z（原项目经理）以项目经理Y缺乏对项目业务的了解的理由，提出Y没有能力带领项目团队，延长试用期。而且人事经理B对Y作出的工作评价是，项目现在所取得的成果不属于Y的工作成绩，是Y来到公司之前就取得的。

Y先生因为这事情，想提出离开公司。项目组员工知道了这件事后，一致要求Y不要离开公司，坚持下来，因为大家有信心一起把项目做好。Y就没离开公司。

但事后，公司进行了两个月的封闭式开发，没有让Y参与，项目组留下Y一个人待在公司。所有的工作都没有Y的参与，但项目开发的进度和交流进展很顺利，项目初期成果得到了客户的认可。这时公司应部门经理的要求开除了项目经理Y，理由是不热爱公司、对项目没有兴趣。

讨论题

1. 在这四个多月的时间内，Y先生在T公司是失败，还是成功？

2. 项目经理Y离开后，部门经理Z利用现有环境，有能力把项目带好吗？

3. 在项目的管理过程中，Y先生忽略了哪些项目利益相关者？这些被忽略的项目利益相关者分别能对项目的成败起到什么样的作用？

项目管理活动不是项目经理一个人能够完成的。它必须借助有能力的、高效的项目团队进行项目管理工作。需要根据项目的范围来挑选成员，并将他们安排在合理的组织结构内。

3.1 项目组织

管理大师彼德·德鲁克（Peter Drucker）说过，“战略决定组织，组织决定人事”。组织是一切项目管理活动取得成功的一个重要因素。项目组织是否合理将直接影响项目经理和项目团队能力的发挥，从而影响项目管理的整体效率。

3.1.1 项目组织概述

项目组织是为完成项目而建立的组织。对于一些大型项目，由于项目管理工作量很大，项目组织专门履行项目管理职能，具体的技术工作由他人或其他组织承担。而有些项目，由于管理工作量不大，没有必要单独设立履行管理职责的组织，所以，其具体技术性工作和管理职能均由项目组织成员承担。这样的项目组织负责人除了管理之外，也要承担具体的系统设计、程序编制或研究工作。

项目组织的具体职责、组织结构、人员构成和人数配备等会因项目性质、复杂程度、规模大小和持续时间长短等有所不同。项目组织可以是另外一个组织的下属单位或机构，也可以是单独的一个组织。项目组织的一般职责是项目规划、组织、指挥、协调和控制。项目组织要对项目的范围、费用、时间、质量、采购、风险、人力资源和沟通等多方面进行管理。

3.1.2 项目组织设计

1. 项目组织设计的依据

项目组织设计的依据有项目的目标分析、工作分解结构内容分析以及环境分析三个方面。项目目标分析涉及目标的分解与层次划分；项目的工作分解结构涉及项目的规划、过程、成果、资源以及组织等多个方面；项目的环境分析则涉及外部的政治、经济、技术、商业、利益干系人以及内部的文化、氛围等方面。

针对不同的项目类型和管理模式，项目组织存在多种形式，但同时，项目组织应具备一些共同的特点，具体如下：

（1）适应项目的一次性特点。项目组织因项目的临时性而具有临时性的特点。通常为任务而设。项目组织与项目一样，具有生命周期，是一个建立、发展和解散的过程。

（2）适应项目柔性的特点。项目组织没有明显的界限，项目的利益干系人之间的契约关系决定了项目具有机动灵活的组织形式和用人机制。讲求专业化与复合化的统一。

（3）注重协调和沟通。由于项目具有较高的不确定性和风险性。大力协作与充分沟通、发挥集体决策的作用是减少突发性问题的有效手段。

（4）注重借助外部资源。项目的效率与效益指标是项目的主要内容。借助外部资源是项目管理的基本手段，也是降低项目风险、提高项目成功率的重要手段。

（5）注重团队精神的培养。由于很多成员是临时的，所以建设团队精神是项目管理组织发挥有效作用的基础。

（6）注重跨职能部门的特点。项目是一个综合的系统，项目组织内部需要多领域专业人员的协作与分工。拥有多种技能、项目成员来源于多个部门，这就要求项目组织注重跨职能部门的横向协调。

2. 项目组织设计原则

（1）目的性原则。项目组织机构设置的根本目的是，产生组织功能，实现项目目标。从这一根本目的出发，就应因目标设事，因事设岗，因职责定权力。

（2）精干高效原则。大多数项目组织是一个临时性组织，项目结束后就要解散，因此，项目组织应精干高效，力求一专多能，一人多职。应着眼于使用和学习锻炼相结合，以提高人员素质。

（3）项目组织与企业组织一体化原则。项目组织往往是企业组织的有机组成部分，企业是它的母体，项目组织是由企业组建的。项目管理人员来自企业，项目组织解体后，其人员仍回企业。所以，项目的组织形式与企业的组织形式密切相关。

3.1.3　项目组织的类型

一般来说，项目组织结构主要有三种类别：职能式组织结构、项目式组织结构和矩阵式组织结构。

1. 职能式组织结构

职能式组织结构是最基本的，是目前使用比较广泛的项目组织形式。职能式组织结构有两种表现形式。一种形式是，将一个大的项目按照公司行政、人力资源、财务、各专业技术、营销等职能部门的特点与职责分成若干个子项目，由相应的各职能单元完成各方面的工作；另一种形式是，对于一些中小型项目，在人力资源等专业性要求不高的情况下，根据项目专业特点，直接将项目安排在公司某一职能部门内部进行。在这种情况下，项目团队成员主要由该职能部门人员组成，这种形式常见于国内各咨询公司中。

在通常情况下，职能式组织结构是一个金字塔形的结构，高层管理者位于金字塔的顶部，中层和底层管理则沿着塔顶向下分布。这种组织结构的特点是任务专业化和权力集中。图 3-1 即为职能式组织结构图。在职能式组织结构中，职能人员接受相应职能部门经理的领导，职能组织结构中的职能部门在自己职能范围内独立于其他职能部门进行工作。但项目的实施一般需要各个职能部门共同配合完成。当涉及职能部门之间的项目事项和问题时，由各个部门负责人处理和解决，在职能部门经理层进行协调。

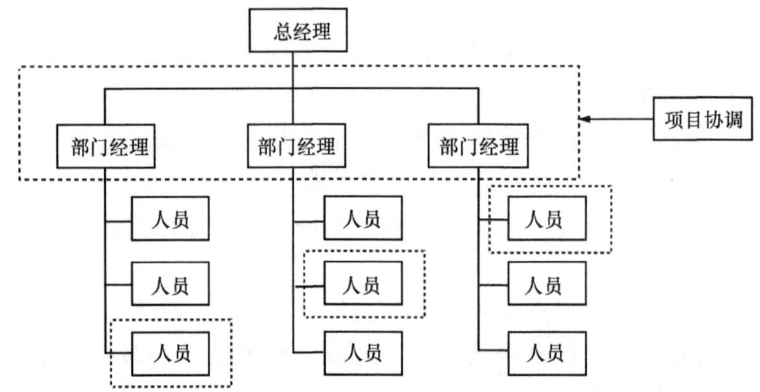

图 3-1　职能式组织结构（虚线框为可进入项目成员）

职能式组织结构的优点：

（1）在人员的使用上具有较大的灵活性，只要选择了一个合适的职能部门作为项目的上级，这个部门就能为项目提供它所需要的专职技术人员。

（2）在多个项目协调中，技术专家可以同时被不同的项目所使用，减少人员重复。

（3）同一部门的专业人员在一起易于交流知识和经验，有助于团队成员的专业化成长。

（4）可以保持项目的连续性。

（5）职能部门层级管理严密，可以为本部门的人员提供一条正常的晋升途径。

职能式组织结构的缺点：

（1）只对上层负责，不关注客户利益，与客户沟通较困难。

（2）工作方式运用传统模式，不适应项目运作。

（3）项目常常得不到很好的对待，导致责任不明确。

（4）项目成败与否对人员利益影响不大，项目成员积极性不高。

（5）由于项目经理的职责由职能部门的负责人承担，项目负责人在职能式组织结构中的地位不明显，各职能部门之间也缺乏必要的交流。

职能式组织结构比较适合中小企业，特别是加工业、产品制造业和大多数公共部门。这种结构对重复性工作的管理是非常有效的，我国大部分企业都采取这种组织形式。

2. 项目式组织结构

当环境迅速变化时，专业分工和集中管理所带来的问题就会凸显。当变化迅速发生时，组织中的人员必须立即做出决策。在基层从事实际工作的人员对变化最为敏感，处于能够迅速做出决策的最佳位置。为此，可以把决策权下放给现场工作人员。然而，这种办法带来的问题是，从事实际工作的人往往因为视野狭窄而做出目光短浅的决策。因此，需要拓宽基层人员的视野。由此就形成了项目式组织。

在项目式组织中，完成每个项目目标所需的所有资源完全分配给这个项目，专门为这个项目服务。专职的项目经理对项目团队拥有完全的项目权力和行政权力。

项目式组织无论从单个项目，还是从整个公司来讲，都是不经济的。每个项目必须为专门工作的团队成员付薪，即使是在项目某些阶段他们的工作很轻松。对整个公司来讲，项目式组织由于在多个同时进行的项目上存在资源任务的重复，从而造成浪费。因为资源不能共享，某个项目专用的资源即使闲置，也无法应用于另一个同时进行的类似项目。同样，不同项目团队成员完全效力于自己的团队。在项目式组织结构中，为了最大限度地利用资源，保证在预算范围内成功完成项目，需要有详尽而准确的计划和一个有效的控制系统。

项目式组织结构如图 3-2 所示。

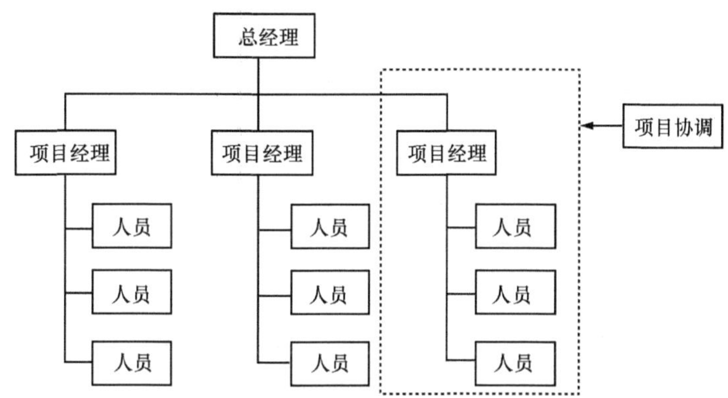

图 3-2　项目式组织结构（虚线框为可进入项目成员）

从图 3-2 可以看到，总经理所领导的全部是项目经理，与线性组织结构相比，在结构上是无差别的，但实际上却有着质的不同，根本的区别就是项目经理和人员都是临时组织在一起的，某特定项目任务一旦完成，则需要重新组合。

项目式组织结构的优点：

(1) 项目经理对项目全权负责，能够控制资源，可以充分展现其管理才能。

(2) 项目成员为全职，能够充分发挥团队精神。

(3) 决策速度快，下达和执行命令协调一致。

(4) 对客户高度负责。

(5) 沟通途径简洁。

项目式组织结构的缺点：

(1) 不适于规模小的企业，如果项目规模过少，或一个组织存在几个同时进行的项目并需要同一专业技术人员时，则容易造成人力资源的浪费。

（2）对项目成员的素质要求较高。因为项目经理和人员都是临时组合，一方面需要缩短磨合期，尽快进入角色，提高工作效率。另一方面，需要这些项目成员有较强的组织和工作能力，以适应不同项目的需要。

（3）项目经理的选拔和项目成员的聘用所需时间较长，易影响项目的开局。

（4）项目间缺乏知识和信息的交流。

（5）项目结束后成员安排难度大。

（6）容易造成项目延期完成。造成项目延期的原因是项目成员身份的单一性，从而导致他们会强烈依附项目，项目一旦完成他们就马上面临失业。因此，当项目进入结束阶段，他们会受惰性左右，拖拉行事。在这时，项目经理必须注意，避免项目延期，以保证项目的正常结束。

项目式组织结构比较适合大型项目。因为对于大型项目，这种组织结构可以做到高效。而对于小项目，则是低效的。因为在小项目中，一些必要的工作，如工程、技术、财会等，均不需要专人完成。

3. 矩阵式组织结构

职能式组织结构和项目式组织结构都有各自的不足，要解决这些问题，就要在职能部门积累专业技术的长期目标和项目的短期目标之间找到适宜的平衡点。矩阵式组织便运用而生。它是当前最流行的组织形式，兼有职能式组织和项目式组织的优点。之所以称为矩阵，是因为它综合运用了两个标准：一是以稳定的职责作为标准；二是以临时任务的性质作为标准。前者构成职能系统，为纵向；后者构成项目系统，为横向，纵横两套系统交叉形成一个矩阵。矩阵式组织结构如图 3-3 所示。

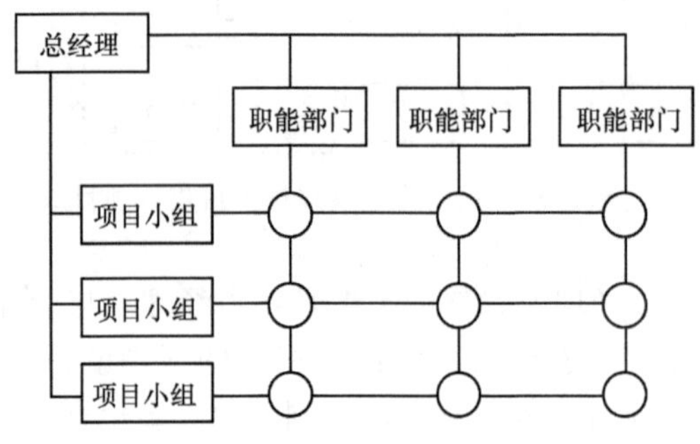

图 3-3 矩阵式组织结构

矩阵式组织结构混用两个标准，如果运用得好，则是对传统的突破，既能提高效率，又能收到好的效果；如果运用不好，则容易造成管理职能上的混乱。所以，对矩阵式组织结构的应用需要专门的学习，并且需要团队所有成员的理解，才能实现这个结构的价值。

矩阵式组织结构可分为弱矩阵、平衡矩阵、强矩阵和混合矩阵四种形式。

1）弱矩阵式组织结构

弱矩阵式组织结构保留了职能部门的许多特征，在该组织结构中，只有资源而没有全职项目经理分配到项目中。项目负责人仅起协调各部门人员和监督项目运行的作用，担当的是项目协调者的角色。弱矩阵式组织结构如图 3-4 所示。

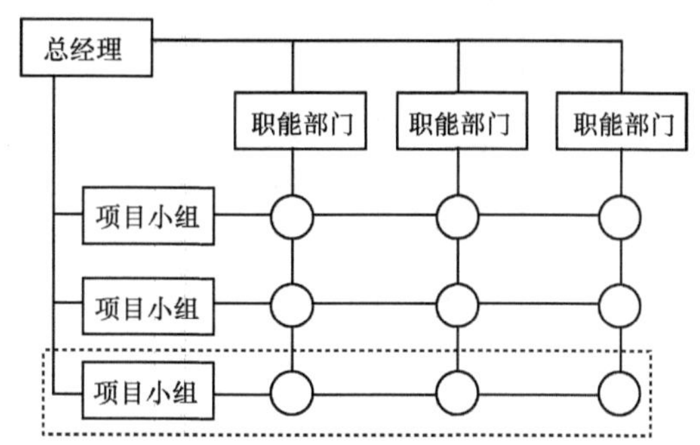

图 3-4　弱矩阵式组织结构（虚线框为可进入项目成员）

2）平衡矩阵式组织结构

平衡矩阵式组织结构设置了项目经理，但是项目经理是在部门经理的领导之下，对项目及其资金不能全权支配。平衡矩阵式组织结构如图 3-5 所示。

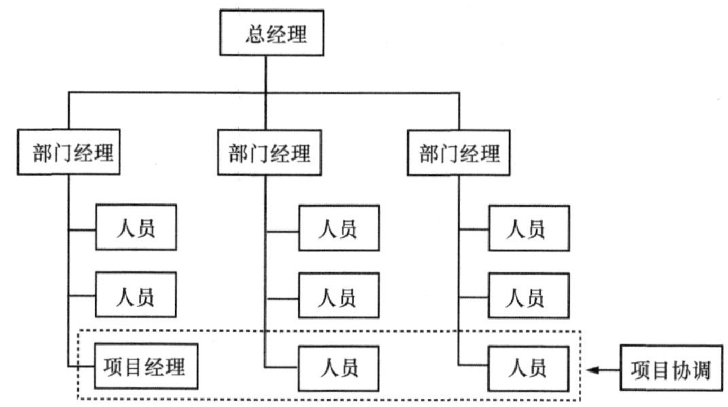

图 3-5　平衡矩阵式组织结构（虚线框为可进入项目成员）

3）强矩阵式组织结构

强矩阵式组织结构具有项目式组织结构的许多特征，权力向项目经理倾斜。拥有相当大权限的全职项目经理不再向职能部门经理负责，而是向项目经理全权负责。同时，项目经理主任与职能部门经理同级，直接向总经理负责。在一些重要的项目中，项目经理可以向一位能给项目提供支持的副总经理汇报工作。强矩阵式组织结构如图 3-6 所示。

4）混合矩阵式组织结构

混合矩阵式组织结构兼有强矩阵式组织结构和弱矩阵式组织结构的特征，并具有二者的优点，它可以从各职能部门抽调人员，也可以建立专门的项目团队，具有较大的灵活性。不过，在该组织结构中，一些人员会身兼三职，他们既受职能部门经理制约，又受项目 A 和项目 B 的经理或负责人制约，他们需要有极强的工作技能和协调能力。混合矩阵式组织结构如图 3-7 所示。

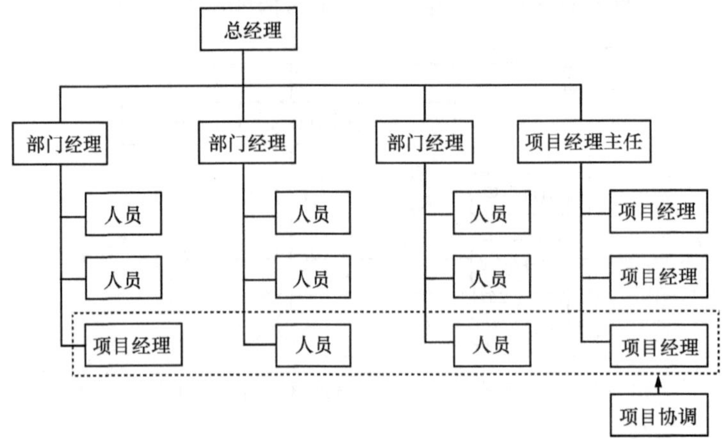

图 3-6 强矩阵式组织结构（虚线框为可进入项目成员）

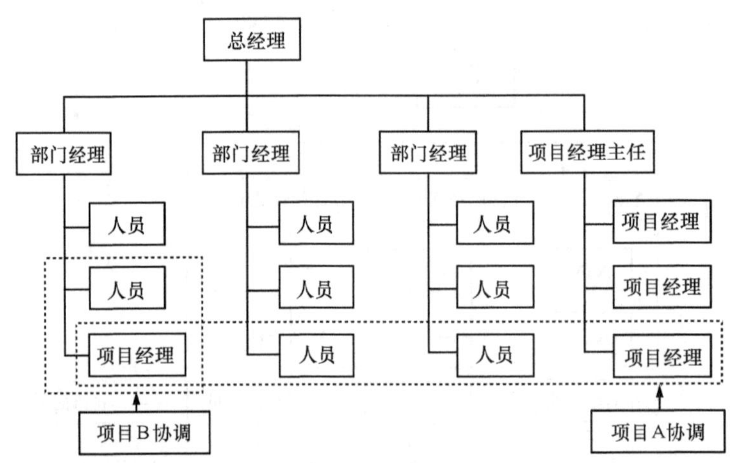

图 3-7 混合矩阵式组织结构（虚线框为可进入项目成员）

4. 矩阵式组织结构的优缺点

矩阵式组织结构兼有项目式和职能式的优点。最重要的优点是它可以灵活地运用所有职能部门的资源，贯通了各个职能部门并为之所用，在一定的时空内合理地利用各职能部门的技术力量。人们经常所说的把人员“打通来用”，就是这个道理。

然而，矩阵式的优点恰恰是它的缺点，当各小组成员对职能经理和项目经理双重负责的时候，小组建设经常会显得比较复杂。项目经理对这种人员双重负责关系的有效管理具有很大的难度。同时，所有项目的成员都有两个以上的上司，到底是听项目经理的还是听职能部门主管的指令，这种多重领导的局面可能导致其束手无策。

3.1.4 项目组织结构的选择

我们首先需要了解决定组织结构选择的关键因素有哪些。这样，具体项目管理的组织结构形式就可以根据项目条件的约束而确定。决定项目组织结构选择的关键因素如表 3-1 所示。

表 3-1　决定组织结构选择的因素

	职能式组织	矩阵式组织	项目式组织
不确定性	低	高	高
所用技术	标准	复杂	新
复杂程度	低	中等	高
持续时间	短	中等	长
项目规模	小	中等	大
重要性	低	中等	高
用户类型	多种多样	中等	单一
对内部依赖性	低	中等	高
对外部依赖性	高	中等	低
时间限制	低	中等	高
与其他项目差别	小	大	中等

在同一公司中，将三种组织结构用于不同的项目也是完全可能的。同时，这三种组织结构也可以应用于同一项目的不同层次。如果开发的项目是一系列采用标准技术且规模较小的新项目，由关键因素对比分析可知，最好的组织方式是职能式组织机构。如果针对长期、大型、复杂和重要的项目，例如，某个国际机场的建设项目或者是核电站的修建，则更适合于项目式组织结构。而针对某些运用了许多复杂技术的项目，如高科技企业，则可能需要采用矩阵式组织结构。

在同一项目中的不同层次可采用不同的组织结构。例如，在总体项目管理以矩阵式组织结构为主的条件下，项目工程部可以采用职能式组织结构，而在项目的其他职能部门可以采用项目式组织结构。

项目经理的经验在项目组织结构的选择方面是一个非常重要的因素。一个成功的项目组织结构要求项目经理具备作为总经理的广泛经验。为领导整个项目团体，他必须将专业技术知识与管理能力有机结合。

另外，选择合适的组织结构形式还需要考虑以下方面的制约：项目预期参与人员的任务分配；项目管理者的偏好；职工工会的协议；与项目所涉及的客户或顾客的沟通渠道；项目团队成员的文化观念等；项目与其他组织和部门的关系。

3.2　项目经理

项目经理是项目团队的灵魂，是项目实施的最高领导者、组织者、责任者，也是项目实施成功与否的关键人物。项目经理有时又称项目负责人、工程主持人、总指挥、课题组长等。他的管理素质、组织沟通能力、知识结构、经验水平、领导艺术、责任心，甚至身体素质等都对项目管理的成败具有决定性的影响。

项目经理是参与项目有关各方协调配合的桥梁和纽带，处在项目各方的核心地位。

项目利益相关者参与项目的动机和目的不同，在努力实现各自的目的时，会发生利益冲突，偏离项目目标，甚至妨碍最终目标的实现。项目经理要负责沟通、协商，解决各种矛盾、化解冲突和纠纷。因此，他对于这些冲突应具有敏感性和洞察力，对产生冲突的原因具有高超的分析能力，善于调和分歧，善于分析实现这些项目目标而使用的各种方法的利弊，并将各方的努力统一到实现项目目标上来。他必须引导项目以最好的方式达到目的，同时，尽可能地满足项目参与各方的合理需要。总之，项目经理所扮演的角色是任何其他人不可替代的。

3.2.1 项目经理与职能经理的比较

由于项目通常都是在一个比项目本身更高一级的组织背景下产生，人们习惯于将项目经理定位为中层管理者。然而，由于项目管理及项目环境的特殊性，一方面，项目经理所行使的“中层管理”与职能主管所行使的“中层管理”在管理职能上有所不同，项目经理的决策职能有所增强而控制职能有所淡化，且行使控制职能的方式也有所不同；而另一方面，在非项目式组织环境下（如一般企业），由于项目组织的临时性特点，项目经理通常会遇到“责大权小”的问题。实际上，对项目经理的素质和技能要求同企业中的总经理是完全相同的，然而又由于职位的临时性特点，项目经理在项目中的角色又好像是一个球队的教练、一个交响乐团的指挥，需要通过协调各团队成员的活动，使其成为一个和谐的整体，并按时、按规定要求完成各自的工作。具体地讲，项目经理要确保项目全部工作在预算范围内按时优质地完成，并使所有的项目利益相关者满意。项目经理与职能经理的角色对比如表 3-2 所示。

表 3-2 项目经理与职能经理的比较

比较项	项目经理	职能经理
扮演角色	“帅”，为工作找到适合的人去完成	“将”，直接指导他人完成工作
知识结构	通才，具有丰富的经验和广博的知识	专才，是某一技术领域的专家
管理方式	目标管理	过程管理
工作方法	系统综合集成的方法	系统分析的方法
工作手段	个人的专业实力和影响力，责大权小	职位实力，权责对等
主要任务	规定任务、进度计划和最终目标	规定任务及完成方式

3.2.2 项目经理的角色

项目经理是项目委托的代表，他是项目全过程管理的核心，也是项目团队的领导，还是项目有关各方协调配合的纽带。大量实践证明，一个强的项目经理领导一个弱的项目小组，比一个弱的项目经理领导一个强的项目小组成效更显著。项目经理就像企业的 CEO，对项目承担主要责任。曾经有人给项目经理下了一个特别的定义，认为项目经理像医生一样，必须是一个诊断专家，他必须确保他的项目免受疾病的传染，而对项目已经染上的疾病，他必须对征兆进行检查，诊断病因，并开出治疗处方。

几乎所有的项目都离不开有关各方（组织或个人）的参与。项目有关各方参与项目的动机、目的和重点是不同的，因此其对项目的期望和投入也不同，在项目进展过程中，很难做到步调一致。所以，项目经理必须在实施项目的过程中充当多种角色，确保项目的全部工作在项目预算范围内按时、优质地完成，从而使客户满意。

项目经理承担的主要角色有以下几个。

1. 领导者/决策者

项目经理是一个项目团队的最高领导，也是项目管理和执行工作的决策者。在项目实施过程中，项目经理需要确定项目各阶段的目标、范围和任务。在平时，项目经理必须能够在遇到问题时予以及时解决，能够指导来自不同职能部门的人员，领导全体团队成员开展工作，并适时地对项目团队进行激励，调动大家的工作积极性。同时，项目经理必须能够适时做出正确的管理决策，包括资源分配、进度和费用的权衡、项目实施效果的评价，以及变更事项的范围、方向或性质、风险判断等方面的问题。

2. 计划者/分析师

项目经理是一个项目的主要计划者和项目分析师。虽然一个项目团队会有自己的项目计划管理人员，但项目经理是各阶段计划的主要构思者、制订者和审批者，项目计划管理人员只是计划的辅助者，承担工作计划或计划的拟定。同时，项目经理又扮演着项目分析师的角色，在项目的计划和安排过程中，他必须全面地分析项目或项目阶段所处的外部环境和内部环境，分析这些环境给项目或项目阶段所带来的风险和机遇，深入地分析项目或项目阶段所需要的各种资源，综合地判断项目或项目阶段所面临的各种风险，并制定应对这些风险的措施，以保证项目各阶段工作顺利完成。

3. 组织者/合作者

项目经理既是一个项目的组织者，又是一个项目的合作者。项目经理在整个项目的实现过程中扮演组织者的角色，根据客户制定的项目目标，他要组织足够的人力、物力和财力资源，设计项目团队的组织机构，合理安排团队成员的工作。同时，作为合作者的项目经理还要与项目团队的全体成员合作，与所有的与项目相关的客户和供应商合作。除了项目内部组织工作外，项目经理还要组织客户和供应商参与项目实施过程。

4. 沟通者/利益协调者

项目经理是项目过程管理的核心人物，在项目发展和过程管理中发挥重要作用。项目实施过程有不同的组织与个人参与，这就会面临大量的矛盾与冲突，要很好地解决这些问题，沟通与交流必不可少。项目经理是关键的沟通者，他处于全体项目成员的中心位置，如果项目经理不能及时解释和传递相应信息，就会引起一些误解，妨碍项目的顺利进行。因此，一方面，项目经理应当充分地与全体团队成员进行沟通，努力营造有利于项目成功的氛围；另一方面，项目经理要善于在客户与供应商中斡旋，平衡各方面的利益，减少矛盾与冲突。

5. 监督者/控制者

项目经理另一个主要的角色是项目的监督者和控制者。作为监督者，项目经理要随时掌握项目实施各方面的进展情况，并客观衡量和评价一个项目或项目阶段的质量、进度、成本和利润的实际绩效，及时评价和判断各种偏差的性质及其对于项目未来的影响等；如有必要，及时做出调整和纠偏的决定，采取有效措施，确保项目朝着既定目标发展。同时，作为项目的控制者，项目经理需要按照项目目标制定控制标准，组织全体项目组成员按控制标准执行，并进行考核。

6. 创新者/企业家

项目管理具有一次性的特征，它客观上要求项目管理者进行管理创新。不存在一种项目管理模式适合于所有的项目过程。项目经理是项目管理创新的设计者和实施者，只有针对各个项目的具体特点，创造性地建立一套管理制度与方法，行之有效地加强管理，才能提高各项目的绩效和实现项目预期目标。项目的运作管理过程近似于企业管理过程，需要发挥项目经理的企业家精神。实践证明，项目经理的事业心、责任感、风险意识、投入力度是项目成功的关键因素。

3.2.3 项目经理的职责

项目经理负责项目的全过程，其职责分为对外职责和对内职责两种，包括了对人、财、物的管理等内容。

1. 对外职责

（1）成功实现项目目标，争取客户的最大满意度；

（2）不断开拓团队生存的外部空间；

（3）负责对外谈判；

（4）收到客户支付的费用。

2. 对内职责

（1）确定项目目标。确定项目目标的具体工作就是定义、规划项目。

（2）组织项目团队。与项目发起人一起挑选团队成员。在团队组成过程中，要注意把握建立项目经理的领导权威的原则。

（3）报告工作意图。向发起人报告工作意图，征得发起人的同意和支持。

（4）制订并执行计划。与项目团队成员一起制订工作计划，确定工作计划后按该工作计划实施，“按计划进行”是考验项目经理意志的重要方面。在实施过程中需要对计划进行修改时，必须履行必要的程序。

（5）指挥项目运作。项目经理指挥项目运作的主要工作有：识别及管理风险、监测及追踪项目进展、解决干扰进展的问题、控制费用和管理绩效。

（6）分配和获得资源。项目经理的一件非常重要的工作就是负责资金的到位。在现代社会的一个通例是金钱不是万能的，但没有金钱则是万万不能的。

（7）负责组织并提出项目报告，定期向业主汇报项目进度。项目进展报告一般有日常报告、例外报告和特别分析报告三种。

（8）把完成的项目交付业主使用。在项目终结时，项目经理必须找到业主并向业主交付项目成果。同时，从业主那里获得最后的项目进度款项。

有人把项目经理的对内对外职责归结为五种权力：法定权力、奖励权力、专家权力、惩罚权力和默示权力。法定权力来源于项目经理在组织中的正式地位，是通过文件形式规定下来的。奖励权力是项目经理有权奖励做出贡献的团队成员，谁做出贡献，项目经理心里应该有一杆秤。奖励的恰当性与公平性，将直接影响着项目经理的权威和地位。专家权力是指项目经理在专业领域的知识和经验，这些知识和经验是受到人们尊敬并认可的。惩罚权力是一种与奖励权力相对立的权力，项目经理有权对严重事故或不服从安排的人员进行解雇、降职和减薪；运用这一权力必须慎重，并且必须公平。默示权力是指项目经理可以依靠自己的上级或相当于上级的人行使权力，因为他们比自己更有权威。

3.2.4　项目经理需要具备的能力

项目经理是项目成功的关键因素，必须具备相应的项目管理技能才可以充分发挥应有的作用。选择什么样的人担任项目经理，除了考虑候选人自身的素质特征外，还要考虑以下十个方面。

（1）领导能力。简单地说，领导工作就是通过别人来完成工作目标。项目经理需要通过项目团队来达成目标。第一，项目经理应懂得如何授权和分配职责，采取参与和顾问式的领导方式，发挥导向和教练作用，让成员在职责范围内充分发挥能动性，自主地完成项目工作。第二，项目经理应善于激励。由于项目经理通常没有太大的权力对成员进行物质方面的激励，所以，非物质激励方式就特别重要。比如，借助项目的唯一性，给项目成员接受挑战的机会往往可以对优秀的项目成员起到极大的激励作用；另外，对项目成员的工作成绩要及时表示认可。及时是非常重要的，并且最好是当众表扬，比如，在上级领导或客户面前对项目团队或具体成员做出正面的评价。第三，项目经理应该为成员树立榜样。表现出积极的心态，成为团队的典范和信心的源泉。

（2）沟通能力。有效的沟通是项目顺利进行的保证。在项目开展的过程中，项目经理需要通过多种渠道保持与团队、分包商、客户方、公司上级的定期交流沟通，及时了解项目的进程、存在的问题以及获得有益的建议。沟通的方式可以是口头的或书面的，如面谈、电话、邮件、会议等。在沟通过程中，项目经理应善于提问，并做到有效地聆听，能经常站在对方的角度思考问题。

（3）人际交往能力。良好的人际关系有助于项目的协调，避免生硬的操作方式。协调是随时需要的，主要来自项目内部及客户，可能是资源的配置问题，也可能是项目范围调整等。人际交往需要从一点一滴做起，而且往往发生在项目工作之外，项目经理需要采取主动、热情的姿态。

（4）应付压力的能力。项目的特点决定了项目工作过程存在一定的不可预见性，项目经理需要做好随时面对压力甚至是冲突的准备。一旦面临压力或冲突，最重要的是保持冷静，避免使项目陷入困境。项目经理要以乐于解决问题的姿态出现在团队中以及上级或客户面前。要想项目成功，项目经理是不允许被压垮的。因此，有人建议，项目经理应经常参加体育锻炼，懂得适时放松自己，保持旺盛的精力。

（5）培养员工的能力。出色的项目经理重视对项目成员的培养，通过项目过程提升员工的能力，促进员工的自我发展。项目经理要帮助成员明晰自己的职业与技能发展方向，给其分配合适的工作任务，并鼓励成员学习和相互交流。

（6）时间管理能力。当需要在同一时段处理两项以上的任务时，时间管理就是必要的。而项目经理往往需要同时面对数项甚至十几项任务，可见有效的时间管理是极为重要的。项目经理不仅需要管理好自己的时间，还需要与相关部门及人员订立时间使用协议，尽量减少非预期的时间占用。

（7）对目标推进的专注力。项目经理不该被一些枝节的问题转移对目标把握的专注力，从而纠缠于细小的事情而难以自拔。

（8）热情、富有想象力和创造力。这是一个鼓舞人心的特质，也是人格魅力的表现，工作上的创意往往能获得事半功倍的效果。

（9）灵活性和适应性。过分强调原则是一种刚性的管理，这种管理会背离以人为本的理念。而灵活性体现的是柔性管理，是刚性管理的一种很好的补充。

（10）有自主学习和不断发展的能力。适应学习型社会的需要，当今世界知识更新之快令人咋舌，要跟上时代唯有不断学习、自主学习、终身学习。

总之，合格的项目经理不但要高度明确自己的工作职责，而且要具备充分的项目管理技能，这样才能领导项目团队达成目标。

3.3 项目团队

3.3.1 项目团队的概念

团队是指在工作中紧密协作并相互负责的一群人，他们拥有共同的、绩效目标以及工作方法，且以此自我约束。

团队是相对部门而言的。部门的特点是，存在明确内部分工的同时，缺乏成员之间的紧密协作。团队则不同，队员之间没有明确的分工，彼此之间的工作内容交叉程度高，相互间的协作性强。团队在组织中的出现，根本上是组织适应快速变化环境要求的结果。为了适应环境变化，企业必须简化组织结构层级和提供客户服务的程序，将不同层级中提供同一服务的人员或服务于同一客户的不同部门、不同工序人员结合在一起，从而在组织内形成跨部门的团队。

项目团队就是为适应项目的高效实施而建立的团队。项目团队的具体职责、组织结构、人员构成和人数配备等方面随项目性质、复杂程度、规模大小和持续时间长短而异。项目团队的一般职责是完成项目计划。项目经理要对项目的范围、费用、时间、质量、风险、人力资源和沟通等多方面进行管理。

由以上定义可知，简单把一组人员调集在一个项目中一起工作，并不一定能形成团队，就像公共汽车上的一群人不能称为团队一样。项目团队不仅仅是指被分配到某个项目中工作的一组人员，它更是指一组互相联系的人员同心协力地进行工作，以实现项目目标，满足客户需求。而要使这些人员发展成为一个高效协作的团队，一方面要项目经理做足努力，另一方面也需要项目团队中每位成员积极地投入到团队中去。

项目经理要把项目组建设成一个有战斗力的、有凝聚力的、生动活泼的团队。一个高效率的项目团队不一定能百分之百决定项目的成功，而一个效率低下的团队，则注定要使项目失败。

3.3.2　项目团队的特征

（1）明确的共同目标。明确共同的目标可以为团队成员指引方向，提供推动力。团队成员通常会用一定的时间和精力分解项目目标，使之成为具体的、可以衡量的、现实可行的绩效目标。这样，每一个团队成员便明确了自己的努力方向。所以，某人只要加入了这个项目团队，就必须对项目目标有清晰的了解，同时，对自己的工作职责和范围、可动用资源、质量标准、预算和进度计划等方面以及它们与项目目标的关系，也应该有所了解。

（2）高素质的成员。只有高素质的成员才能构成高效的团队；高素质的成员是指项目成员具备实现项目目标所必需的某方面技术和能力，熟悉项目管理的知识和应用，具有一定的文化特性以及由此而形成的工作品质。

（3）平等的权利和义务。团队成员有权通过合理的竞争机制和科学的评价机制获得奖金、分享利润和股票等团队奖励和个人奖励，有权申请合理的劳动条件，有权获得进修培训的机会，其工作受劳动法保护。同时，他们有义务履行自己的工作职责，完成自己的工作任务，遵守工作指标、出勤率、工作进度等规定和纪律。

（4）有效的沟通。项目成员之间的沟通渠道应该保持畅通。只有扫清心理障碍，才谈得上各种语言和非语言的交流。有效的沟通有助于团队成员之间消除误解，并迅速而准确地了解彼此之间的想法，从而在进行项目工作时相互协调，达到无缝隙结合。

3.3.3　项目团队的发展过程与建设

1. 项目团队的发展过程

一个项目团队从开始到终止，是一个不断成长和变化的过程，这个发展过程可以描述为五个阶段：形成阶段、震荡阶段、规范阶段、辉煌阶段和解散阶段。

（1）形成阶段。形成阶段是项目团队的初创和组建阶段。在这个阶段中，团队成员由个体而归属于一个团队，总体上有一种积极向上的愿望。团队成员的情绪特点包括激动、希望、怀疑、焦急和犹豫，在心理上处于一种极不稳定的阶段。在这一阶段，项目经理需要为整个团队明确方向、目标和任务，为每个人确定职责和角色，以创建一个良好的项目团队。

（2）震荡阶段。震荡阶段是项目团队发展的第二阶段。在这一阶段，团队成员按照分工开始了初步的合作，有些成员会发现项目的工作与个人当初的设想不一致，有些成员会发现项目团队成员之间的关系与自己期望的不同，有些团队成员与项目管理人员和项目经理发生矛盾或冲突。团队成员情绪的特点是紧张、挫折、不满、对立和抵制。在震荡阶段，项目经理需要应付和解决出现的各种问题和矛盾，需要容忍不满的出现，从而有效地解决冲突、协调关系、消除团队中的各种震荡因素。

（3）规范阶段。经受了震荡阶段的考验后，项目团队就进入了正常发展的规范阶段。这一阶段的项目团队的矛盾要小于震荡阶段。这一阶段团队成员的情绪特点表现为信任、合作、忠诚、友谊和满意。项目经理在这一阶段应该对项目团队成员所取得的进步予以表扬，应积极支持项目团队成员提出的各种建议并鼓励其积极参与，应该努力地去规范整个团队的行为和全体团队成员的行为。

（4）辉煌阶段。辉煌阶段是项目团队不断取得成就的阶段。在这个阶段中，项目团队的成员积极工作，努力为实现项目目标做出贡献。这一阶段成员的情绪特点是开放、坦诚、依赖、团队的集体感和荣誉感。项目经理在这一阶段应该积极放权，以使项目团队成员更多地进行自我管理和自我激励。同时，项目经理应该及时公告项目的进程、表彰先进的团队成员，努力帮助项目团队完成项目计划，实现项目的目标。

（5）解散阶段。在上述状态下完成某项任务后，该项目进入解散阶段。这时，团队成员开始骚动不安，开始考虑自身今后的发展，并开始做离开的准备。这五个阶段的关系如图 3-8 所示。

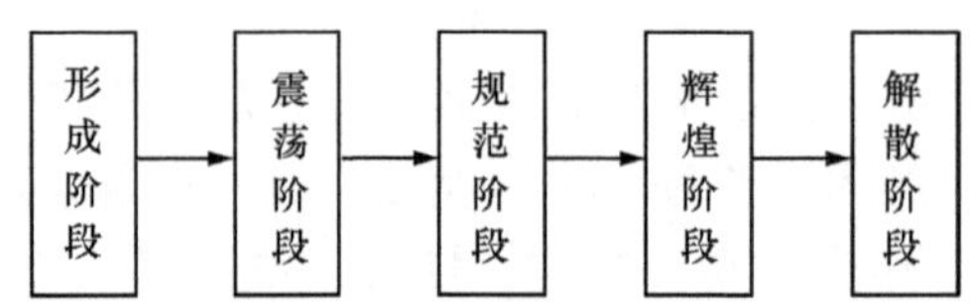

图 3-8　项目团队的五个发展阶段

2. 项目团队的建设

团队建设是把一组人员组织起来实现项目目标的一个持续不断的过程，它是项目经理和项目团队的共同职责。团队建设能创造一种开放和自信的气氛，成员有统一感，强烈希望为实现项目目标做出贡献。

使团队成员社会化会促进团队建设，团队成员之间相互了解越深入，团队建设得越出色。项目经理要确保个体成员能经常相互沟通交流，并为促进团队成员的社会化创造条件。团队成员也要努力创造出这样的条件。

项目团队可以要求团队成员在项目过程期间被安排在同一个办公环境下进行工作。当团队成员被安排到一起时，他们就会有许多机会走到彼此的办公室或工作区进行交谈。同样，他们也会在走廊这样的公共场合更经常地碰面，从而有机会在一起交谈。谈论未必总是围绕工作。团队成员很有必要在不引起反感的情况下了解彼此的个人情况。项目过程中会发展起许多个人的友谊。

安排整个团队在一起工作，就不会出现因为团队一部分成员在大楼或工厂的不同地方工作而产生“我们对他们”的思想。这种情形导致项目团队分化为一些小组，而非一个实际的团队。

项目团队可以举办社交活动庆祝项目工作中的事件，例如，取得重要的阶段性成果——系统通过测试，或与客户的设计评审会议成功，也可以是为放松压力而定期举办的活动。项目经理为促进团队建设社会化，可以组织各种活动。例如，下班后的比萨聚会、会议室的快餐、周末家庭野餐、观看一场体育活动或剧院演出等。一定要让团队中每个人都参加这类活动。也许有些成员无法参加，但一定要邀请到每个人，并鼓励他们参加。团队成员要利用这个机会，尽量结识更多的其他团队成员（包括参加活动的家庭成员），增进彼此间的了解。

一个基本规律是试图与不太熟悉的人在一起聊天，提出一些问题，听他谈论，发现共同兴趣。要尽量避免人们形成几个人组成的小团体，在每次活动中老是聚集在一起。参加社会化活动不仅有助于培养起忠诚友好的情感，也能使团队成员在项目工作中更容易进行开放、坦诚的交流与沟通。

除了社交活动外，团队还可以定期召开团队会议。相对项目会议而言，团队会议的目的是广泛讨论下面这些类似问题：作为一个团队，我们该怎样工作？有哪些因素妨碍团队工作（如工作规程、资源利用的先后次序等）？我们如何克服这些障碍？我们怎样改进团队工作？如果项目经理参加团队会议，对他一视同仁。团队成员不应向经理寻求答案，经理也不能利用职权否决团队的共识。这是团队会议，而不是项目会议，只讨论与团队相关的问题而与项目无关。

3.3.4　团队精神的培养

（1）形成民主氛围。有人认为，项目团队最关键的是执行力，民主是政治家说的事情。这种观点是片面的。一个好的团队一定是民主氛围好，因为只有这样，才能形成“众人拾柴火焰高”的态势。如果谁也不帮助项目经理出主意，那么，该项目将会面临很大风险。

（2）高度的相互信任。团队成员的相互信任，是解决问题的基本前提，如果大家相互猜忌、勾心斗角，其结果就会离心离德、耽误工作。

（3）统一的共同目标。项目团队的共同目标仅有一个，就是把项目做好，达到项目的既定目标。因此，团队成员不能只注重项目活动，而不注重结果；不能只关心与自己有关的专业或技术特长的子问题，而不关心影响项目目标的其他问题。

（4）全面的互助合作。对与自己无关但可以帮助其他成员做好项目工作的“举手之劳”，不妨多做，一般不会“吃力不讨好”，反而体现互助合作精神。

（5）平等的关系与积极的参与。一个伟人与一个普通人，90％以上都是一样的，不要职位高一点就盛气凌人，得理一点就不让人；也不要职位低一点就妄自菲薄、噤若寒蝉。

（6）自我激励和自我约束。树立成功完成项目的信心，时常以“我能行”激励自己；同时，不能骄傲和盲目自大，不要受外界过多的诱惑使自己的行为偏离项目，自觉建立自我约束机制。

（7）激励团队成员在工作中学习，在学习中成长。当今社会处于信息爆炸时代，每一个社会成员都需要终身学习和自主学习来迎接时代的挑战。在项目中，每一个成员都要知道自己会越战越勇、越干越快，工作效率在“干中学”的过程中会越来越高。

（8）增强团队的凝聚力。凝聚力就是团结，团结就是力量。做到这一点的关键在项目经理。

其实，做到以上各点的关键还是项目经理。项目经理作为领导者，有责任带好一支队伍，培养一批人才。王选院士曾经说道："在中国的国情下，一个集体能否形成团队精神，往往与该集体的领导人的品质有很大关系：领头人过分追求名声和地位，就很容易自觉或不自觉地把下属功劳记到自己账上。从而引起内部矛盾，狂妄自大、听不进下属意见、做错了事不承认、谋私、心胸狭窄、记仇、分亲疏、只想自己成功、不愿或不支持同事成功，等等，都会影响一个团体的凝聚力。"

3.4 项目外的关系

3.4.1 与客户的关系

项目管理的核心任务是项目的目标控制，从项目实施者——项目经理和项目团队的角度来看，项目管理的核心是业主方的项目管理。业主方是项目实施者的重要客户。因此，在项目管理的全过程中，必须正确处理好与客户的关系，以下是值得肯定的基本做法。

1. 识别客户

识别和定义项目的客户是提高客户满意度的前提。项目客户是一个比较宽泛的概念，但主要包括使用项目的产品、接受项目的服务，以及使用项目可交付成果的组织和个人。在项目众多的利益相关者中，识别项目客户是容易被项目组织忽略的事情。

在项目生命周期四个阶段中，对客户识别具有不同的侧重点。

在概念阶段中，要识别潜在客户，向潜在的客户推销自己。在客户发出需求建议书之前就能与他们联系，向他们提供相关资质证明，解除他们对本项目组织的疑虑，为争取客户项目打下良好基础。

在启动阶段中，要准确识别客户的需求和期望，进一步了解客户的需求，并向客户提出关于项目的问题，精心准备好项目申请书并按要求提交。

在实施阶段中，本项目组织已经和客户达成项目目标共识，要邀请客户全面参与项目过程管理，积极管理好客户关系，及时与客户进行有效沟通，并和他们一起管理项目，以保证项目顺利实施。

在收尾阶段，项目组织提交项目交付物，客户接收项目交付物，项目报告完成。但仍需要注意保持与客户的联系，取得反馈信息，并加深与客户之间的感情联系，以建立长期合作关系。

2. 提高客户的满意度

提高客户的满意度是一件非常重要的事情，在项目的整个生命周期中，如果客户不满意项目组织提供的服务，那么他们将会离开项目组织，造成客户的流失。在不少地方，人们用传统的管理理念进行项目管理，项目组织往往不能分清客户的生命周期，在不同阶段所采取的措施也不能很好地满足客户的需求，有时甚至无视客户的需求，这样客户对项目根本不能实现实时控制，最终不接受或是不满意项目交付物。这不仅对未来的潜在客户产生不好的影响，还破坏了与老顾客的关系建设。因此，项目组织应该从自身长远利益出发，从提高市场竞争力角度出发，通过全面满足客户需求赢得市场声誉，从而在激烈的市场竞争中立于不败之地。

按满意度为标准，可以把客户划分为满意客户和不满意客户两种。有数据表明，对老客户的持留成本是获得新客户的成本的 1/6，有了老客户，往往可以不断地获得新项目，这比盲目地开发新客户要节省很多成本。

按照不同的客户忠诚度，人们将客户分为黄金级、白银级、青铜级、黑铁级等。根据帕累托定律，项目组织 80%的收益来自 20%的高忠诚度客户。我们必须重视高忠诚度客户的价值，他们是项目组织基本利润来源的保证，同时他们还是好项目的义务宣传员。

项目组织对四个等级客户应区别对待。

黄金级客户给项目组织带来的利益大，对潜在客户的影响也大，能给项目组织带来新的黄金客户，并在项目进行过程中，与项目组织配合融洽。这些客户是项目组织生存发展的关键所在，项目组织应予以足够的重视，维持其满意度和忠诚度，在项目之余注意交流互助并适当让利。

白银级客户给组织带来一般的收益，能对潜在的客户造成一定影响，能给项目组织带来新客户，部分白银级客户能升级成为黄金级客户。所以，项目组织应与他们加强沟通，在项目过程中不断改进客户满意度，提升客户忠诚度，尽量使其升级为黄金级客户。

青铜级客户给组织带来很少的收益，并且对其他的客户没有什么影响，不会给项目组织带来新客户。青铜级客户升级可能性小，并且可能将业务转向竞争对手。对于青铜级客户，项目组织给予一般的照顾即可。但仍需要在项目实施过程中通过持续改进提高其满意度，并增加转换成本，尽量留住他们。

黑铁级客户会给项目组织带来负面的收益，给项目造成负面的影响。他们的要求定义不明确，变更较多，对项目交付物不满并四处宣扬。项目组织必须小心处理与黑铁级客户的关系，注意识别他们，最好不要接受他们授予的项目。

3.4.2　与外部利益相关方的关系

凡是涉及项目利益的外界组织都可以称为外部利益相关方，如社区、供货单位、服务机构、协作单位等。外部利益相关方很多而且是多变的，在处理与外部利益相关方的关系时，多利用双赢模式。

3.4.3　与政府部门的关系

政府负责治理社会，履行为公民服务的职能。在项目管理中，与政府部门打交道是十分正常的，也是必需的，如与公安消防、卫生监督、工商、税务、规划、建设、环保等部门搞好关系，会对项目的健康发展起到积极的推动作用。一些可取的做法如下：

（1）按法律法规办事；

（2）主动与政府各部门沟通；

（3）自觉接受政府职能部门的监督；

(4) 多利用政府应给的权益。

3.4.4 与媒体的关系

媒体包括报纸、杂志、电视广播、因特网等。一般来说，项目管理除了在项目的开始和收尾要利用媒体外，在大部分的项目活动时间里与媒体联系不多。但是，媒体起到一个舆论导向的作用，在项目的非常时期，比如说项目出现了风险，与媒体的关系就非同寻常了。俗语说："水能载舟，亦能覆舟。"固然是说民心对统治集团的重要作用，但在项目出现风险的时候，以此说明媒体对项目的关键作用，一点也不为过。正确处理与媒体的关系，保持相互间的合作和友谊是十分可取的做法。而就因特网而言，对项目的敏感点可谓仁者见仁，智者见智。只要懂得上网，谁都可以发表言论，由不得项目组织左右。

如何处理好与媒体的关系？本书建议项目组织能够遵守以下原则。

(1) 如果有记者打电话来对项目组织进行采访，一般要尽快回复。允许采访还是拒绝，需要明确地表示。不属于自己职权范围，则友好地指引其找其他部门。

(2) 如果采访获得允许，需要做足功课。例如，为发言人准备好发言稿、多媒体演示或电视短片；对项目的研发过程、投产日期、市场前景、招投标等记者感兴趣的话题，事前做一些猜测性准备以应急需。

(3) 不要向媒体透露不利于项目组织的秘密，凡不利于项目组织的话语要避免谈及。

(4) 不要指望媒体对你有太大的帮助。如果需要媒体宣传本项目，花点钱登广告可能更好。

本章回顾

本章对项目组织、项目经理、项目团队及项目外的关系作了详细的分析。对于项目组织，本章重点阐述了项目组织的设计、项目组织结构的类型及项目组织形式的选择。对于项目经理，本章主要描述了项目经理所承担的角色、项目经理的职责及项目经理需要具备的能力。对于项目团队，本章重点说明了项目团队的发展过程与建设，并指出团队精神的培养方法。对于项目外的关系，本章则主要从与客户、与外部利益相关方、与政府、与媒体四大方面进行了描述。

复 习 题

一、判断题

1. 项目经理的主要作用是进行公司的战略决策。(　　)
2. 在职能式项目组织中，团队成员往往优先考虑项目的利益。(　　)
3. 项目式与职能式组织结构类似，其资源可实现共享。(　　)
4. 一般来说，职能式组织结构不适用于环境变化较大的项目。(　　)
5. 在项目式组织结构的公司中，其部门是按项目进行设置的。(　　)
6. 项目经理是项目的核心人物。(　　)

7. 选择项目经理的时候，必须考虑候选人的素质和能力。（ ）
8. 项目经理不应该把项目的权力下放给项目团队成员。（ ）

二、单项选择题

1. 容易造成多头领导的组织结构是（ ）。
   A. 项目式 B. 矩阵式 C. 混合式 D. 职能式
2. 最机动灵活的组织结构是（ ）。
   A. 项目式 B. 矩阵式 C. 混合式 D. 职能式
3. 矩阵式组织结构的最大优点是（ ）。
   A. 沟通更加容易 B. 报告更加方便
   C. 改进了项目经理对资源的控制 D. 高级管理层对项目的了解更加直接
4. 在你作为项目经理的项目中，存在某种导致与顾客发生利益冲突的事件，如果你向顾客透露这一情况，会使你们公司遭受一定的经济损失。在这种情况下，你应当（ ）。
   A. 隐瞒情况
   B. 向公司高级管理层汇报，寻求解决方案
   C. 如实向顾客讲明情况，共同寻找解决方案
   D. 佯装不知
5. 根据项目专业特点，将项目直接安排到公司某一部门内进行，这种组织形式属于（ ）。
   A. 混合式 8. 项目式 C. 职能式 D. 矩阵式
6. 空中客车公司的飞机项目是由法国、德国、英国、西班牙 4 国合作完成，这体现了项目组织结构设计原则的哪一原则（ ）。
   A. 统一指挥原则 B. 整体性原则
   C. 分工合作原则 D. 集权与分权相结合原则
7. 项目团队在哪一阶段集体荣誉感最强（ ）。
   A. 形成阶段 B. 震荡阶段 C. 规范阶段 D. 辉煌阶段
8. 项目经理需要根据不同的被管理者和不同的环境调整自己的管理方式，这属于项目经理的哪种管理方式（ ）。
   A. 权变式管理方式 B. 保守式管理方式
   C. 民主式管理方式 D. 人本式管理方式
9. 对于跨专业的风险较大、技术较为复杂的大型项目应采取何种组织结构来管理？（ ）
   A. 矩阵式 B. 职能式 C. 项目式 D. 混合式
10. 项目式组织结构适用于哪种情况？（ ）
    A. 项目的不确定因素较多，同时技术问题一般
    B. 项目的规模小，但是不确定因素较多
    C. 项目的规模大，同时技术创新性强
    D. 项目的工期较短，采用的技术较为复杂

11. 项目经理在哪种组织形式中权力最大？（　　）

A. 职能式组织　B. 项目式组织　C. 矩阵式组织　D. 协调式组织

12. 在项目团队发展过程中，团队在哪个阶段冲突最大？（　　）

A. 形成阶段　B. 震荡阶段　C. 规范阶段　D. 辉煌阶段

三、多项选择题

1. 在一个职能式组织结构中，当同时存在多个项目需要管理时，将会产生一些重大困难，这是因为（　　）。

A. 不同项目对于有限资源进行竞争，从而导致项目的相对优先顺序发生矛盾

B. 各项目经理的权限级别不同导致一些冲突

C. 项目团队成员会把精神集中于他所属的职业部门的专业，而不是项目

D. 项目经理与职能部门经理之间的权限问题

2. 项目团队的特点主要体现在（　　）。

A. 具有一定的目的　B. 是临时性组织

C. 单独解决问题　D. 人员增减具有灵活性

3. 项目干系人包括（　　）。

A. 项目经理　B. 供货商　C. 业主　D. 客户

4. 项目经理的职责包括（　　）。

A. 计划　B. 组织　C. 激励　D. 控制

5. 项目经理必备的技能包括（　　）。

A. 领导能力　B. 时间管理能力

C. 激励能力　D. 沟通能力

6. 职能式组织结构的优点有（　　）。

A. 沟通简单　B. 有利于提高部门的专业化水平

C. 最大限度地利用了资源　D. 每个项目成员都有明确的责任和权力

7. 项目式组织结构的缺点有（　　）。

A. 每个项目成员有两个领导　B. 资源配置重复，管理成本高

C. 需要平衡权力　D. 项目成员要担心项目结束后的生计

8. 采用职能式组织结构，可能会出现的情形有（　　）。

A. 项目团队成员都对其参与的项目直接负责

B. 项目团队成员更关注所属部门的工作，而不是项目的目的

C. 对客户的需求反应迟缓

D. 项目团队成员在项目结束后回到所属部门

9. 项目经理具有的权力包括（　　）。

A. 挑选项目团队成员　B. 制定项目的有关决策

C. 对项目团队的资源进行分配　D. 决定项目的预算

10. 项目经理的权力大小取决于（　　）。

A. 公司采用的组织结构　B. 项目的工期

C. 项目对公司的重要性　D. 项目的规模

四、简答题

1. 结合所学知识解释一下项目管理中"整合优化"这个术语，并描述项目经理的主要角色和职责。
2. 分析矩阵式组织结构，并描述这种组织结构的主要优点及其潜在的缺点。
3. 如果项目经理能提供一个有益于团队合作的积极的工作氛围，这将使项目团队的表现更加高效，描述一下一个项目经理应该采取哪些措施来组建一个高绩效的团队。
4. 为什么项目经理应该是一个通才，而不应是一个技术专家？
5. 为什么越来越多的项目采用矩阵式组织结构？
6. 项目经理除了被要求具有一些个人的特征之外，他也应该很清楚地知道项目团队成员的需要，并为他们提供适当的支持以保证这个团队能够很好地、高效地完成项目工作。那么项目经理需要和项目团队成员交流哪些信息和期望呢？

五、能力应用题

案例一

Multi Project 公司是一家拥有 400 名员工、经营良好的咨询公司。它同时有多个项目进行。这家公司有良好的信誉，有近 30％的业务来自老客户。考虑到将来的业务，它瞄准了成长中的公司，并且也有很大的收获。由于业务的扩大，一些事情变得很紧迫，员工除了要尽力完成工作，让老顾客满意，还要满足新顾客的要求。Multi Project 公司一直在招聘人员。事实上，在过去的两年里，员工已从 300 人增加到 400 人。

Multi Project 公司采用矩阵式组织结构。有了新项目后，就任命一位项目经理。根据项目规模，一个项目经理可能有好几个项目。项目价值 2 万～100 万美元，期限一般为一个月至两年。绝大多数项目期限是 6 个月，价值约 60 万～80 万美元。公司提供一系列咨询服务，包括市场研究、设计生产制造系统、招聘人员等。客户是一些大、中型组织，包括银行、生产企业和政府机构。

一天，Multi Project 公司接到 Crowin 公司的电话，同意进行 Multi Project 公司 6 个月前提出的一个项目，这个消息很是令 Multi Project 公司的股东们感到意外，他们本以为这个项目已经没希望了。另外，他们也非常希望能给 Crowin 这个迅速壮大的公司做第一个项目。Multi Project 公司很有可能在将来为 Crowin 公司做几个大项目。

杰夫·阿姆斯特朗被任命为项目经理，负责 Crowin 公司的项目。他一年前加入 Multi Project 公司，一直急于管理一个有意义的项目。Growin 公司的项目计划报告是由他来完成的。

泰勒·博尼各是一位高级系统工程师，已经在 Multi Project 公司工作了 8 年。他很有名气，那些他曾经服务过的老客户通常都要求在他们的项目中要有他的参与。尽管非常忙，但他还是干得很起劲儿。他目前正专职为一家老客户 Goodold 公司的项目工作。Goodold 公司说，他们不选择另一家咨询公司，而是与 Multi Project 公司合作的原因之一就是泰勒在他们的项目中的出色工作。

詹妮弗·弗尔南德斯是系统工程经理，在 Multi Project 公司已经工作 15 年了，她是泰勒的直接领导。但由于泰勒工作任务繁重，经常出差，除了每月的员工会议，他很少见詹妮弗。

负责 Goodold 项目的经理是朱丽·卡普里奥罗，她在 Multi Project 公司工作 2 年了。泰勒被分配到他的项目中专职工作。这个项目时间很紧，每天都要加班。朱丽工作压力很大，幸好她有一个不错的项目团队，泰勒更是得力的助手。他曾听一位与杰夫工作过的朋友说杰夫很爱面子，会不惜一切使自己出色。朱丽对此并未在意，因为他与杰夫有各自的项目，很少打交道。

在杰夫被任命为 Growin 公司项目经理的当天，他在走廊碰见了泰勒。他告诉泰勒："我们争取到了 Growin 公司的项目。"

"很好。"泰勒回应道。

杰夫接着说："你也知道，他们之所以把这个项目给了我们而不是其他咨询公司，一个主要的原因是我们允诺由你负责这个项目的系统工程。泰勒，当我们提出计划报告时，他们对你印象很深。你认为什么时候可以开始在这个项目的工作?"

"很不巧，我帮不上忙，我在 Goodold 项目中脱不开身。事情确实很忙，我还得在这个项目中再工作 4 个月。"泰勒说。

"不行!"杰夫嚷道："Growin 公司的这个项目对我……我是说对我们……太重要了，我们要做好这个项目。"

"那么你最好去找詹妮弗。"

杰夫到了詹妮弗的办公室。詹妮弗正忙着，但他打断了她："我要让泰勒参加我的 Growin 项目，他想参加，但说我应与你谈一谈。"

詹妮弗说："不可能，以后的 4 个月时间他已经被分配在朱丽的 Goodold 项目中工作了。"

"朱丽？她是谁？我不管，我要找她解决这个事情。你最好给她的项目分配其他人员。"

杰夫边说边冲出办公室，找朱丽去了。

詹妮弗喊道："这由我决定，不是你或朱丽说了算!"但这时杰夫已经不见了，没听到她的话。

朱丽正在会谈室里与她的项目团队开会，杰夫敲开了门，问："这里是有位叫朱丽的人吗?"

"我是朱丽。"她回答。

"我要尽快与你谈一谈，非常重要。顺便抱歉打扰。"泰勒也正在开会，杰夫看到他，说："嗨，泰勒，等我与朱丽谈完，就找你，老兄。"说完便关上门回去了，朱丽对此很是恼火。

散会后，朱丽打电话给杰夫："我是朱丽，你这么急找我谈什么?"

"要把泰勒调到我的项目来。他也愿意，我已经与詹妮弗谈过了。"杰夫说。

"不可能，他对 Goodold 项目很重要。"朱丽拒绝道。

"实在抱歉，但如果 Growin 项目成功了，我们就能从那儿获得更多的业务，绝对要比 Goodold 公司的多。"

"已经六点多了，我需要离开一个星期。我一回来就会和詹妮弗讨论这个事。"

朱丽打断了他的话。

"好吧，随便你。"杰夫答道。

第二天，杰夫召集詹妮弗和泰勒开会，他首先宣布："这次会议是要确定泰勒尽快开始参加 Growin 项目工作的时间，以及你（看着詹妮弗）什么时候能派人接替他在那个叫什么名字的项目中的工作。"

詹妮弗说："我认为朱丽应该参加这个讨论。"

"她来不了，显然她正出差一个星期，而我们需要马上开始着手 Growin 的项目。我们要准备好下周与他们的会议。另外，我们商谈是因为泰勒，而他也愿意参加 Growin 项目。没错吧，泰勒？"

"嗯，既然你问起来，我就明说吧，我对 Goodold 项目的工作已经感到厌倦，我学不到任何新的东西。我是说 Goodold 项目工作没错，但我想变一变。"泰勒回答道。

詹妮弗感到很惊讶："你从来没向我提起过这些，泰勒。"

杰夫说："好了，我认为这个问题已经解决了。詹妮弗，你给 Goodold 项目分配一位稍感兴趣的人员。朱丽回来后，跟她说一下。同时，我和我的伙伴泰勒要做很多事情。安排好下周与 Growin 公司的会议。"

Multi Project 公司是典型的矩阵式组织。矩阵式组织是职能式组织和项目式组织两者的结合，它在职能式组织的垂直层次结构上，叠加了项目式组织的水平结构。由于公司的经营良好，多个项目决定了项目式组织的优势应得以利用，但是对于规模较大的组织又需要借助于职能式组织的优点，因此公司选择矩阵式组织是合理的。但案例中复杂的工作背景使得 Multi Project 公司合理调整项目经理和职能经理的职责权利成为关键问题。

根据项目组织中项目经理和职能经理的职责权利的大小，项目组织又可以分为弱矩阵式、平衡式和强矩阵式三种形式。三种形式的变化取决于组织中项目经理和职能经理的职责权利的大小的平衡把握。平衡不好，要么变成弱矩阵，要么变成强矩阵。矩阵式组织中，许多员工同时属于两个部门——职能部门和项目部门，要同时对两个部门负责。高级系统工程师泰勒就是组织中同时听命于两个部门的员工，因为部门间的冲突让他左右为难，两个项目都在争取他。而职能部门为服务于项目又没有强硬的决断，造成公司管理工作显得混乱。本来争取员工的自主性，创造和谐的企业文化能充分发挥员工工作的积极性，但也会因为项目经理自身的交际沟通而产生不同的组合变化，这样就会造成项目的重要性有时不因项目本身而表现出来，项目经理的特质在整个过程中表现出很重要的作用。

案例中 Growin 项目经理杰夫和 Goodold 项目经理朱丽作为两个项目的经理，都是在为自己负责的项目做出努力，这就需要系统工程经理詹妮弗的良好协调。但是因为她缺乏和泰勒的沟通，加上本身的决定又不能左右泰勒的意愿，造成泰勒在两个部门间的不合理调动，这样势必影响项目的利益。

讨论题

1. 试想一下，Goodold 项目经理朱丽回来后将会采取什么措施，两个项目的未来将是如何？

2. 如果你是三个经理中的一个，你将分别采取什么措施？处理这个矛盾最好的方式是什么?

3. 从案例中，关于项目组织形式和项目经理的特质，你悟到了什么?

案例二

作为Dw项目的项目经理，拉尔夫是一个严厉的老板，他要求他的下属严格遵循他的指示，强调使用正式和非正式的控制方法。两年前，他首次被项目管理咨询公司任命为项目经理时，项目团队中产生了大量不满的声音。在他任期的6个月中，由于对他的管理方式不满，14个工地管理、工程和技术人员中有8个相继转移到公司别的项目组或离开公司。然而，正当项目管理分部的主管约翰考虑将拉尔夫调离时，紧张的局势缓和下来，项目组中留下来的人以及拉尔夫任命的人都接受了他的领导方式。尽管拉尔夫在项目的计划阶段鼓励下属参与，一旦他在过程和进度上作了决策，他希望项目组成员严格执行。

在他作为项目经理的任期中，拉尔夫减少了10%的项目建设成本。同时，项目完成的进度达到了项目管理分部主管、客户和建筑师的要求。拉尔夫对项目的管理紧张而有效。主要是因为这个业绩，他在建筑业中的另一家竞争企业得到了一个被他称为是难以抗拒的机会，在得到这一机会4周之后，他离开公司并接受了这一职位。

约翰开始准备在项目中提拔一个项目经理。但他发现没有人真正是拉尔夫的助手或可代替的人，而且项目组中没有人对进入管理层有特别的兴趣。搜寻了两周之后，约翰安排首席测量员汤姆来填补这个空缺。汤姆让他的下属接管了测量分部的管理。汤姆被认为是极有竞争力的管理人员。尽管这次变动对他来说并没有升职，但他把这看成是获取大量经验的一个机会。

汤姆是一个目标管理的热烈支持者。他主张用目标的方式来定义所有的工作任务，然后，由相关的人来制订必要的过程和方法。工作问题可以找他咨询，但项目组中的人发现他不愿意涉及工作的细节。汤姆当了一个月的项目经理之后，约翰发现情况明显不妙。两个项目任务没法按时完成，两个阶段的进度有可能滞后。分部主管在走访了项目现场，和项目组中的两三个核心成员交谈后得知，项目组一致认为汤姆不清楚他要监督的工作，没有担当好经理人员的角色。汤姆拒绝明晰目标是如何完成的，在特定的任务没有完成时，让员工个人来承担责任。因此，员工对缺乏指导感到很沮丧，而且怀疑汤姆的能力——即使他愿意提供指导。

讨论题

1. 项目经理在组织中扮演何种角色?

2. 案例中的两位项目经理你更赞同哪一位?为什么?

乌云娜.2010.项目采购与合同管理.北京:电子工业出版社.

吴守荣等.2009.项目采购管理.北京:机械工业出版社.

张晓远.2008.项目合同管理.北京:机械工业出版社.

第4章　项目范围管理

知识目标

1. 理解范围管理对项目成功的重要性
2. 了解项目范围管理的过程
3. 掌握项目工作分解结构 WBS
4. 了解项目范围过程中变更控制管理的作用

能力目标

1. 有能力根据项目章程及项目说明书找出项目范围包含内容
2. 绘制出项目工作分解结构
3. 理解项目范围变更控制。

关键词　范围规划　工作分解结构　范围变更控制

空客 A380：是熊掌还是鸡肋

空客 A380 在最开始推出时存在严重的发展桎梏。克里斯蒂安·斯特雷夫（Christian Streiff）临危受命，帮助修复那些严重阻碍巨型飞机问世的大量技术问题。然而半年过去了，空客却发现，情况并没有因此好转，反而更加严重：设计上的缺陷和连续的制造混乱，都威胁着飞机的推出，空中客车也因此成为项目事故中最奢侈的教训。与此同时，随着一个又一个生产问题的暴露，空客的子公司 EADS 公司股价暴跌，几乎损失了其原有价值的一半。由于飞机的一系列问题连续出现，空客公司宣布解聘其首席执行官克里斯蒂安·斯特雷夫。消息一出，惊动了整个航空业。事实是 A380 飞机项目要延迟 3 年才能完成，估计花费要超过 160 亿美元，大大超出预算。

空客公司首次研发巨型飞机（容纳 500 以上座位）是在 20 世纪 90 年代初期，他们认为这种巨型飞机与波音 747 飞机一样拥有大容量、长线途的优势。由于拓宽了 49％的室内空间，增加了 35％的座位，这种大型飞机能够给乘客提供更宽敞的座位与通道以确保乘客的舒适度。由于采用最先进的技术，A380 的航程也能提高 10％～15％，而消耗的燃油量和产生的噪声却随之减少。

2000 年 7 月 24 日，阿联酋航空公司率先下单，随后法国航空公司、国际金融租赁公司、新加坡航空公司、澳洲航空公司、英国维珍航空公司等相继确定订单。所有这些航空公司共完成 50 份订单，推动该项目于 2000 年 12 月 9 日正式启动。2001 年初，通用配置设计敲定，首架 A380 飞机金属组建切割于 2002 年 1 月 23 日在法国南特启动。到 2002 年，已有超过 6000 人参与到 A380 的研发工作中。

制造和组装：A380 飞机开发项目的最大威胁来自如何完成庞大供应商和合伙人之间的协调工作。除在法国、德国、英国和西班牙等国的主承包商以外，A380 的机身主件由来自澳大利亚、奥地利、比利时、加拿大、芬兰、意大利、韩国、日本、马来西亚、荷兰、瑞典、瑞士及美国的工业伙伴制造。A380 飞机组装在法国图卢兹完成，而其内部装修则在德国汉堡完成。A380 飞机的主要部件通过水运、公路运送到图卢兹。空客公司共管理着 16 个生产基地，雇佣 55 000名工人，整个欧洲的大部分国家都在为 A380 客机生产部件。首先，在德国北部的汉堡，波尔多生产的机身前后部将装载于空客公司的滚装船上运往英国。而在布里斯托尔的菲尔顿和在威尔士北部的布劳顿生产的巨型机翼将通过驳船运往莫斯延码头，转移到轮船上。在法国西部的圣纳泽尔，从汉堡运送过来的机身部件将在此组装成更大的部件，其中也包括机翼的组装。随后，轮船将在西班牙南部的加的斯装载机腹和机尾，运往波尔多。A380 飞机部件将从波尔多通过驳船运往朗贡，再通过公路运送到图卢兹的装配工场。为了运送 A380 这个庞然大物的部件，空客公司对公路进行了拓宽，并修建了新的运河系统及驳船。装配完成之后，飞机就被空运到汉堡装配机内设备并进行喷漆装饰。

首次飞行：2005 年 1 月 28 日，空中客车为首架 A380 的诞生举行盛大的发布仪式，5000 名特邀嘉宾出席仪式，为飞机计划倾注大量资金的法国、德国、英国和西班牙的总统及首相也出席了该发布仪式，出席仪式的还有 14 名 A380 飞机客户公司的首席执行官，他们在过去的时间里确认订购了 149 架飞机。该飞机于 2005 年 4 月 27 日在图卢兹博拉尼亚国际机场完成首飞，机上有机组人员 6 名，随机还装载了重 22 吨的飞行测试仪及水镇流器。飞机的起飞重量为 464 吨，达到其商业用机最大飞行重量的 75%，这是有史以来客机所承载的最大起飞重量（见图 4-1）。

图 4-1　空客 A380

订单：2007 年年底，飞机订单总数达到 159 份，其中包括 27 架货机订单。只有订单达到 250～300 架，才能保证收支相抵。官方价格一直没公布，但据估计为 2.82 亿美元。运营商通常通过大量订购或提前付款的方式获得较大的购买折扣。但由于美元疲软导致客机销售价格贬值以及 A380 将在定价基础上大打折扣的谣言更加助长了实际收支平衡点将更高的说法。这样，评论家认为，空中客车公司很可能需要等待 20 年之久才能从 A380 上盈利。

问题：A380 飞机一直备受争议，主要原因在于诸多问题一直困扰其发展。由于空中客车公司的母公司 EADS 是一家横跨欧洲四国的联营企业，因此，A380 的开发和建设不仅仅面临生产实施的挑战，同时也面临着政治问题。例如，所有飞机的开发活动都必须相对公平地在合作组织间划分，因而不免造成一些协调上的不愉快。例如，A380 客机的配线在汉堡生产，然后运往图卢兹的装配工厂。然而，由于缺乏沟通、CAD 程序不兼容和技术上不匹配导致生产出来的电力系统不适合该飞机组装。结果，数百名工人不得不亲手为飞机配线，这使得工期进一步延误数月。更严重的是，利润下降迫使公司执行官们提议裁员，这引起相关国家工会及政客们不同程度的干预，裁员问题演变为一场政治冲突，使组织内部面临为维护各国利益而分裂的威胁。

第一架 A380 飞机生产延误消息一经披露，立即使 A380 客户信心丧失。EADS 公司首席执行官诺尔·弗加德以及空客首席执行官古斯塔夫·洪博达迅速辞职。路易·加洛瓦接任 EADS 首席执行官一职，并说服亨伯特取代直言不讳的斯特雷夫，这个法国人短短半年的任期突然结束，主要原因归结于接连不断的生产问题和交付延期。

该飞机的实际市场依然是一个备受争议的问题。空客的主要竞争对手——波音公司认为全球大型客机的需求量不会超过 400 架，与空客公司官方估计的 1250 架相差甚远。如果空客的估计是对的，那么它将在利润丰厚的市场中占据主导地位。然而如果它的估计虚高，那么它将可能无法在 A380 飞机的销售上达到盈亏平衡点。空客公司已不再抱有幻想，它修造世界商用飞机的道路崎岖不坦。然而即使回到 1999 年，即便采取最悲观的预测，也难以预料到该计划会被如此众多的严重问题困扰。无论 A380 是否盈利，有一点是肯定的，空客公司从这项工作中已经吸取经验教训，而这些经验教训相信在未来的若干年都会在公司内部产生共鸣。

请问：空客 A380 研制项目从启动到第一架交付，需要完成哪些主要工作？

4.1 项目范围管理概述

4.1.1 理解范围管理对项目成功的重要性

恭喜你，你已经成功从定义决策阶段步入设计计划阶段，现在你已经成功完成项目启动过程。与业主签订合同，组织项目管理层，任命项目经理，明确项目目标与可交付成果。现在，项目经理带队实施项目施工前调查，调查项目在所处具体环境下的可交付成果包括哪些？围绕可交付成果必须做哪些工作？这就是本章的核心内容。

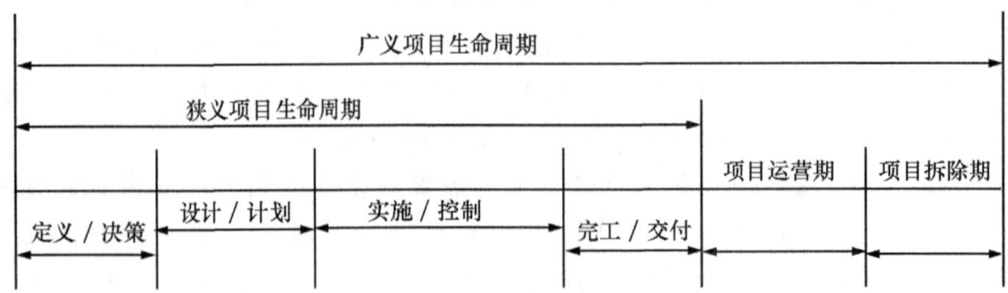

图 4-2 项目生命周期图

好的开始是项目成功的一半。为什么在项目实施前要进行范围管理、生成工作分解结构图即 WBS 图。图 4-3 表明范围管理的必要性。

对复杂项目，为避免猜测和产生误解，有必要加上对项目所不包括范围的说明，这样会使项目范围管理更加简单明了。

具体来说，事先确定项目范围，也就是定义项目工作边界、明确项目目标和主要可交付成果。这对项目管理可以产生如下意义。

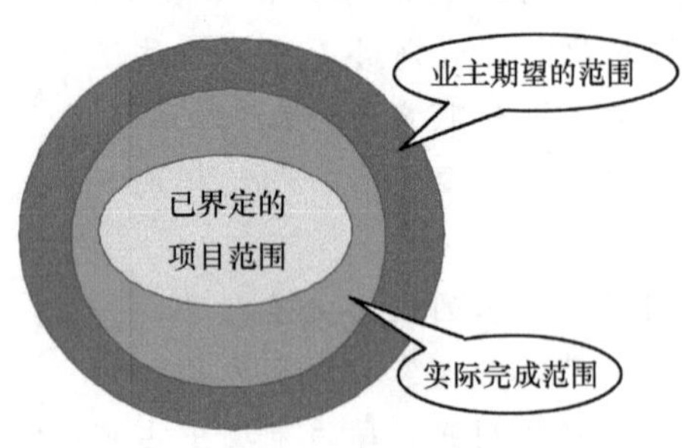

图 4-3 项目范围示意图

（1）提高费用、时间和资源估算的准确性。项目工作边界定义清楚，也就意味着项目具体工作内容的明确，这为项目所需费用、时间和资源的估计打下了基础。

（2）确定进度测量和控制的基准。项目范围是项目计划的基础，项目范围不明了，或定义过小，就会出现如图 4-3 那样，实际完成的远大于定义的项目，带来超工期、超成本的后果。

（3）有助于清楚地分派责任。明确定义项目范围，也就明确了项目具体工作任务，这为分派任务打下了基础。

4.1.2 项目范围的含义

项目范围是指为了成功达到项目的目标所必须完成的工作，是关于项目工作内容和期望产出的所有信息。项目范围包括所有要执行的活动、耗费的资源以及最终产品，还包括产品的质量标准。见图 4-4。

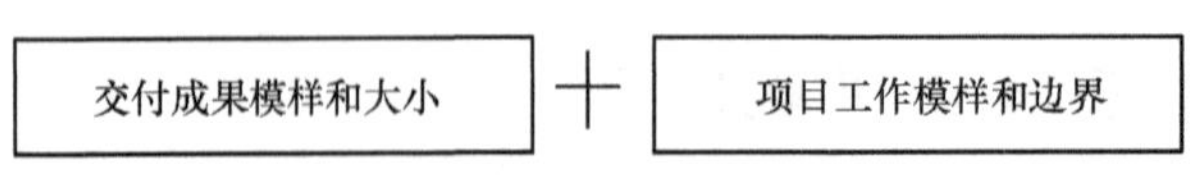

图 4-4 项目范围含义

在项目环境中，“范”指模，即模样。“围”指围墙、围圈，即大小、边界。“范围”一词包括两方面含义：一是交付成果范围，即产品或服务所包含的特征或功能；二是工作范围，即为交付具有规定特征和功能的可交付成果所必须完成的工作。在确定范围时首先要确定最终交付成果是什么，它具有哪些可清晰界定的特性。要注意的是，特性必须要清晰，以能认可的形式表达出来，比如文字、图表或某种标准，能被项目参与人理解，决不能含含糊糊、模棱两可，在此基础上才能进一步明确需要做什么工作才能产生所需要的产品。也就是说，交付成果范围决定项目工作范围。例如一个新的电话系统包含四个组成部分——硬件、软件、培训及安装施工，其中，硬件和软件是具体交付物，培训和安装施工则是服务工作，具体交付成果和服务工作构成新电话系统这一项目范围整体。

恰当的范围管理对项目成功十分重要。首先有利于后续的费用、时间和资源的准确性估算；其次有利于确定进度计划与其他专项计划的基准；第三有助于清楚分派任务与责任；最后有利于总体控制项目。如果项目范围不明确，在项目实施过程中，变更就会不可避免地出现，而变更的出现通常会破坏项目的节奏及进程，造成返工、项目工期延长、项目工作人员的生产效率和士气降低等不良影响，还可能造成项目最后成本大大超出预算等后果。

通常在确定项目范围的同时就定义项目工作边界、明确项目目标和项目主要可交付成果。在进行项目范围定义过程中，通常需要把主要可交付成果分解为较小的且易于管理的单元。现在国际上通用的工作分解结构是现代项目范围管理计划中的一项关键内容。对项目目标和工作内容进行分解可以帮助项目管理者更加明确项目的具体工作内容，从而有效地计划和控制项目进程。

4.1.3　怎样实施项目范围管理

范围管理是指对项目目标和目的的概念建立、完全定义、执行和终止过程进行控制。换句话说，项目范围管理主要关心的是确定与控制哪些应该或不应该包括在项目之内的过程。《项目管理知识体系指南》将项目范围管理过程归纳如下：

(1) 范围规划。制订项目管理范围计划，记载如何确定、核实与控制项目范围，以及如何制定与定义工作分解结构（WBS）。

(2) 范围定义。将项目较大的可交付成果与项目工作划分为较小和更易管理的组成部分。

(3) 生成工作分解结构。把范围定义过程中已经分解的较小部分再细分下去，得到具体的工作包。类似于家谱，全面显示出项目可交付对象，将项目子交付对象和活动用树形格式从各主要可交付对象中分解并表示出来。

(4) 范围确认。对工作分解结构进行业主确认。

(5) 范围控制。控制项目范围的变更。

上述过程不仅彼此之间相互作用，而且还与其他知识领域过程交互作用。根据项目需要，每个过程可能涉及一个或多个个人或集体所付出的努力。每个过程在每个项目或在多阶段项目中的每一阶段至少出现一次。下面我们将围绕项目范围管理的各个过程进行详细阐述。

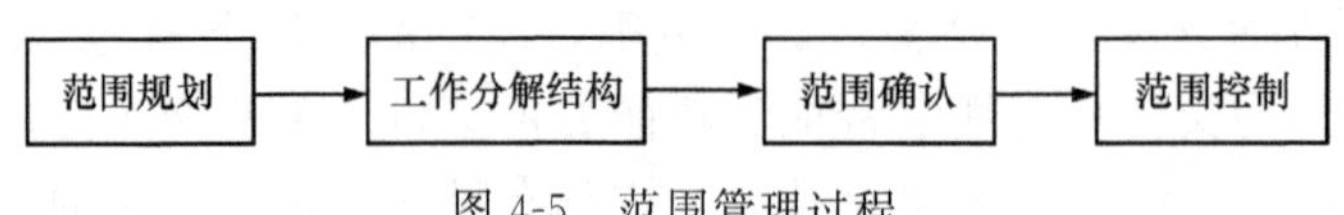

图 4-5 范围管理过程

野外徒步欣赏辛夷花

春暖花开，几个朋友相约去野外徒步欣赏辛夷花，就此项目进行范围描述。

表 4-1 赏辛夷花项目范围描述

项目名称	赏辛夷花项目
项目目标	清明节赏辛夷花，总投资 500 元
项目交付物	小组成员清明节在吴家后山的行程安排、导游及订餐、住宿服务
交付物完成准则	安全、愉快、舒适
工作描述	总导游、地导、行程计划单、接送服务……
工作规范	根据旅行社相关服务规范
所需资源估计	人力、生活用品、急救用品等、费用需求预计
重大里程碑	出发日期××××年××月××日，游玩日期××××年××月××日，完工日期××××年××月××日
	项目经理审核意见：按要求保质保量完成任务
签名	签名：××× 日期：××××年××月

4.2 项目范围规划

范围规划是确定项目范围并编写项目范围说明书的过程。项目范围规划始于最初的输入，如项目章程、产品描述、项目许可证、各种约束条件、专项管理计划和假定的最初定义等。范围规划的输出有范围说明书和范围管理计划，并附有详细依据。范围说明书通过确定项目目标和主要的项目可交付成果，为项目团队与项目顾客之间达成协议奠定了基础。项目团队制定与项目工作分解层次相对应的多个范围说明书。

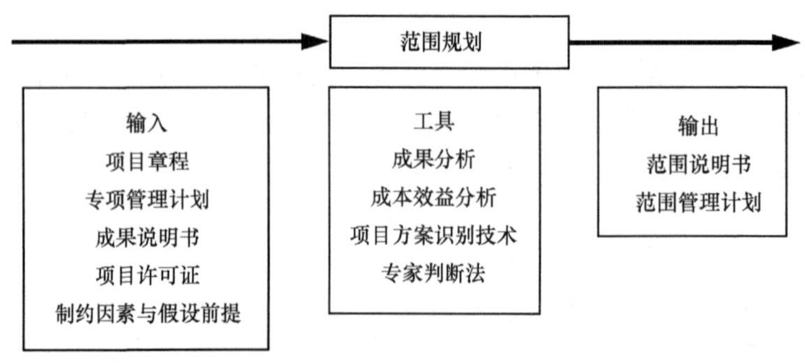

图 4-6 范围规划过程

4.2.1 项目范围说明书

范围说明书是未来项目管理的基础。

1. 范围说明书的内容

（1）项目合理性说明：说明为什么进行该项目，并为未来提供评估各种利弊关系和识别风险的基础。

（2）项目目标：确定项目成功必须满足的指标。项目目标至少包括费用、时间进度和技术性能或质量标准。项目目标应当有属性（如费用、进度），衡量单位（如货币单位、工期单位），数量（如 150 万、5 月）。项目目标原则上满足 SMART 原则。

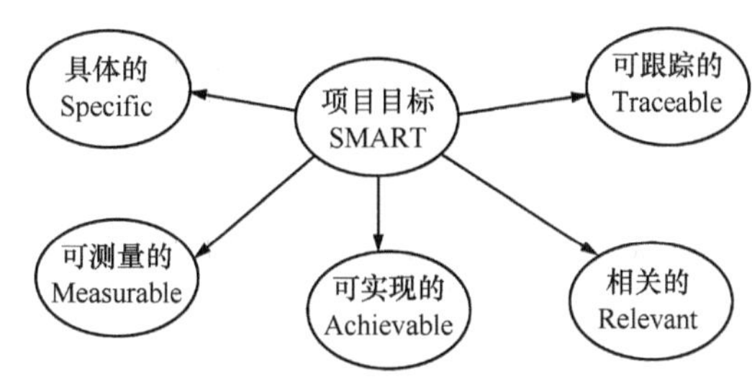

图 4-7 项目目标原则

（3）项目可交付成果：一份主要的、具有归纳性的可交付物清单，这些交付物完整交付即标志着项目完成。

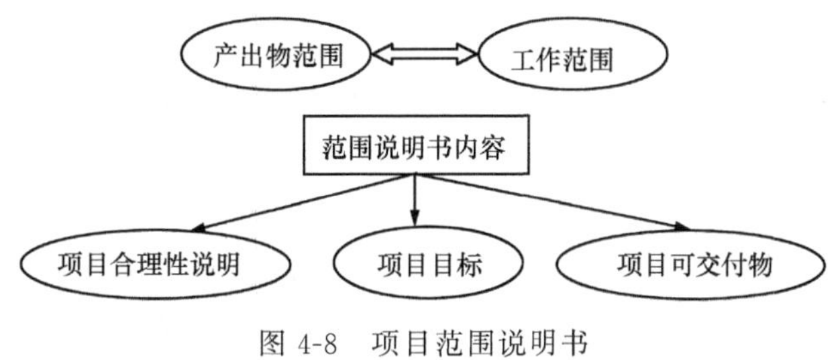

图 4-8 项目范围说明书

2. 项目范围说明书的作用

（1）形成项目的基本框架，使项目所有者或项目管理者能够系统逻辑性地分析项目的关键问题及项目形成中相互作用的要素，使得项目干系人在项目实施前或项目有关文件形成之前，能就项目的基本内容和结构达成一致。

（2）产生项目有关文件格式的注释，用来指导形成项目有关文件。

（3）形成项目结果核对清单，作为项目评估的一个工具，在项目终止以后或项目最终报告完成之前使用，以此作为评价项目成败的依据。

（4）可以作为项目整个寿命周期中监督和评价项目实施情况的背景文件，作为有关项目计划的基础。

3. 项目范围说明书编写要点

项目范围说明书可以通过直接分析得出，也可以通过参考其他文件得出。一般来说，项目范围说明书由项目团队来编写。编写时需要考虑限制或制约项目团队行动的各种因素，如准备采取的行动是否有可能违背本组织的既定方针。

编写时，重要的一点是要确保清晰、准确，要将项目目标、可交付成果和要求在项目范围说明书中加以清晰、准确地描述，以免事后产生误解。编写项目范围说明书通常要做到以下两点。

1）内容全面

项目范围说明书中应该包含一个关于所有项目要求的综合列表，因为这份文档形成了项目干系人和项目团队以后工作的共同出发点。拟订好的项目范围说明书应该给一些关键的项目干系人过目，因为不同的人对同一事物的理解不同，只有阐述得清楚、准确，才不会产生歧义。项目范围说明书通过之后才能公布。项目完成之后，项目团队依据这份文档来比较项目产生的结果和文档里的规定是否一致，从而确定项目是否成功完成，所以一定要在范围说明书中覆盖所有必要的方面。

2）达成共识

与项目章程相似，项目范围说明书应该公布并且分发给项目干系人、关键管理人员和项目团队成员。当项目干系人签发并且同意了项目范围说明书后，他们也就同意了项目的可交付成果和要求。这样他们将会积极参加此项目并在今后的工作中相互合作。

项目范围说明书因项目类型的不同而有所不同。规模大、内容复杂的项目，其范围说明书可能会很长。政府项目通常会有一个被称为“工作说明书”的项目范围说明书。有的项目范围说明书可能长达几百页，特别是要对产品进行详细说明的时候，范围说明书会很长。总之，项目范围说明书应根据实际情况作适当的调整以满足具体项目的需要。

通常，项目范围说明书还应配有附加说明，来对项目范围作辅助说明。附加说明是根据需要记录和编组一些文件，并通过其他项目管理程序，使之变成易被利用的东西。附加说明包括所有已认定的假设文件和制约因素。附加说明的数量在不同的领域中会有所不同。

4.2.2 项目范围管理计划

项目范围管理计划主要描述项目范围如何进行管理，项目范围怎样变化才能与项目要求相符合等问题。

范围管理计划应该是书面形式的，一般在公布范围说明的同时分发给相关人员。如果尽早地把范围管理计划发到项目干系人手中，就可以消除项目实施过程中可能会出现的一些范围更改方面的问题。

范围管理计划的目的在于分析项目范围的可靠性和稳定性。也就是说，它可以检查范围更改发生的可能性，如在项目目标、可交付对象或者其他要求方面发生的变化等。这份计划应该能够回答这样的问题：将出现多大幅度的改变。而这一问题的答案是由正在为之工作的项目的复杂程度决定的。

根据具体项目工作的需要，范围管理计划可以是正式的或非正式的，可以是非常详细的，也可以是一个大概的框架。该计划是整个项目计划中的一个附属部分。

大学四年，符合项目全部特点，是人生项目中的一个子项目。在这个项目中需要做好范围规划。比如，川内某高校 2000 级通信工程专业本科生，2004 级光电工程专业硕士研究生。七年中学习了以下课程：数字电路、模拟电路、信号与系统、数字信号处理、微机原理、高等程序设计、数据结构、现代通信技术、计算机网络、数字图像处理、数值分析、专业英语、工程光学。毕业后曾求职于某研究所光学测量职位，HR 做职位分析时根据该同学所学课程得出一个结论：七年只学了一门与光学有关的课程，而且还是光电工程专业，虽然专业符合，但该同学怕是难胜任此职位。最后以失败告终。

讨论题

1. 我们的大学生涯项目范围规划如何？有问题吗？问题出在哪里？

2. 我们的所有行为都指向该规划的目标吗？如何调整我们的行为以符合该规划目标？

4.3　项目范围定义

范围定义，也称为项目范围分解，就是把项目可交付成果划分为较小的、更容易管理的单元。项目范围定义根据项目范围规划结果，项目范围管理计划是一个由一般到具体、层层深入的过程。即使一个项目可能由一个单一产品组成，但产品本身又包含一系列要素，有其各自的组成部分，每个组成部分又有其各自的范围。

4.3.1　项目范围定义内容

项目范围定义主要从识别项目需求和表达项目需求两个方面来阐述。

1. 项目需求识别

如果一个项目范围没有明确定义，项目就像一艘无舵的航船，风吹向哪里，它就漂向哪里，但不一定是它该去的方向。项目范围定义来源于项目的需求，不能全面、正确地理解一个需求和其内在的含义，或者不能正确地阐述表达它，项目管理必将迷失方向，就像那艘无舵的航船。因此，把项目需求从开始的不确定到逐步分析出一个清晰的框架，直至最终获得正确理解，是项目管理一个至关重要的环节。

项目是针对客户需求的，但识别需求却是一件非常困难的事情。比如，大学生生涯项目需求识别。

大学生涯项目范围需求识别

某大学工商管理专业同学小胡，大一到校后没有规划，不知道自己未来要做什么，简单地跟着大学生活的节奏走。“梦想、目标、计划、未来”这些词从未在他脑海里出现过或者一闪而过，没能力或无人指引其深入思考。在这种情况下要做大学生涯项目需求识别太难，他本人尚且不明白，项目管理者更无法识别。更糟糕的是小胡同学无法意识到这个项目是可以外包的，可以请人引导自己做。

好在天无绝人之路，小胡同学到大三后终于在即将到来的就业压力下开始思考未来，开始识别自己的需求。在综合考虑自己家庭环境、就业目标与自己职业性格与职业能力后，小胡同学决定未来从事人力资源管理工作。至此，需求识别在项目开始第三年结束。

需求自身的模糊性和动态变化性是导致需求识别困难的原因之一。需求产生时可能只是一个闪念，它代表某种新事物、某种不同的想法，具有非常强的不确定性。客户在陈述自己的需求时往往只能提供一些含混的信息：“我讲不清楚我需求什么，但我看到东西时我就会知道这是不是我想要的。”这说明，客户对自己的需求只是一种感觉，而且这种说不清楚的感觉还会随着环境变化而变化。识别需求就像射击一个移动的目标，但这并不能说客户的需求不存在，它是客观存在的，只是比较粗略，认识需求会因周围环境变化而变化。比如一个计算机专业的学生，大一与大二做各种与其所学专业不对口的兼职工作，大三花费一万多元考了软件工程师证书，大四又改变就业想法，考上研究生。

项目管理人员需求识别能力的缺陷是导致需求识别困难的第二个原因。项目是针对客户需求的，但项目不可能满足所有项目干系人的需求，根据项目的特征而选择需求来源和需求讨论对象是极其重要的。项目人员在需求认识中往往容易陷入“误解需求”、“选择性过度需求”、“自我定义需求”等误区。

因此，对需求的识别需要充分了解客户及其政治、经济、社会背景，与之建立坦诚的合作关系，全面交流、透彻地分析其零乱的需求建议或观点，并进行详尽的研究，不断深化对需求认识的理解，才能归纳整理出清晰的需求说明。

2. 项目需求表达

识别项目需求之后，必须把它清晰地表达出来。在全面、明确地表达需求之后，就可用肯定词语规定怎样做才能满足项目需求。通常，我们可以按以下五个步骤来表达项目需求：

(1) 让提出需求的干系人把他们的想法尽可能清楚地表达出来；

(2) 针对需求的真实性、可行性、重要性和影响，向客户提出问题，以从不同角度理解需求；

(3) 从技术和方法角度对项目做一些必要研究，更好地处理需求；

(4) 根据以上三步的结论，尽可能清楚地描述项目需求；

(5) 客户尽最大努力确认项目需求识别是否反映了项目真实需求，根据客户意见做适当修改。

大学生涯项目范围需求识别

比如上例工商管理专业学生小胡，在确定未来从事人力资源管理工作后，就需要研究这个需求的可行性，要从事人力资源工作需要必修的课程有《人力资源管理》、《招聘与配置》、《薪酬管理》、《绩效考核》、《培训与开发》等，选修的有《用人新智慧》、《人事构建与创新》等课程。进一步调查小胡所在学院是否开设这些课程；小胡是否喜欢这些课程；除理论储备外，小胡同学能否在暑假与大四期间进行对口实习工作，以便积累相关经验。

4.3.2　项目范围定义过程

项目范围定义过程如图 4-9 所示。其中，项目约束条件，包括项目内部约束条件和项目外部环境制约因素。项目合同中的规定尤其会对项目范围定义产生影响。

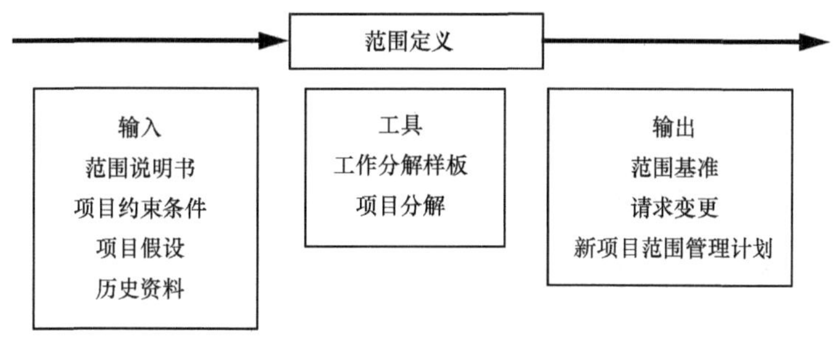

图 4-9　项目范围定义过程

项目假设是假定影响项目计划的各个方面，这些假定是渐进明细的一部分。项目组织经常通过确定、归档和验证所用假定，并将其作为它们计划编制的一部分。例如，如果一个关键人物能够参加项目的具体日期不确定，那么项目组织可能要假定一个具体开始时间，假定通常包含一定程度的风险。历史资料是借鉴其他项目范围定义方面的经验教训，以避免发生类似错误，对项目定义产生积极影响。

项目范围定义的工具和技术中工作分解结构是由项目各部分构成的、面向成果的树型结构，该结构定义并组成项目的全部范围，一个组织过去所实施的项目工作分解结构常常可以作为新项目工作分解结构的样板。虽然每个项目都是独一无二的，但仍有许多项目彼此之间都存在着某种程度的相似之处。项目分解步骤如下：

(1) 识别项目主要组成部分。一般来说，项目的主要组成部分即是项目主要可交付成果。

(2) 确定每一组成部分是否分解得足够详细，以便可以对它进行时间和费用估算。

(3) 确定可交付成果的构成要素。构成要素是以有形的、可核查的结果来描述，以便据此对项目实施进度进行测量。

(4) 核对分解是否正确。可以通过以下几个问题的回答来确定。低层次的要素对于分解要素的完成是否充分必要，每个组成要素是否都被清楚、完全定义？对每一构成要素是否都做了预算及时间安排？是否每一构成要素都落实到相应责任部门或人员，如果不是就需要进行修改，以保障管理控制。

项目范围定义结果中范围基准主要指批准的详细项目范围说明书、工作分解结构和对应工作分解结构词汇表。

(1) 项目范围说明书。本阶段形成的项目范围说明书是项目团队控制整个项目范围好坏的重要文件，它详细地说明项目可交付成果和为提交这些可交付成果而必须开展的工作；说明项目主要目标，是所有项目利益相关者对项目范围的共同理解；使项目团队能够实施更详细的规划，在执行过程中指导项目团队的工作，并构成评价变更请求或增加工作是否超出项目边界的基准。

(2) 工作分解结构（Work Breakdown Structure，WBS)。工作分解结构确定项目整个范围，也就是说，WBS 以外的工作不在项目之内。在项目范围说明书基础上，WBS 有助于加深对项目范围的理解。

(3) 工作分解结构词汇表。它是在制作工作分解结构过程中生成的、并与工作分解结构配合使用的文件。

项目范围定义结果中请求变更是对项目管理计划及其分计划请求的变更，可以在范围定义过程中提出，请求变更通过整体变更控制过程提交审查处理。项目范围管理计划更新指作为项目管理计划组成部分的项目范围管理计划可能需要更新，以便将项目范围定义过程产生并批准的变更请求纳入其中。

4.4 工作分解结构

对于第一次完成项目的团队来说，任务是比较艰巨的。开展项目工作，首先要明确努力的方向。解决这一问题的最好办法就是将项目看做一组独立的步骤或活动的集合，这些步骤或活动的集合加起来就是总的应交付成果。实际上，项目是一步一步、一项活动接着一项活动完成的，没有捷径可走。而项目工作分解结构就是展示构成整个项目的各个部分，它将项目分解为很小的部分，而每一部分都代表了完成整个项目计划的必要步骤。通过在任务层面上对活动进行分解能够加强整个项目计划。

4.4.1 工作分解结构的定义

工作分解结构是一个以产品或服务为中心的项目组成部分的“家族树”，规定了项目的全部范围，未列入工作分解结构的工作将排除在项目范围之外。它是项目团队在项目期间要完成或生产出的最终产出物的等级树，所有这些等级活动的完成或产出构成整个项目的工作范围或边界。

项目工作分解在很大程度上决定着项目成败。如果项目分解得不好，在实施过程中难免进行修改，这就会打乱项目进程，造成返工、延误时间、增加费用等后果。因此，工作分解结构是项目管理中一个非常重要的环节，它经常和范围说明书一起用来开发和确定项目范围，是项目计划编制过程的核心，也是项目构件的框架，还能为项目计划和控制提供基础。一般可以从以下三个方面来理解工作分解结构的概念。

(1) 工作分解结构是面向可交付成果的整个项目元素的分组，它组织并定义整个项目范围。

(2) 工作分解结构是将项目按照其内在结构或实施过程的顺序进行逐层分解而形成的结构示意图。每细分一个层次都表示对项目元素更细致的描述。它将项目分解成相对独立、内容单一、便于成本核算和检查的工作单元。

(3) 工作分解结构是项目规划的一个重要工具，是实施项目所必须进行的全部活动清单，是进行资源计划、成本核算、进度安排、人员工作分配的基础。

4.4.2　工作分解结构作用

(1) 反映项目目标。给定项目任务后，工作分解结构能识别达到目标所需要进行的主要工作。工作分解结构中的工作就是项目所需要完成的工作。

(2) 是项目组织结构图。企业组织结构图一般用来理解企业结构，如汇报关系、沟通流程、部门责任人等。工作分解结构也为项目提供同样的逻辑结构，列出需要关注的关键因素、各子任务以及活动与活动之间的逻辑关系。

(3) 为项目中每个部分的成本、进度以及绩效情况建立标准。工作分解结构中所有的项目活动都能制定相应的预算和绩效标准，这也是建立容易理解的项目控制方法的第一步。

(4) 可提供项目状态信息。一旦确定要完成的任务以及每项任务的责任，就可以确定哪些任务处在进行状态中，哪些任务是关键但仍处于待定状态以及谁将为这些任务的状态负责。

(5) 可改善整个项目的信息交流。工作分解结构不仅说明如何将项目分解成为小的组成部分，同时也显示这些小的组成部分是如何相互配合来形成一个整体规划方案的。正因为如此，团队成员开始关注他们的工作是否与整个项目相符合，谁将负责他们上游的工作以及他们将如何影响后面的工作。在团队成员希望活动能够顺利交接的情况下，工作分解结构促进团队内部沟通。

(6) 说明项目被如何控制。项目的一般结构显示项目控制应关注的因素。例如，项目的目的是要生产一个可交付成果（新产品），还是要改进组织内部某个过程或服务（提高效率）？无论是哪种情况，工作分解结构都为项目的控制方法提供参考。

4.4.3　工作分解结构步骤

工作分解就是把项目及其主要可交付成果分解成较小的、更容易管理的组成部分，直到可交付成果定义得足够详细足以支持项目将来的活动，如计划、实施、控制等。下面以大学生涯项目为例说明分解的步骤。

(1) 确定项目主题，即主要交付物。大学生涯项目的主要交付物是毕业证与企业录用通知书。

(2) 识别项目的主要组成部分。一般来说，项目的主要组成部分即项目可交付成果的主要组成部分。要拿到毕业证需要完成学分即可，要拿到录用通知就得提升能力，有真才实学。因此，项目的主要组成部分即学分加实践。

(3) 确定每一组成部分是否分解得足够详细，以便可以对它进行时间和费用的估算。完成学分需要学习并通过 X 门课程；拿到录用通知需要参加相当数量的学校实践与社会实践。

(4) 确定完成上述 (3) 分解的任务需要完成哪些活动。学习并通过一门课程需要按课表选课听课、认真完成课后作业。实践时需要参加相应活动并独立承担其中的模块。

(5) 核对分解是否正确。可以通过以下几个问题的回答来确定：低层次的要素对于分解要素的完成是否充分必要？每个组成要素是否都被清楚、完全地定义？对每一构成要素是否都做了预算及时间安排？是否每一构成要素都落实了相应的责任部门或人员，如果不是就需要进行修改，以保障管理控制。

像设计开发新型应用软件、大学生涯等简单项目，分解到 3 级或 4 级就足够了；如果是复杂项目，可能需要进行更详细的分解。但不要试图去做画蛇添足的事。如果以小时为单位来分解工作，而又无法把工作控制到这个程度，就不妨将工作分解到以天或周为单位；否则，既浪费了时间，又办不成事情。

需要注意的是，分解出的工作包应是一项项的行动，而不能用名词来表达；不要把工作分解结构变成物品清单，这是很多人在使用工作分解结构图时容易陷入的误区，应当列出为完成这些任务所必须进行的活动；不必考虑活动之间的先后顺序，工作分解结构的目的是清楚地界定实现项目目标所需执行的具体活动，并不关心先做哪个、后做哪个。活动之间的先后顺序等到确定关键路径时再考虑。工作分解具体注意事项如下：

(1) 工作分解结构中任务的大小应该谨慎确定。项目中的工作包划分得越多，每个工作包的规模就会越小，花费也会越少。当然，工作包越多，就要花更多的时间和金钱来安排和管理这些工作包之间的协调关系。工作分解结构的任务规模小、工期短，能够提高项目状态控制的准确性。相反，如果只有一个工作包，虽然不需要任何协调费用，但任务本身规模大、成本高。因此，需要根据经验找到二者间的平衡。一般来讲，应该将项目分解成足够小的工作包，使得每个工作包都容易理解。如果工作分解结构的每项任务能够更接近以往的经验，那么计划的日程和成本估计就会更现实、更准确。

(2) 工作分解结构必须与执行者的责任紧密相连。工作分解结构规定工作包，对于工作的执行者而言，这些工作包将与各自相应的日程和预算紧密联系在一起。因此，最好使最底层工作包的工作量小、工期短。指明任务的领导者是谁也很重要，可以在工作分解结构任务的方框中注明领导者名字。也可以将工作分解结构的号码、日程或预算信息标在上面。在任何情况下，工作分解结构都可以阐明项目各个级别的组织责任。

(3) 不要忘记一些必需任务。在准备工作分解结构时，不要忘记一些必需任务，如分析或权衡等，这些任务是必须完成的，但它们又不是具体的可交付事项。此外还要包括报告、评审和协调活动。事实上，最好把它们列在工作分解结构上，以强调其必要性，而且完成这些任务必须由专门资源来保障。

（4）带成本信息的工作分解结构。在工作分解结构的各个方框（或者至少是主要的标题）里还包括项目每个分支的成本开支。这种额外的信息（假设有大量的活动，需要涉及大量的资金）会使项目经理的注意力集中在项目中成本最高的活动上。对于有严格成本限制的项目而言，带成本信息的工作分解结构是非常重要的。可以试着将严格的预算进行初步分配，以便检查在该资金水平上是否能够很好地完成每个工作包，然后再对资金的分配进行调整，从而使得项目在预算限制范围之内与可实现的性能之间获取最佳的平衡。

（5）其他人可以帮助你确保工作分解结构是完整的。如果时间允许，最好请另外一个人也为项目制作工作分解结构，并且不要受自己制作的工作分解结构的影响，至少要做到第 3 层或第 4 层。这只要花大约一个小时，但能够显现出差异或疏漏。这种做法为项目工作组织提供了一种更有效的途径。由此带来的好处会在以后的项目中体现出来，这无疑为项目组织提供了帮助。实际上，在客户出资的项目获得批准之前，有些组织要求两个人或更多人各自独立地准备工作分解结构。

（6）工作分解结构上的所有事项都与日程和预算紧密结合。初步工作分解结构完成之后，便可以开始进行日程计划。通过做日程计划能够找出更多事项，可以将其添加到工作分解结构之中（在做成本计划时也会有类似发现，尽管这种可能性较小），进而可以修改工作分解结构并将这些工作包都包括进来，最终使得工作分解结构上的所有事项都与日程和预算紧密结合在一起。

例如，如果一个学生团队要准备大学假期实习的期末论文并进行最后的陈述，那么，第一步就是将最终目标分解为一系列任务，如确定任务主题、图书馆查阅资料、建立提纲、起草论文、确定陈述内容、完成论文并进行陈述等，并将这些任务分配给团队成员。这样更容易对项目进行管理，因为它被降低到一系列更为简化的层次上。

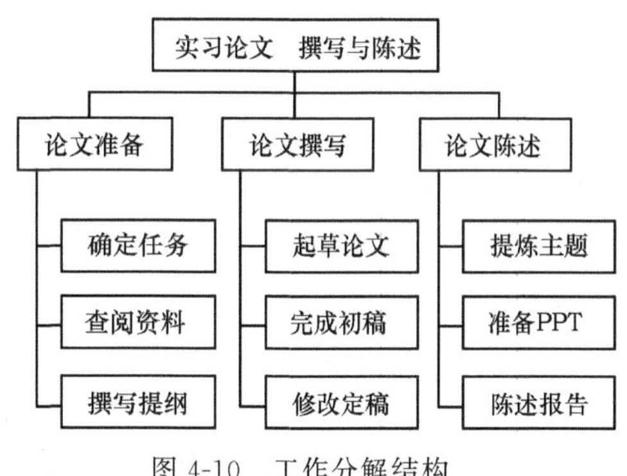

图 4-10　工作分解结构

图 4-10 为一个从上到下的简单的工作分解结构模型。通过该工作分解结构模型不难看出，工作分解结构是出于管理和控制的目的而将项目分解成易于管理的子项目。它是直接按等级把项目分解成子项目，再把子项目分解成更小的工作单元，直至最后分解成具体工作或工作包的系统方法。

项目工作分解是在确定了项目范围之后进行的，因此对于具体项目而言，项目范围说明书是进行项目分解的直接依据。对于具体项目，应用工作分解结构模型也要根据实际项目的需求来进行。因为在实际应用过程中，不同项目可能有不同的分解方法。

4.4.4　工作分解结构的表现形式和编码

在确定实现项目目标所必须做的各项工作之后，即项目分解完成之后，必须交出的成果就是项目工作分解结构图，而工作分解结构图是工作分解结构的具体表现，它是实施项目、创造最终产品或服务所必须进行的全部活动的一张清单，也是进度计划、人员分配、预算计划的基础。

工作分解结构图是将项目按其内在结构或实施过程顺序进行逐层分解而形成的结构示意图。它将项目分解为相对独立、内容单一、易于成本核算与检查的工作单元或工作包，并能把各工作单元在项目中的地位与构成直观地表示出来。如果工作分解结构图编制得好，就可以满足项目主管部门、项目经理和项目团队等各项目干系人的要求。一般为了有效完成工作分解结构并画出工作分解结构图，需要对以下内容有所了解。

1. 工作分解结构的设计

一份成功的工作分解结构设计需要有效地完成层次结构设计、编码设计和报告设计三个方面工作。

1）分解层次与设计结构

（1）分解层次。由于项目工作分解既可按项目的内在结构进行，又可按项目的实施顺序进行，而不同项目的复杂程度、规模大小各不相同，从而形成工作分解结构图的不同层次。工作分解结构每细分一个层次都表示对项目元素更细致的描述。

根据项目管理和控制的需要，工作分解结构可分成很多级别。例如，在图 4-10 简单的工作分解结构中，就包括项目、子项目、活动和任务四个层次。一些复杂的项目甚至还要在项目层次之前标明计划层次，在任务层次后标明作业、步骤等层次。

（2）设计结构。工作分解结构的总体设计对于一个有效的工作系统来说很关键。结构应由等级状或树状来构成，底层代表详细的信息，而且范围很大，逐层向上。工作分解结构底层是管理项目所需的最低层次信息。这一层次能够满足用户对交流或控制的需要，这是项目经理、工程和建设人员管理项目时所要求的最低水平。工作分解结构的第二个层次比第一个层次要窄，而且第二个层次的用户所需的信息由底层提供，以此类推。

工作分解结构最底层的项通常被称为工作包，这些工作包还可以在项目工作分解结构中进一步分解。例如，如果项目经理把一个工作范围分包给另一个组织，这个组织必须制订出比主项目更详细的层次计划来管理这个工作范围。在项目计划和进程中，这些工作包也可以进一步分解。在定义项目工作包的时候，有七点需要注意：①工作包的典型形式是工作分解结构的最底层。虽然有些项目会使用诸如子任务这样的词汇，但是大多数情况下，认为工作包是工作分解结构最基础的组成部分。②工作包的产出要有可交付成果。每个工作包可以有自己的产出，工作包之间不能相互代替或修改，所有的工作包组合起来就是完成项目所需要的全部工作。③一个工作包只有一个负责人。因此就需要明确项目团队成员中谁对工作包的完成承担最大的责任，其他成员只是在需要的时候提供支持。④工作包应该被当做一个小项目来对待。所有工作包的历时和预算有限，同时还能产生具体的可交付成果，因而可以被看做小项目。⑤工作包可能包括多个显著事件（里程碑）。基于规模和复杂程度，工作包可能包括几个显著的检查点，或是影响项目进程的显著性事件。⑥工作包应符合组织的流程和文化。支持项目的任务应该与组织的整个文化保持一致，这样任务的执行才不会导致项目成员偏离企业的政策。也就是说活动的指派必须符合道德标准，同时也要与组织可接受的行为及流程一致。⑦工作包的大小最好用工时、日历时间、成本、报告期以及风险来描述。所有工作包都应是可跟踪的，也就是说它们应该被结构化，以便项目经理对项目进展进行控制。项目进度通常是一个可测度概念，用成本或时间等标准来描述。

在设计结构的每一层中，必须考虑信息如何流入下一层次。原则是从一个层次到另一个层次的转移应当以自然状态发生。此外，还应考虑到使结构具有能够增加的灵活性，并从一开始就注意使结构被译成代码时是易于用户理解的。

2）编码设计

工作分解结构中每一项工作或者称为单元都要编上号码，用来唯一确定项目工作分解结构的每一个单元，这些号码整体称为编码系统。编码系统同项目工作分解结构本身一样重要。在项目规划和以后的各个阶段，项目各基本单元的查找、变更、费用计算、时间安排、资源安排、质量要求等各个方面都要参照这个编码系统。若编码系统不完整或编排得不科学，会引发很多问题。

利用编码技术对工作分解结构进行信息交换，可以简化工作分解结构信息交流过程。编码设计与结构设计是有对应关系的。结构的每一层次代表编码的某一位数，有一个分配给它的特定代码数字。对简单的工作分解结构进行编码的过程如图 4-11 所示。

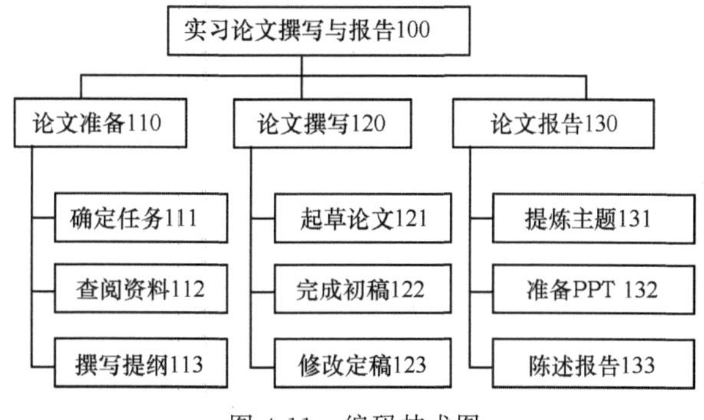

图 4-11　编码技术图

图中，工作分解结构编码由三位数组成，编码的每一位数字由左到右表示不同的级别，即第 1 位代表 0 级，第 2 位代表 1 级，以此类推。第一位数表示处于 0 级的整个项目，第二位数表示处于第 1 级的子工作单元或子项目的编码，第三位数是处于第 2 级的具体工作单元的编码，编码具体由几位数取决于工作分解几级；也就是说，工作分解几级，编码就由几位数组成。比如工作分解五级，编码就从 10000 开始。

在制定工作分解结构编码时，责任与预算也可以用编码数字制定出来。就责任来说，第一位数字代表责任最大者——项目经理，第二位数字代表各子项目的负责人，第三位数字和第四位数字分别代表二级和三级工作单元的相应负责人。对于预算来说也有着同样的关系。

编码设计对于作为项目控制系统应用手段的工作分解结构来说是个关键。不管用户是高级管理人员还是普通职员，编码对于所有人来讲都应具有同样意义。在进行编码设计时，必须仔细考虑收集到的信息和收集信息所采用的方法，使信息能够自然地通过工作分解结构编码进入应用记录系统。一般为统一编码解释，项目可以编制工作分解结构词典，这个词典一般包含工作包的编码、名称、内容描述及其他计划编码信息，如进度计划日期、成本预算和人员安排等。

3）报告设计

报告设计的基本要求是以项目活动为基础产生所需的实用管理信息，而不是为职能部门编写其所需的职能管理信息或组织的职能报告。即报告的目的是要反映项目到目前为止的进展情况，通过这个报告，管理部门能够判断和评价项目各个方面是否偏离目标以及偏离多少。

2. 工作分解结构的列表形式

工作分解结构图是对工作分解结构成果表现的统称。实际工作中，工作分解结构图除表现为树图的形式以外，还可以结合编码以列表的方式表现出来。表 4-2 给出简单工作分解结构的列表形式。其中的各项内容都没有变，但序号及任务项的缩进表示了该工作分解结构的结构。这种方法可以更方便、更有效地显示多层次的项目。

表 4-2　简单工作分解结构列表形式

任务序号	任务名称
1	实习论文撰写与陈述
1.1	论文准备
1.1.1	确定任务
1.1.2	查阅资料
1.1.2.1	查阅中国知网电子资料
1.1.2.2	查阅图书馆纸质资料
1.1.2.3	查阅统计年鉴等其他资料活动
1.2	论文撰写
1.3	论文报告

4.4.5　工作分解结构编制方法

一般来讲，很多专业应用领域都有标准化或半标准化的工作分解结构作为新项目样板，可通过增加或删除工作分解结构样板来制定新项目的工作分解结构。一个组织过去所实施的项目工作分解结构常常可以作为新项目工作分解结构的样板。虽然每个项目都是独一无二的，但仍有许多项目彼此之间都存在着某种程度的相似之处。对某个具体项目而言，该项目的项目经理在着手进行工作分解之前应该清楚地了解项目的具体情况，以便正确、有效地进行项目分解。

制定工作分解结构的方法主要包括类比法、自上而下法、自下而上法和使用指导方针等。

1. 类比法

类比法是以一个类似项目工作分解结构为基础，制定本项目的工作分解结构。例如，某软件开发公司曾设计并开发多种类型的大型软件，当他们计划投入设计开发某种新型应用软件时，就可以使用以往开发大型软件时设计的子系统。以此为基础，开始新项目的工作分解结构编制。这种一般性的产品导向的工作分解结构就成为新软件项目的范围界定和新应用软件成本估算等工作的起点。

2. 自上而下法

自上而下法常常被视为构建工作分解结构的常规方法，即从项目最大的单元开始，逐步将它们分解成下一级的多个子项目。这个过程就是要不断增加级数，细化工作任务。这种方法对项目经理来说是最佳方法，因为他们具备广泛的技术知识和对项目的整体视角。

3. 自下而上法

自下而上法是要让项目团队成员从一开始就尽可能准确地确定与项目有关的各项具体任务，然后将各项具体任务进行整合，并归总到一个整体活动或工作分解结构的上一级内容中去。用这种方法，并不是开始就考察工作分解结构制定的指导方针或是参考其他类似项目的工作分解结构，而是尽可能详细地列出项目团队成员认为完成项目所需要做的工作。在列出详细的工作清单后，就开始对所有工作进行分类，以便将这些详细的工作归入上一级的大项中。

自下而上法一般都很费时，但这种方法对创建工作分解结构来说，效果特别好。项目经理经常对那些全新的项目采用这种方法，或者用该方法来促进全员参与项目团队的协作。

4. 使用指导方针

如果存在工作分解结构使用指导方针，就必须遵循这些方针。例如，美国国防部的许多项目都要求承包商按照国防部提供的工作分解结构模板提交他们的项目建议书。这些建议书必须包括针对工作分解结构中每项任务的成本估算，既有明细估算项，也有汇总估算项。项目整体的成本估算必须是通过汇总工作分解结构底层各项任务成本而得到。当国防部有关人员对成本计划进行评审时，他们必须将承包商的成本估算与国防部的成本估算进行对比，如果某项工作分解结构任务成本有很大的出入，那一般就意味着承包商对要做的工作还没弄清楚。

4.5　项目范围确认

项目范围确认又称为项目范围核实，指项目干系人对项目范围的正式承认。实际上项目范围确认贯穿整个项目生命周期，从项目管理组织确认工作分解结构的具体内容，到项目各个底端的交付成果检验，直至最后项目收尾文档的验收，甚至是最后项目评价的总结。

4.5.1 公布项目范围管理计划

项目范围管理计划说明项目范围的管理方式及项目范围变化的管理方式，目的是分析项目范围的可靠性和稳定性，即在项目目标、可交付成果或要求方面发生变化的可能性。这份计划解答了这样一个问题——“将出现多大幅度的改变?”具体改变和程度由项目的复杂程度决定。比如举办员工庆典的项目，由于项目较小，其中可交付对象和要求简单、明了，因此变更程度较小。

项目范围管理计划应以书面形式公布，同时确保项目主要干系人收到，并有各干系人以书面形式表达的对项目范围定义可接受性的确认。这样可以避免以后在项目中可能出现的一些范围变更问题。花些时间确定项目要求，并且让项目干系人签字，不要忘记签字的重要性。

4.5.2 规定项目范围变更流程

项目范围变更是不可避免的，可以肯定的是“唯一不变的是变化”。范围变更不是什么可怕的事，而是可管理的事。有些变更还是有益和必需的。我们需要做的是提前规范范围变更流程。

4.5.3 项目范围确认流程

项目范围确认流程如图 4-12 所示。

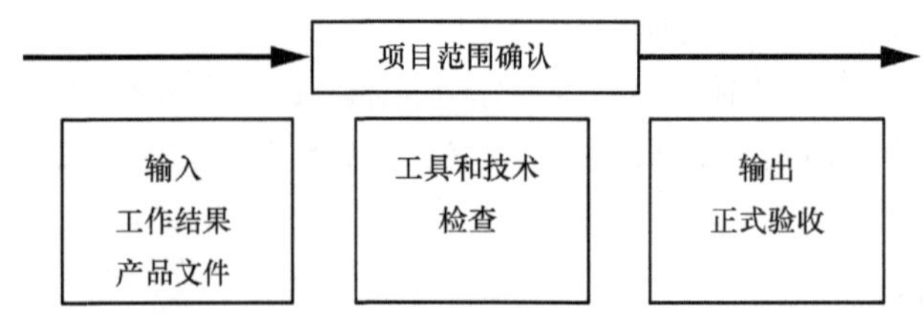

图 4-12 项目范围确认

项目范围确认输入之一——工作结果，是指项目计划实施的结果，其结果是项目可交付成果。项目范围确认输入之二——产品文件，是为说明项目或项目的某一阶段成果而形成的文件。

项目范围确认的工具和技术是检查。检查包括为确定项目结果是否符合要求而进行的度量、考察和测试。

项目范围确认输出的结果是正式验收。如果客户或项目发起人表明已经接受该项目或项目阶段性成果，则有必要编制有关文件并分发出去。

4.6　项目范围变更控制

曾经有个古老的实验，将一只活蹦乱跳的青蛙投进热水锅里，青蛙会立即跳出水锅；如果把青蛙放在凉水锅里，下面用火慢慢加热，青蛙会舒舒服服地浮在水里，当它感觉到烫，想跳出热水锅时，已无力逃生。

项目范围管理过程中也同样会出现“凉水煮青蛙”的故事，只不过这个故事有个学名“范围变更”。

4.6.1　项目范围变更的原因分析

由于各种各样的原因，项目利益相关者会在项目实施过程中加入很多计划外的工作，导致项目范围悄悄发生变化。项目管理者起初并不一定意识到范围的变化，直到有一天这些“变化”由量变引起质变，甚至彻底摧毁项目。

项目范围变更的主要原因：一是来自客户需求的变化，二是来自项目本身。

客户在项目实施过程中，一般会提出一些小的、略增加一些工作量就能实现的工作。这些工作可能与项目交付物无太大关系，但会使客户更愉快、更满意。然而，这些小的要求累加起来就可能影响项目工期、扩大成本，最终使客户不满意。还有可能因为对项目变更没有记录和确认，最终造成法律纠纷。

由于项目处在一个不断发展变化的环境之中，因此，项目本身也难免发生各种各样的变化，于是项目团队需要对项目进行修改，这些变化和修改就是变更。变更发生在项目的范围、进度、质量、费用、风险、人力资源、沟通以及合同等各个方面，并会对其他方面产生一定影响。其中范围变更的请求可以由不同的来源提出，以不同的形式出现：口头的或书面的，直接的或间接的，外部提出的或内部提出的，法律强制性的或可选择的等。变更的要求可能是扩展项目范围，也可能是缩小项目范围。一般来看，造成范围变更的原因主要有以下五方面：

（1）外部事件，如政府颁布新法令法规、通货膨胀等。

（2）发现新的生产技术、手段、方案等，如果采用，会对项目产生较大影响。例如，在项目开始后发现可以大幅降低费用的新技术。

（3）项目团队本身发生变化，如人事变动、组织结构调整等。

（4）最初制订范围计划时存在失误或遗漏。例如，在进行小区建设时，没有铺设宽带，造成与环境发展脱节。

（5）业主对项目提出新要求。

范围变更可能导致成本、时间、质量或其他项目目标变更。当出现范围变更请求时，项目团队应核查该项目的所有领域以确定变更的影响，并对可能造成的影响进行估算，估算实施该变更将耗费多长时间。由于估算会分散项目团队成员的精力，进而影响项目的正常进度，所以并不是所有的变更申请都一定要实施。一旦有人提出变更申请，项目经理应做出正确决策，必要时，可征求变更控制委员会的意见。

4.6.2 项目范围变更控制

针对影响项目范围变更的因素进行项目范围变更控制时，要以工作分解结构图、项目绩效报告、来自项目内外的变更申请和范围管理计划为依据，利用范围变更控制系统、绩效测量和补充计划的编制作为变更控制工具，如图 4-13 所示。

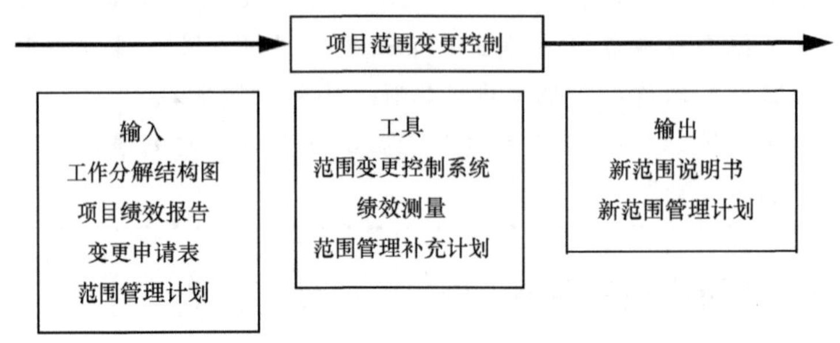

图 4-13 项目范围变更控制过程

随着时间的推移和外部环境的变化，记忆总会消退，此时项目文档就会担当起重要角色。如果在某个项目结束半年之后，在另外一个更大、更复杂的项目进行时，你突然记起在范围变更方面曾经遇到过类似情况，那么翻开从前的项目文档，可能会得到想要的答案。

1. 范围变更控制系统

进行范围变更控制的主要方法是运用范围变更控制系统。范围变更控制系统是一套事先确定的修改项目范围应遵循的相关程序，其中包括必要的表格或其他书面文件、责任跟踪和变更审批制度、人员和权限。具体如下：

(1) 文档工作。文档工作是指一些文档记录的过程，说明如何提交变更申请、如何管理变更请求以及这些变更会给相关项目所带来管理方面的影响。如表 4-3 中的需求变更申请书就是其中的一种文档。

表 4-3 需求变更申请书

<table>
<tr><td>申请日期</td><td colspan="2"></td><td colspan="2">需求变更内容的关键词</td><td colspan="3"></td></tr>
<tr><td>申请人</td><td colspan="2"></td><td colspan="2">归属 WBS 编码</td><td colspan="3"></td></tr>
<tr><td>变更内容</td><td colspan="7"></td></tr>
<tr><td>变更理由</td><td colspan="7"></td></tr>
<tr><td colspan="8">对其他工作的影响及所需资源</td></tr>
<tr><td>申请人评估</td><td colspan="2"></td><td colspan="2">负责人评估</td><td colspan="3"></td></tr>
<tr><td colspan="2">若不变更，负责人批复意见</td><td colspan="6"></td></tr>
<tr><td colspan="2">若变更，那么</td><td colspan="6"></td></tr>
<tr><td>优先级</td><td></td><td>编号</td><td></td><td>接待人</td><td></td><td>结束时间</td><td></td></tr>
<tr><td>负责人</td><td colspan="2"></td><td colspan="2">负责人签发日期</td><td colspan="3"></td></tr>
</table>

(2) 项目实施跟踪系统。跟踪系统会跟踪变更申请状态，包括批准状态。

(3) 项目范围变更审批制度。一些变更申请可由项目管理者决定是否批准，有些则需要正式审批，或经多级审批，或经变更控制委员会审批。并非所有变更申请都能得到批准，没有得到批准的变更也会被跟踪并且记录在项目记录簿中以便将来参考。

当项目在合同形式下进行时，范围变更控制系统必须符合相关合同条款。在项目实施过程中，项目组织要对项目实施情况随时随地地进行控制，并将控制结果同项目计划进行对比，分析偏差。如果偏差对项目实施不利，就应及时采取纠偏措施，使项目回到原来的轨道或使偏差朝着对项目有利的方向发展。

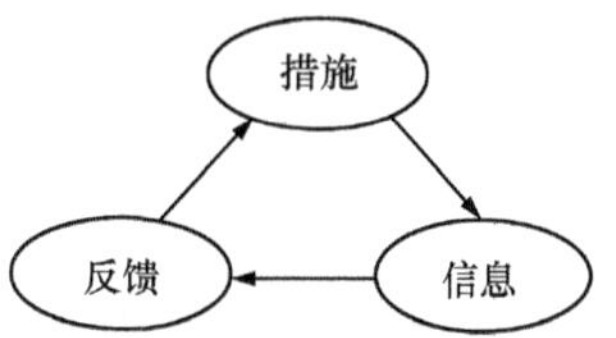

图 4-14　项目范围变更控制系统

在大多数情况下，项目组织通常采用原有控制系统，当现有系统不再满足需求时，管理小组应开发新系统，以适应新情况。无论是旧系统还是新系统，都要包括措施、信息和反馈三大要素，如图 4-14 所示。这三大要素之间形成循环关系，保证对项目变更的有效控制。

循环由措施开始，产生关于措施的实施效果信息，这些信息经过处理又作为反馈信息呈送给决策者，至此便完成一次循环。如果反馈信息表明一切正常，项目决策者就可以指导项目团队按原定项目计划继续执行；如果反馈信息预示着问题，项目决策者就要采取补救措施，或调集资源，或修改计划，使项目得以顺利进行。在补救过程中又会产生新信息。

因此，要实施有效的变更控制，项目团队必须建立一套完整的变更控制系统。如有必要或可能，变更控制系统还可成立一个变更控制委员会，负责批准或拒绝变更申请。变更控制系统应明确变更控制委员会的主要职责与权限，并由所有干系人认可。对于大型且复杂的项目而言，可能要设立多个变更控制委员会，以担负不同责任。一般情况下，变更控制委员会的主要职责是为准备提交的变更申请提供指导，对变更申请做出评价，并管理批准变更的实施过程。

变更控制系统还应有处理自动变更的机制。自动变更，又称现场变更，是不经事先审核即可批准的变更。多数自动变更是由意外或紧急情况引起的。这些变更也必须被记录并告诉干系人，以免在项目后期引发其他问题。

2. 文档建立原则与要求

项目范围发生变更，与原先计划出现偏差时，应把有关偏差的分析和调整情况等内容形成文字记录，作为项目管理文档的一部分，并通知项目干系人。在征得全部相关人员一致同意之后，才可以确定项目范围变更，并采取合理措施。项目范围变更及控制措施一旦确定，就要更新相关文件，以文件形式对其加以确认。

在进行范围变更控制时，文档管理是一个重要组成部分。虽然有些范围变更过程既可以是正式的也可以是非正式的，但非正式的对于只有一两个项目干系人的项目还可行；对于大型或者比较复杂的项目，则一定要对所有变更都采取正式形式，即所有变更都应采用正式的变更申请表，以书面形式提出，并且记录所作的变更会对进度、成本和质量等方面造成的影响。所以应记录变更（包括未被批准的变更），并在整个项目开展过程中进行跟踪。

通常，在控制过程中需要建立的主要文档包括如下内容：

(1) 范围管理计划。范围管理计划是一份标识出如何管理项目范围及变更如何在项目中被采纳的文档。它评价范围变更的可能性、频繁程度及造成的影响。

(2) 信息控制制度。信息控制制度是为各部门或各干系人之间相互配合、沟通信息而建立的制度，目的在于控制信息流通，使各类文件传递程序化。信息控制制度包括两方面内容：一是文件发放表，二是图纸发送规定。文件发放表是一份简单的表格，其中规定分发文件的对象和数量，也规定文件是原件还是复印件。它不但能保证文件分发秩序，还能帮助人们找到相关信息。图纸发送规定主要是规定发送数量、图纸类别和发送对象。

(3) 资源清单。把所有项目中需要的资源名称和编号按一定格式和顺序印制成册，形成资源清单，可以为项目控制提供翔实的依据。

(4) 账户编号。账户编号原则要符合预算、决算及成本核算的要求。把不同账户分类编号，列成表格，作为控制成本的工具或用作下个项目建设及不同项目相同账户之间的比较。

所有在控制过程中用来分析项目进展情况的绩效测量也应建立相应文档，此外还包括项目的各种计划文件、实施项目范围控制的各种文件、标准、报表以及图表等。所有这些文件都应是最新的并且是准确的，有关项目的记录必须准确地标识出项目要产出的产品或服务的最终技术指标。

所有文档应整齐有序，并编制索引以便随时查看。电子数据库和电子文档也应作为项目文档加以备份和储存。

3. 绩效测量

范围变更控制的一个重要组成部分就是确定引起偏差的原因，并且确定这种偏差是否需要采取纠正措施。这时就需要评估偏差发生的程度，即绩效测量。绩效测量技术有很多种，如偏差分析、趋势分析、挣值分析等。在实际项目中，往往将几种方法结合起来交叉使用。

偏差分析主要用来在项目进行过程中比较项目的计划结果和实际结果，以确定是否存在偏差。典型情况下，主要分析项目进度和项目成本是否存在偏差，必要时也分析质量、执行技术指标、风险和项目范围等方面是否存在偏差。

趋势分析用来确定随着时间的推移，项目执行的未来趋势，其方法是定期分析项目结果。具体来说，就是根据历史信息和项目当前结果，用数学公式进行度量，试图预测项目未来的产出或发展趋势。可使用多种公式来预测未来的行为或发展趋势。

挣值分析法在工程项目实施中使用较多，是对项目进度和费用进行综合控制的一种有效方法。它将项目进度和费用综合度量，从而能准确描述项目的进展状况，并能量化地预测项目可能发生的工期滞后量和费用超支量，从而及时采取纠正措施，为项目管理和控制提供有效帮助。

4. 项目范围管理补充计划

项目变更是不可避免的，发生变更就需要进行管理，范围管理补充计划可帮助项目管理人员完成这项工作。范围管理补充计划描述项目范围是如何被管理及项目范围变更是如何被集成到项目中去的。

项目范围变更需要对项目范围管理计划或者范围管理补充计划进行更新。这些变更会被记录到项目范围管理计划中，项目干系人会在状态会议上得知发生哪些变更、其造成的影响及可在何处找到这些变更的说明。项目范围管理计划更新是项目范围变更控制过程的一个输出。

一般来说，对于计划的调整可能包括以下几种情况：

（1）重新设计项目范围管理计划。如果发现原计划中的某些工序或工作环节不再需要，或者需要在原计划内增加新的工作内容时，就要进行重新设计，重新界定项目范围，以确定衡量项目的基准。因客户要求或高层管理人员决定改变项目的最终目标时，也需要重新设计某一环节。重新设计经常会导致主体计划的改变。

（2）重新安排项目进度。重新安排项目进度就是对项目的各环节或整个项目周期重新落实，如果项目进度发生耽搁，而任务又不能调整，则重新安排进度一般是唯一可行的解决方式。

（3）重新分配资源。重新分配资源是指在项目实施过程中对未来各工序进行的资源重新分配。进度耽搁是导致资源重新分配的主要原因，涉及追加投资、调整设备和增加人员。

无论进行哪种调整，都要执行“检查后再修改”的原则，这是基本程序，也是为确保控制措施有效执行的重要环节。对问题确认是否准确无误，所采取措施是否合适，有关各方是否已达成共识等，这些问题必须明确。

本章回顾

项目范围管理指产品范围或项目范围。项目范围就是定义项目的工作边界，确定项目目标和主要的项目可交付成果。定义项目范围即明确项目工作边界，由此可以提高项目费用估算、进度安排和资源估算的准确性，有助于清楚地分派项目任务。范围规划是将生产项目所需进行的项目工作（项目范围）逐步细化和归档的过程。项目团队制定与项目工作分解层次相对应的多个范围说明。工作分解结构（WBS）是面向可交付成果的项目元素的层次分解，它组织并定义整个项目范围。项目范围确认是指项目干系人对项目范围的正式承认，实际上项目范围确认贯穿整个项目生命周期，从项目管理组织确认工作分解结构的具体内容，到项目各个底端的交付成果检验，直至最后项目收尾文档验收，甚至是最后项目评价的总结。项目范围变更控制实际发生在项目实施阶段，也就是计划执行阶段，只有具体实施项目，才有可能产生项目范围变更，因为项目环境、资源水平和管理能力等因素会造成项目范围在实施过程中的增加或减少。

复　习　题

一、判断题

1. 确定项目的范围是为了交付特定的产品或服务必须进行的活动。（　　）

2. 确定项目范围的工具是工作分解结构。（ ）
3. 项目的范围只要项目小组成员知道就行了，不必通知客户。（ ）
4. 项目范围的变化一般不会影响项目的成本、进度、质量或其他目标。（ ）
5. 在项目范围定义过程中，要对项目的工作任务进行分解。（ ）
6. 在进行工作结构分解编码时，应保证编码的唯一性。（ ）

二、单项选择题

1. 下列有关项目范围的表述正确的是（ ）。
   A. 确定项目施工地点的范围　　B. 确定项目干系人和施工地点的范围
   C. 确定项目都要做什么工作　　D. 确定项目产品的范围
2. 项目范围定义时经常使用的工具是（ ）。
   A. 工作分解结构　　B. 需求分析
   C. 可行性研究　　D. 网络图
3. 下面关于项目范围的说法正确的是（ ）。
   A. 项目范围是为了达到项目的目标，所必须完成的工作
   B. 项目的范围就是产品范围
   C. 项目范围决定了产品范围
   D. 项目范围是产品或服务所包含的特征或功能
4. 制定工作分解结构过程生成的关键文件是（ ）。
   A. 实际的工作分解结构　　B. 项目范围说明书
   C. 范围管理计划　　D. 成果说明书
5. 项目范围变化是不可避免的，对项目管理者来说，关键问题是（ ）。
   A. 应寻找引起项目范围变化的原因
   B. 应弄清项目范围变化的规律
   C. 应预测可能发生的变化，采取预防措施
   D. 应控制项目范围变化对项目产生的影响
6. 你负责的项目正在计划阶段，需要制定工作分解结构，但是你没有现成的模板，第一步需要做的工作是（ ）。
   A. 确定项目的所有可交付成果　　B. 确定主要的项目可交付成果
   C. 确定主要的任务　　D. 确定项目成本

三、多项选择题

1. 项目范围定义活动是十分必要的，主要针对以下的哪几项工作？（ ）
   A. 项目完工时的评价　　B. 改善成本、进度及资源估算的准确性
   C. 评价项目的执行情况　　D. 明确责任分派
2. 项目范围说明书包括（ ）。
   A. 项目的合理性说明　　B. 项目范围的稳定性
   C. 项目目标的实现程度　　D. 项目成果的定量标准
3. 确定项目范围对项目管理来说会产生（ ）。
   A. 提高费用、时间和资源估算的准确性

B. 确定进度测量和控制的基准

C. 有助于清楚地分派责任

D. 确定了项目范围也就明确了项目的目标和主要的项目可交付成果

4. 项目范围管理的主要过程包括（　　）。

A. 范围规划　　B. 范围定义　　C. 范围核实　　D. 范围控制

5. 在项目范围定义中，导致需求识别困难的原因有（　　）。

A. 需求自身的模糊性　　B. 需求的动态变化性

C. 客户表述的含糊性　　D. 项目人员需求认识能力的缺陷

6. 以下哪些属于项目的变化？（　　）

A. 项目目标的偏离　　B. 项目范围的扩大

C. 内部环境的改变　　D. 项目技术质量指标的改变

四、问答题

1. 为什么要进行项目范围管理？

2. 请描述 WBS 如何进行项目工作结构的分解。

3. 项目范围变化对整个项目会产生什么样的影响？

4. 如何对项目范围变化进行有效控制？

5. 项目范围变化是孤立存在的吗？

6. 请理解范围定义、项目范围规划之间的异同。

7. 请理解范围确认与范围变更之间的异同。

五、能力应用题

案例一　职业生涯项目范围规划案例

背景资料：

你好！林老师，我叫刘世平，我的专业是计算机应用，某年 7 月本科毕业后到广州工作，先在公司研发部做软件开发一年，后被派到销售部做技术支持及售后服务，3 个月前又被任命为总经理助理。毕业后几年里我经过好几次职位变动，觉得自己对哪一行业都学得不深，我真不知道以后该如何选择自己的职业道路。现在，所学的专业知识在荒废，本职工作又开始没有新鲜感和挑战，总感到危机重重，您能否给我的职业生涯规划提些建议？

剖析及建议：

这是许多初出茅庐的年轻人容易走进的一个盲区，在这个计划没有变化快的知识经济时代里，有太多的目标会因为现实状况而不断修改，我们总是听到太多诸如“现实太残酷”、“这世界很精彩，可惜我很无奈”的抱怨。所以，职业生涯规划对处于任何职业、年龄的人来说都很重要，特别对步入社会不久的年轻人，良好的职业生涯规划将会帮助你重新认识自己，并对你的职业发展起到重要的导向性作用。

首先，我们来看一下人生的四个职业发展阶段：

(1) 探索学习阶段：15～24 岁。

在这个阶段，你应该像一块晒干的海绵一样，随时随地、随人随事地吸收知识、信息、经验，在工作和生活中多观察、多倾听、多思考、多动手，不断尝试、总结、改正、再尝试，从中找出自己的职业兴趣所在。

(2) 确立阶段：25～44 岁。

此阶段包括了三个子阶段，尝试子阶段（25～30 岁）、稳定子阶段（30～40 岁）和中期危机阶段（35～44 岁）。应该说，你现在正处于第一子阶段和第二子阶段的转折点，应该慢慢从尝试走向定向发展。

(3) 维持阶段：45～64 岁。

职业生涯的最高点应该在这个阶段，并会有一个平稳发展的过程，上下起伏一般不会过大。

(4) 下降阶段：65 岁以上。

此阶段唯一应考虑的是——退休和晚年生活的问题。

好了，了解了职业发展的四个阶段，接下来开始规划你的职业生涯。职业生涯规划的第一步是全面自我剖析，先了解自己的性格、技能、兴趣，才可以知道自己最适合从事什么工作。我们都知道，叫一个外向的、爱交际的人去做会计，他可能会经常出错；派一个学技术或会计的人去跑销售，业绩不会很好。所以，知道自己能干什么和不能干什么，喜欢做什么和不喜欢做什么非常重要，也许一个综合的人才测评会给你准确的答案。你也可以尝试详细地回答以下问题：

(1) 我成长的家庭背景、社会环境如何？

(2) 我的强项有哪些？

(3) 我的弱点是什么？

(4) 我生活的环境有什么机会？

(5) 我身边的人给我带来什么威胁？

第二步，我们了解一下霍兰德六种职业性格：实践性、研究性、社会性、常规性、企业性和艺术性。每一种职业性格都有适合的职业类型与之相匹配，通过测试就可以确定一个人的职业性格，以便正确地选择真正适合自己的职业。但是很多人的成功，并不是因为从事着他喜欢和有兴趣的职业，职业锚就是其中的影响因素之一。职业锚是你的价值观，是许多人选择职业时所围绕的核心所在。每个人都有自己的职业锚，影响一个人职业锚的因素有：天赋和能力、工作动机和生活需要、人生观和价值观等，虽然天赋是遗传基因在起作用，但其他因素还是取决于后天的努力和环境的影响，所以，环境造就人，成长环境往往影响人的性格、悟性等。比如一个物理学博士，从事机械设计 10 年，当他再次选择职业时，他不太可能选择机械设计以外的工作，尽管他有可能不适合或者不喜欢这样的工作，但职业锚发挥着影响作用。

仔细剖析完自己之后，第三步，你要考虑现在公司给你的职位是否有学习成长空间、是否还能给你提供其他职位、有哪些升迁机会。如果公司无法提供适合的职位，也不能规划你的升迁路线，那么换工作是最好的选择。在规划自己的职业生涯时，要大处着眼、小处着手，设立阶段发展的目标。比如详细描述出自己三年、五年、甚至十年后的工作和生活环境，然后把目标分解到年度、月度计划，把自己变成大海里一艘有目标的帆船，才能把好方向，让所有的风都变成顺风。

职业生涯规划不是算命，而是对自己职业生命的一种精细管理。具体范围管理中要把自身的特长强项、兴趣爱好与社会需求捆绑起来考虑，不是一件简单的事情。从自我剖析到制定目标，再到正确执行，其中都充满了变数。在竞争日趋白热化的今天，我们唯一可以确定的就是：未来是不确定的，所以你要不断地学习充实自己，打造自己的核心竞争力，才能在职场中不断得到升迁。

讨论题

你能根据以上描述画出刘世平同学的职业生涯项目范围 WBS 图吗？

案例二　萱萱儿童情商乐园项目策划

田波（吉林大学）

改编自：中国管理案例共享中心

【摘要】本案例详细描述了吉林省 SD 培训学校的萱萱儿童情商乐园项目策划过程。该项目为 3～10 岁儿童及其家长提供情商训练课程、情商渗透活动、情商档案管理、家庭情商教育系列培训。案例以项目管理、管理决策等相关理论为指导，对该项目需求识别与构思、市场调查、机会研究、初步论证、规划设计及其业务发展决策等内容做了客观描述，以期为组织项目管理提供参考，为学生学以致用有所借鉴。

【关键词】儿童情商乐园；儿童情商教育；项目策划；业务发展决策

长春的春天姗姗来迟，杨总望着车窗外嫩绿的小草、淡粉色的桃花，又想念起了远在国外的女儿萱萱。一年前，五岁的萱萱曾告诉爸爸她在国外情商乐园的学习很有趣、很快乐。杨总此次前往北京，准备参加儿童情商教育研讨会。是啊，所有的父母都对孩子有着美好的期望，希望他们能健康快乐地成长，幸福地生活，将来事业有成，生活美满。可是，中国的很多孩子，尤其是独生子女，从小就缺乏情感的倾听者、交流者。随着社会竞争越来越激烈，父母和孩子都不再轻松。小小的娃娃就开始参加各种课外辅导班，英语、钢琴、书法等应接不暇；上学后课业日益繁重，在巨大的升学考试压力下，孩子和家长都感觉精疲力竭，家庭冲突越来越多，亲子关系也变得紧张。

情商（Emotion Quotient，EQ）虽已不再是什么新名词，但在我国还尚未普及。如何帮助中国孩子在情感教育的最佳时机——儿童时期，就能开始接受情商教育，提高孩子专注力、意志力，学会自我激励、克制冲动、压力应对、疏解焦虑、挫折抵抗、排解愤怒情绪以及了解与尊重他人等能力，是不能耽于坐而论道的紧迫事情，因为情商教育的成果对孩子一生都将会有积极深远的影响。

1. 背景介绍

情商，即情绪智力，是指一个人调整和控制自己情绪的能力。情商是相对于智商（Intelligence Quotient，IQ）而言的，美国哈佛大学著名心理学家、教授丹尼尔·戈尔曼说，一个人要取得成功，智商的作用只占 20%，而情商的作用占 80%。在其畅销书《情商：为什么他比智商更重要》中提出了关于情商的要素，即①自我意识，知道自己当下的情感情绪以及它们的缘由；②自我调节，即使碰到了困难，也能控制自己的情绪；③自我激励，面对挫折能坚持努力；④有同情心，能体会他人的情感及立场；⑤社交技能，通过倾听，理解和欣赏他人的感受，与人和睦相处。

影响智商的因素大多是遗传，而情商却是可以通过后天培养大幅提高的。高情商并非与生俱来，关键在于后天培养，而儿童期是培养情商最关键、最重要的时期。现代社会的孩子，提高情商的方式如果还停留在依靠年龄和社会磨炼已经远远不够。大家都知道，情感教育的最佳时机是从幼儿时期开始，发达国家从低年级就开办诸如社会能力课、生命技能课等情绪教育课程。目前，许多国家已通过专业情商课程让儿童在关键时期学习正确的情商观念和情商技巧。

吉林省SD公司主营各种教育培训项目，主要包括中小学教育培训、计算机培训、英语培训、企业岗前培训及派遣等项目业务。为满足公司发展和市场需求，SD公司拟设立并实施萱萱儿童情商乐园项目，拟成为专业儿童情商训练机构。该项目以"游戏训练，寓教于乐"为原则，采用互动体验等教学模式，让孩子在安全、关爱、温馨的环境中，学习如何认识和调节自身的情绪、如何养成良好的行为习惯和学习习惯、如何妥善处理周边的人际关系等，在孩子的心灵深处植入积极、乐观、自信、大胆、细心、坚持、宽容、合作、创新、尊重、自尊、迎接挑战等优秀品质，提高孩子挫折抵抗、情绪控制、社会交往、解决问题等十几种能力。

该项目课程设置主要分为两个阶段：第一阶段，儿童3～5岁是"自信心"关键期，是孩子良好的秩序感、自信心、探索求知欲、乐观和良好的行为习惯形成的关键年龄段。第二阶段，儿童6～10岁是"勤奋与目标感"关键期。孩子意志力、专注力、勤奋与目标感、良好的挫折抵抗力、优秀的合作和领导能力、积极人生观形成的关键年龄段。本项目主要引入美国SEL儿童情绪能力和社会能力发展计划，通过科学系统的训练课程，给孩子提供正确的观念和知识，以及自我形象、情绪管理、竞争力、挫折抵抗、沟通、人际关系及领导力方面的圆融技巧。

该项目课程内容主要包括五个方面：情绪管理、右脑开发、儿童心理健康、领袖养成和素质拓展。配套的主题活动有户外营地、主题生日派对、体验生活、创意大比拼、主题周末活动等。通过系统专业的训练，可以弥补孩子的情商教育缺陷，让孩子远离成长烦恼，并大幅度提高儿童的情商，让孩子学习并掌握情商的主要观念和关键技巧。促进儿童学业出类拔萃和智慧提升，这种训练成果对孩子的一生都将会有积极的、深远的影响，并为其未来的成功奠定坚实的基础。

2. 项目机会研究

现代社会发展让越来越多的家长认识到提高情商对孩子健康成长的重要性。发达国家从儿童期就开办情绪教育的课程。儿童情商训练对孩子教育启蒙期及刚刚进入小学调适期这样关键的阶段及孩子一生的成长都具有重要意义。

2.1 项目市场调查

为进一步研究儿童情商乐园项目机会，杨总提前一年就安排市场调查工作。调查人员反馈：在我国南方的上海、深圳、重庆、南京、广州等地儿童情商教育开办较早，广州市少年宫情商班预报名最热，前20名热门专业中35%为情商类班次。情商类课程在各地都深受孩子欢迎，家长也已逐渐改变过去望子成龙的心态，慢慢转变到关心孩子的心理健康、人格成长、社交能力、语言能力、抗挫折力、学习能力等方面的提高。国内形形色色、大大小小的各类培训班较多，如书法、英语、音乐等，但专业情商心理训练机构较少；强调和倡导研究情商教育的专家和大学有很多，但更多停留在发表文章、出版书籍、宣传呼吁社会重视等方面；国内幼儿园和小学基本都是按照教委、上级教育部门的教学大纲去抓智育教育，很少系统、专业、长期地进行情商心理教育。

长春现有儿童情商培训机构十几所，但良莠不齐，有的培训机构是直接从国外引进，照搬照套，不能很好地适应我国具体国情和文化特色；有的培训机构是简单地初步套用情商内容，缺少明确目标体系和系统化课程内容；有的培训机构还存在误区，除形式模仿外还在用填鸭式教孩子汉字、英语、数学内容。此外，家长反映现有各种儿童情商培训项目价格都比较贵，一般价格都在数千元，一些长期培训项目则已达上万元。长春一家知名儿童情商培训机构推出的两年 96 次训练课程，一共要花大约两万元学费。这样一算，这种儿童情商课程比上大学还要贵不少。

2.2　项目研讨会议

项目市场调查之后，杨总亲自组织儿童情商项目研讨会，大家你一言我一语提出不少想法和建议。市场部小张说："长春是科技文化城，家长向来比较重视教育，很多儿童家长都说不能让孩子输在起跑线上，而且现有适龄儿童 150 万，市场潜力巨大，关键是要做好项目市场定位，将来才能更好地进行市场推广。"负责儿童情商项目的小崔认为："市场潜力是很大，但教育质量是关键，如何提高儿童情商教育质量，针对中国孩子和家庭的特点，提供有价值的教育产品，真正帮助孩子和家长解决烦恼和问题很重要"。"是啊，儿童情商教育课程和教师是项目获得成功的重点，课程研发和人员招聘培训都需要系统科学的思考和严格考核才能保证项目效果。"培训部的小张接着补充道。财务部小李说："公司近年来现有项目运作良好，效益都不错，已积累一些资金，这部分资金早该投入到前景好的新项目中，可以更有利于公司经济效益提高，促进公司发展。"最后，杨总总结大家意见，认为儿童情商乐园项目是一个很有潜力的项目，不过还需进一步论证和准备。

3. 项目初步论证

杨总通过朋友及相关机构请到吉林大学工程项目管理专业田教授、东北师大心理学专业于教授、市教委的相关负责人、幼教专家等有关人士，针对儿童情商乐园项目请相关专家进行咨询研讨，主要确定项目目标、项目的必要性、项目可产生效益、需要投入资源的数量估算，以及让政府有关部门、上级机构正式承认和批准该项目的可能性。经过专家深入细致的研讨分析，对萱萱儿童情商乐园项目进行初步论证分析。

3.1　项目目标

专家研讨认为：为满足广大孩子及家长对儿童情商教育的迫切需求，同时，为拓展吉林省 SD 公司业务范围，拟建设《萱萱儿童情商乐园》项目。该项目初步定位为中高档水平，提供高品质、合理价格的教育服务，以培养提高孩子情商、帮助家长进行科学育儿为目标。

教育专家强调儿童的教育选择关键在家长。一定要让家长懂得，情商与智商不同，是后天形成的一些方法和技巧，是需要学习而得的。帮助家长走出对情商认识的五大误区，即误区一，情商就是指人际交往的能力，情商高的人公关能力强。误区二，情商是虚的东西，在现实生活中无法操作。误区三，智商是衡量人是否聪明的，情商是衡量人是否会为人处世的，二者毫无关系。误区四，智商与情商是对立的，强调情商会使孩子过早关注学习以外的东西，影响孩子的学习。误区五，孩子早期智商培养更重要，而情商等孩子长大了再培养也不迟。很多时候，大人埋怨孩子没有目标、爱发脾气、怕困难、注意力不集中、作业拖拉，其实孩子是缺乏目标管理方法、情绪控制技巧、压力应对技巧、管理时间和作业的方法。在很多情况下，因为孩子得不到好的方法，没有成功体验，在学习路上越走越累，越来越力不从心，甚至有逃避厌学等情绪，有的还有迷恋网络、参加小团体等行为问题。因此，教育专家呼吁家长，在帮助孩子应对学业时，不要仅仅简单地认为孩子“不聪明”或者“不努力”，其实学习情商方法和技巧，才能让孩子更加轻松和成功。

专家提出项目目标市场应该以白领以上阶层家庭的妈妈们为主。成为消费主体的父母需具备三个条件：一是，了解情商教育理念和进行儿童情商教育训练的必要性；二是，在家庭中真正能够关心孩子的教育，也就是父母中对孩子教育方面精力投入最多的一方；三是，家庭必须有一定实力及有教育经费的支出能力。

3.2 项目选址

项目管理专家认为此类儿童情商乐园项目的选址相当重要。项目初步选址在吉林省省会长春市，根据将来发展情况再做进一步的连锁拓展。考虑该项目特点确定以下选址原则：①方便顾客原则。针对目标消费群，萱萱的学童和家长定位于城市中高收入家庭。商圈和房型着眼于 5 年不变，即从大环境的商圈选定到小环境的楼盘和房型均设计为 3～5 年不被淘汰的选择原则。考虑优势互动，对于萱萱有着共同消费群的机构，例如，少年宫、亲子机构、儿童英语培训机构，可产生优势互补。②谨慎选址原则。萱萱儿童情商乐园的选址应严格遵守国家法律和地方法规。另外，要考虑园址与城市规划发展相符合，对于可能会出现市政动迁和周边动迁，进入城市规划红线的，坚决不碰。③房型合理原则。萱萱的房屋为框架式结构，民宅不予考虑。前期建园要求设定的区域包括：前台接待区、大型活动场所、家长休息区、教室区、园长办公室及卫生间。乐园使用面积应大于 150 平方米。④经济效益原则。选择地价较为合理的地方，以降低公司的运营成本，提高项目的盈利性。根据专家的选址原则及建议，杨总心中暗暗有了打算，长春市少年宫应该是不错的选择，但需要进一步沟通商榷。

3.3 项目效益

专家们还认为 SD 公司上马新项目的获利性是关键。专家对萱萱情商乐园项目可产生的效益、需要投入资源的数量进行初步估算。该项目需要投入资源主要包括：项目前期的调研准备、项目资料购买、人员招聘及培训、项目场地装修、设施及教辅材料的购置费等，预计投资 40 万左右。日常运营成本主要是场地租金、人员工资、杂费等，预计 2 万元左右。营业收入主要是培训费，预计每生年均 4800 元，盈亏平衡点为 88 人。初步估算，以年均 60 人在校孩子计算，静态投资回收期约为 1.5 年，投资收回后，预计年收益在 20 万元左右，项目投资效益还是相当可观的。

3.4 项目产品

专家团队提出要想提供高质量的项目产品，达到好的培训效果，真正帮助孩子和家长解决问题，关键是高质量的课程和专业化的教师。引进国外成功课程并结合中国孩子的具体实践，请相关专家团队进行创新型研发，形成有特色的课程体系、课程内容和教学模式；同时招聘有经验的培训教师，尤其是园长，形成有凝聚力的项目团队，为项目的实施打下良好基础。杨总知道这部分工作还需要仔细思考筹划，也可能需要借助他人力量。

4. 项目规划设计

萱萱儿童乐园项目开展顺利，利好消息不断传来。杨总在那段时间感觉自己浑身充满活力，辛苦却快乐着。

4.1　项目地址

长春市少年宫地处长春市中心，交通方便，而且有共同的消费群体，是目标客户群集中地，可产生优势互补效应，增加总体消费群的数量。吉林省SD公司初步和长春市少年宫签约。乐园规划由设计人员和园长共同完成。乐园面积为200平方米，乐园隔出两间单独办公室，作为训练和讲座的教室，也作假期班孩子做功课和看书休息使用。地面装修为大型软体游乐区，下铺设地垫，前台接待、其他走道和教室铺设木质复合地板，并按要求配套水、电、电话、网络等。萱萱儿童乐园设有室外标识，而且比较醒目、和谐、有吸引力。这样才能打动顾客，进而使顾客感兴趣、产生联想，这是产生消费欲望的前提。室外标识分为门头、喷绘展架、外墙指示牌。室外标识使家长和孩子愿意走进乐园内，他们对乐园的认识是从外观开始的，它是消费者对乐园的第一印象，会引起对内部经营环境优劣的联想，对项目营销有一定的积极作用。

4.2　项目课程

在吉林省SD公司初步和长春市少年宫签约后，项目研发团队也在紧张地收集资料，进行相关调查，创新研发，基本确定本项目的课程目标、课程模式、课程体系和课程内容等。

1）情商教育目标

世界教科文组织说，教育的目标是让孩子学会学习、学会生活、学会做人和学会工作。情商教育目标是完善传统教育没有重视的问题，即坚强意志、良好自控能力和心理调节能力、乐观进取的人格特点等。根据教育目标和儿童生理和心理特点，提出了课程目标——萱萱情商九项，即自信心、独立性、责任心、同理心、挫折抵抗、解决问题、自律、人际交往、情绪管理。

2）情商教育模式

情商实际上是有智力因素参与的个人对自己和他人情感的认知、体验和调控能力。萱萱儿童情商教育模式是以儿童情感智力教育为核心，以培养儿童健全人格和健康情感为主导的教育模式。它主要通过自我认知、认识情绪、人际关系和树立积极人生观四个方面来培养提高儿童的情商能力。在此模式中，不仅将培养儿童的情感认知、调控能力、心理自我调节能力、人际交往能力，还将在情商教育活动中培养儿童对学习的兴趣，对科学的强烈求知欲，以及自己解决问题的能力。此模式的主要特点就是以情商教育为切入点，带动儿童健康全面发展。情商教育模式通过系统完整的目标体系来实施。

3）情商教育体系

由于儿童具有特定的生理和心理特点，儿童情商教育不可能像成人那样全面深入，而应从最基本的开始，然后逐步递进。所以项目设计的儿童情商教育从以下四个方面进行：①认识自己与认识他人。让孩子对自己和他人有正确认识，学会客观积极地看待自己。②情感的自我认知和自我控制。让儿童学习如何清楚地体验自己的情感，并准确地表达出来，尤其是能正确地向他人表达自己的友善情感。③人际关系。让儿童学习怎样与他人沟通、交流、合作。怎样与他人建立良好的人际关系，怎样去感染他人和带动他人，并且学会如何与他人相处；学习站在他人的立场来看问题，关心他人、帮助他人，富有同情心和爱心。④培养积极人生观。学会经常鼓励自己，保持高兴、愉快的心情。每个方面又分成几个组成部分，每个组成部分又由若干具体的、可操作的问题组成，通过对具体问题的解决或学习，使儿童获得有关情商的概念和知识，懂得解决问题的原则，学会处理问题的方法，以此来逐步培养儿童的情感能力。

以情商教育为核心，具体从情商培训课程、情商渗透活动、情商档案管理、家庭情商教育这四个方面进行，而这四方面主要通过相应的主题活动来达到目的。即根据情商教育目标体系和实施内容设立系列主题活动，每个主题下有若干相应的情商教育活动、渗透活动及家庭情商教育计划等。

4.3 项目团队

杨总通过猎头公司，找到有多年儿童情商培训经验的可作为园长的韩女士和培训主管崔先生。韩女士30岁左右，为人亲切具有很强的亲和力，曾经带领儿童情商乐园项目团队，深受孩子和家长的喜爱，团队工作也开展得有声有色。崔先生毕业3年左右，有一定工作经验，他非常喜欢孩子，喜欢儿童教育工作，这点很难得，尤其是现在的孩子缺少男性的关爱和教育。经过招聘选拔组建起萱萱儿童乐园项目团队，由园长1名，咨询师2名，训练师3～6人组成，有效开展教学训练和家长咨询工作。

5. 项目管理规划

天气渐渐暖和起来，4月末的长春温暖宜人。经过半年多的筹划和准备，杨总对萱萱儿童情商乐园项目充满信心，专家团队和SD公司相关人员开始进行萱萱儿童情商乐园项目管理规划。主要包括项目进度计划、项目团队管理、项目运营管理、项目销售管理和项目风险管理等。

5.1 项目进度管理

萱萱儿童情商乐园项目建设周期为21～30周。具体建园流程及进度时间如图4-15所示。“六一”是儿童的节日，具有特殊意义。为保证项目能够在2012年的“六一”儿童节试营业，杨总组织人员分头行动，实施并行工程，装修设计和人员招聘培训同时进行，并对项目进度进行严格控制。在24周内完成了项目建设过程。

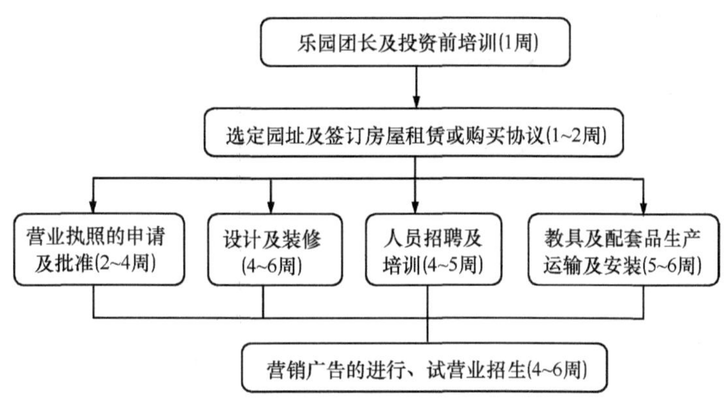

图 4-15 萱萱儿童情商乐园建园流程

5.2 项目团队管理

项目专家提出“要一流的项目，更要一流的团队”。萱萱情商乐园项目是儿童健康快乐成长、父母成功养育孩子的得力帮手和顾问。为打造优秀项目团队就要使项目团队成员对项目目标理解清晰，为实现目标付出努力，清楚自己的角色和职责，项目成员间的高度合作与互助及相互信任，是团队建设发展的目标。打造一流项目团队就要培养萱萱儿童情商乐园的项目团队成员共同的价值观——积极、学习、合作。积极，积极的态度、积极的人际关系、积极的人生观、积极的工作热情；学习，不断学习是达到目标的手段和方法；合作，紧密合作是团队高效的关键。

5.3 项目运营管理

制度是项目良好运行的保障。专家们参照 SD 公司现运行的规章制度，结合萱萱儿童情商乐园项目特点，通过研究讨论，制定出工作时间安排与工作守则等规章制度。

5.4 项目销售管理

1）萱萱品牌宣传

萱萱是专业的儿童情商培训机构。重点宣传“专业性”，即萱萱儿童情商培训的教学内容和课程是非常专业和科学的；培训师是非常专业且为人师表的；萱萱提供的儿童情商教育服务是专业化的，且专门针对中国孩子，帮助中国孩子解决实际问题。只有专业的人做专业的事才能让人更信服！

萱萱必须树立“高端”的儿童教育品牌形象，同时必须做到高标准服务。必须注重教学质量和训练效果。使孩子在这里的训练真正有效果并且学到东西，同时，帮助家长学到科学育儿知识，成为家长的“科学育儿顾问”。萱萱的口碑来源于孩子的教育成果，以及对家长的满意服务。

2）萱萱经营理念

萱萱的经营理念是坚持科学的教育观，“在快乐中培养未来的成功者”。在萱萱项目建设及经营中，项目的每位成员都要坚持科学的教育观。情商教育属于儿童心理、生活习惯、学习能力等方面的塑造性教育。科学的教育观告诉我们“孩子必须获得后天的教育培养，孩子的教育培养是社会、家庭、学校的综合性问题，同时也是一种长期的塑造过程。”“让生活更美好，人际更和谐”是萱萱的经营宗旨，让孩子在萱萱中获得快乐的情绪体验，进而能够吸引孩子是成功经营的前提。

3）萱萱销售策略

萱萱的销售策略要让消费者认清消费内容，产生消费的紧迫需求。情商教育不仅是为未来准备，对孩子而言，每天都面临着适应环境、情绪变化、人际交往、学习压力、竞争合作，每一个选择会有一个行为，然后有一个结果，这个结果就通向未来。情商教育帮助孩子获得应对这一切的正确态度、方法和技巧，教会孩子怎么做，怎么处理。

萱萱以情商教育为切入点，带动孩子全面发展。情商教育是基础，可以促进智力发展，良好的情绪状态有助于孩子提高学习效率，萱萱情商不是某一门兴趣课，也不是可有可无的技巧，它是必须习得的能力！

萱萱是家长育儿的战略合作伙伴。萱萱是指导者、教育者、监督者，帮助家长树立正确的育儿观，教给家长良好的亲子互动技巧，让家长与孩子的互动如鱼得水、游刃有余，成为最辛苦，可能也最轻松的成功父母！

4）萱萱促销管理

做好开业宣传。“好的开始意味着成功的一半”适当而强有力的开业宣传很重要，争取在一登场时就让消费者关注你、喜欢你。根据社会资源和资金实力考虑：①选择电（视）台、报纸等媒体以新闻等多角度软性新闻综合方式宣传；②派发详细的宣传单页，详细介绍经营理念、培训课程、活动项目、经营范围、优势魅力；③硬性招生宣传，针对喜欢浏览广告版寻找新培训机构的妈妈们；④和少年宫其他培训班的联谊活动，扩大共同消费群体的互动。

5.5 项目风险管理

杨总知道项目是一次性活动，具有很多不确定性，必然会有很多风险，需要考虑应对方法。研究认为萱萱情商乐园项目的主要风险有市场风险、管理风险、安全风险等。

1）市场风险

主要是经营方式和经营理念是否满足市场中目标消费群体需要，是否有足够的孩子及家长认可萱萱情商教育，是经营效果的关键。应对措施主要是完善培训课程、提升服务品质，提高宣传力度。

2）管理风险

项目团队管理应高效、有凝聚力。一流的团队是一流项目的保证。应对措施：一是，抓好关键人物——乐园园长，她不仅是儿童情商培训课程的核心，也是项目团队高效运行的主要因素。二是，加强培训学习，使员工能够快乐地胜任工作；三是，合理有效的沟通，把关怀做到实处。

3）安全风险

儿童情商乐园项目，儿童是服务的主体，一定要首先保证乐园中孩子的人身安全，杜绝任何安全隐患。孩子们游戏、活动、教具和设施等要确保安全，培训现场有至少两名培训师，随时关注孩子情况，避免意外发生，造成不良后果。适当时候也可进行相关保险。

6. 尾声

列车在快速奔驰，北京已临近。杨总想到已完成初稿的萱萱儿童情商乐园项目策划案，露出满意的微笑。他心想下次他可以告诉远在国外的女儿萱萱，中国的小朋友也有乐园了，中国的小朋友也在快乐健康地成长。孩子是未来，孩子的幸福是家庭的幸福，孩子的全面健康成长也是国家的希望。他仿佛看到孩子们纯真开心的笑脸……

请结合本章项目范围管理内容，分析萱萱儿童情商乐园项目的范围管理，并绘出其 WBS 图。

杨侃等．2013. 项目设计与范围管理．北京：电子工业出版社

哈德罗·科兹纳．2010. 项目管理：计划、进度和控制的系统方法．北京：电子工业出版社

潘东，韩秋泉．2013. IT 项目治理成长手记．北京：机械工业出版社

第 5 章　项目时间管理

知识目标

1. 了解项目进度管理的过程
2. 了解各个过程的依据、工具和方法
3. 重点掌握项目时间管理各个过程的工具，如节点法、箭线图、甘特图、关键路径法等

能力目标

1. 熟练绘制甘特图、网络图
2. 熟练掌握网络时间参数的计算方法

关键词　活动定义　活动排序　活动持续时间　关键路径法　计划评审技术　网络计划技术　网络时间参数　甘特图　项目网络图　项目进度计划　项目进度控制

进度目标使得景观美化与众不同

彼得·罗伯茨已经在美国东南部经营一家成功的景观美化公司达八年。随着他的公司不断发展，彼得注意到主要的景观美化工作超出预定日期的可能性日渐明显。根据经验他意识到，他在答应顾客的时限内完成工作是可能的，但由于他的员工越来越多且多个项目并行，他能够花在每个施工现场的时间越来越少。

在上过项目管理课程后，彼得决定在每个工作现场尝试贴一张如图 5-1 所示的简单的水平横道图。

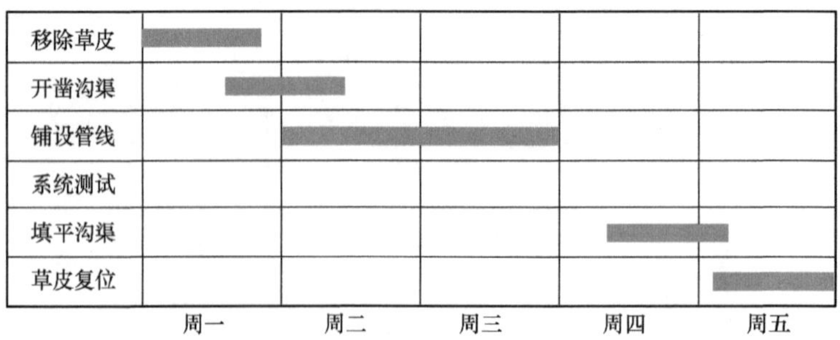

图 5-1　花园浇灌系统的甘特图

此外，彼得在项目的开始和中间阶段，与每一个工长一起审查进度。随着时间的推进，他和工长及团队成员一同参与进度决策。这些做法带来了神奇的结果，在短短的数周内，项目开始按期进行，之后始终如此。

资料来源：卡伦 B. 布朗，南希·莉·海尔著 . 2012. 项目管理：基于团队的方法 . 王守清，亓霞等译 . 北京：机械工业出版社 .

在项目管理中，时间是最重要的约束条件之一。如果项目不能在合同工期内完成，就要受到相应的惩罚，而且时间问题还会影响项目的范围、成本和质量等方面。如果时间管理不好，其他问题也就不可能管好。项目时间管理，是指在项目的进行过程中，为了确保项目在规定的时间内实现项目的目标，对项目活动进度及日程安排所进行管理的过程。对项目开展时间管理就是要在规定的时间内，制定出合理、经济的进度计划，然后在该计划的执行过程中，检查实际进度是否与进度计划相一致，若出现偏差，便要及时找出原因，采取必要的补救措施。如有必要，还需要调整原进度计划，从而保证项目按时完成。具体来说，项目时间管理的过程如图 5-2 所示。

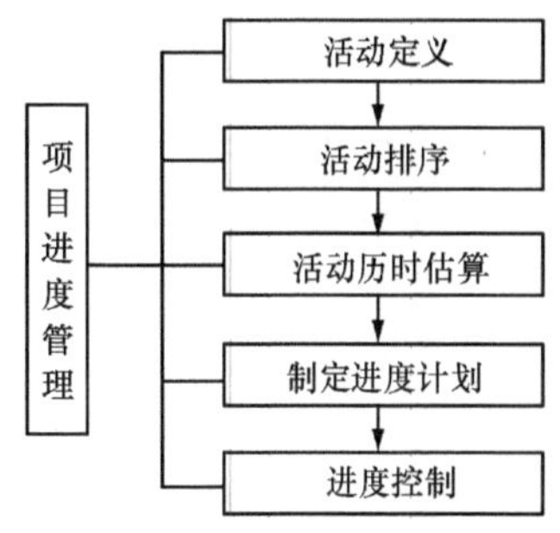

图 5-2　项目时间管理的过程

5.1　项目活动定义

5.1.1　项目活动定义的概念

项目活动定义是确定为完成项目可交付成果所必须进行的诸项具体活动，它把项目的组成要素细分为可管理的更小部分，以便更好地管理和控制。活动定义是一个过程，它涉及确认和描述一些特定的活动，完成了这些活动意味着完成了 WBS 结构中的项目细目和子细目。通过活动定义这一过程可使项目目标体现出来。在定义项目活动时，包含在项目范围陈述中的项目的必要性和项目目标必须加以考虑，要考虑历史的资料（以往类似的项目包含哪些活动），要考虑假设因素的真实性、确定性，假设通常包含一定的风险，假设是对风险确认的结果。

成功的项目活动定义最终必须要能够保证项目目标的实现，所以项目活动定义要从项目目标出发，通过项目专家、项目问题领域的专业人士经过共同详细调查、系统分析，并参照类似项目的历史资料才能顺利实现。

项目活动定义常用的方法有以下几种。

1. 头脑风暴法

对于一些规模较小的简单项目，通过召集项目团队成员、项目干系人及专家一起，围绕项目的主要目标，广开言路、集思广益，产生项目活动清单。

2. 工作结构分解法

利用工作分解结构技术，以项目初始的工作分解结构为基础，将原来相对粗略的项目工作分解结构（WBS）向下进行层层分解，直至将项目工作分解到具体活动为止。这种方法可以将项目工作按照一定的层次进行分解，以便能对这些项目活动进行更好的管理，还有助于找出完成项目所需的所有活动，确保满足用户需求的工作范围。

3. 项目活动界定的平台法

项目活动界定的平台法又称原型法，它是使用一个已完成的类似项目的活动清单，或该项目中活动清单中的一部分，作为新项目活动界定的原型或平台，通过在这个平台上增减项目活动，定义出新项目的各项活动的一种方法。

以上三种项目活动定义的方法各有利弊，分别适用于不同的情况。头脑风暴法简便、快捷，但其效果的好坏主要取决于专家们的经验，且在大型、复杂项目中采用此方法极易出现疏漏。工作结构分解法强调项目的“自上而下”逐层分解，注重项目的整体性和全局性，但其活动分解过程繁琐复杂、周期长、代价高。项目活动界定的平台法也具有简明快捷的优点。例如，对于一种网络通信软件的开发项目而言，可以使用以前所完成的类似软件开发的活动清单作为平台，然后根据这一新项目的各种要求、限制条件和假设前提去增减一些活动，从而获得一份新的项目活动清单，但要找到一个与新项目完全类似的历史项目非常不容易，这就使新项目活动界定受原型或平台的限制而漏掉或增加一些项目活动。

5.1.2 活动清单

通过项目活动定义可以得到项目活动清单。项目活动清单作为工作分解结构的补充，确保了项目所要进行的所有活动，并且排除了超过项目范围的活动。同时，活动清单对每个活动进行了简要的说明，从而保证了项目团队能够全面、正确地理解项目要进行的所有活动。对于一个较小的项目而言，可能会把活动界定到每一个人身上；但对一个较大的、复杂的项目来说，如果运用 WBS 技术对工作进行分解，项目经理就可以把活动界定到工作任务的负责人或责任小组。

以前，项目活动清单或部分清单经常作为一个新项目的清单模板。模板里的活动也可以包含资源技术及所需的工作量、风险、预期可交付成果以及其他描述信息的清单。

5.2 项目活动排序

5.2.1 活动排序的概念

活动排序也称为工作排序，主要是识别项目活动之间的关联和依存关系，并据此对项目的先后顺序进行安排，形成相应的文档。依存关系的确定应首先分析活动之间本身存在的逻辑关系，在此逻辑关系确定的基础上再加以充分分析，以确定各活动之间的组织关系。

5.2.2 活动间的逻辑关系

1. 项目活动间的逻辑关系

项目活动间的逻辑关系主要有以下几个方面：

（1）强制性依存关系。强制性依存关系也称为“硬逻辑关系”，是指所从事活动性质中固有的依存关系，它们往往涉及一些实际的限制。例如，对于一个建设工程项目来说，在基础工程完成之前就不能进行上层建筑的施工；医用电子仪器开发项目，必须先制作一个原型机，然后才能进行试验。

（2）可以自由处理的依存关系。可以自由处理的依存关系是指由项目团队根据具体情况所确定的依存关系。由于这类关系可能会限制以后各活动的顺序安排，所以在使用时宜谨慎。可自由处理的依存关系一般分为两种。

一种是按已知的“最好做法”来安排的关系。按这种关系，只要不影响项目的总进度，活动之间的先后顺序可按习惯或项目团队喜欢的方式安排。这类关系叫做“软逻辑关系”。

另一种是为照顾活动的某些特殊性而对活动顺序做出安排。其顺序即使不存在实际制约关系也要强制安排。这类关系叫做“优先逻辑关系”。

（3）外部依存关系。外部依存关系是指涉及项目活动和非项目活动之间的依存关系。大多数依存关系限于项目内部两个活动之间。然而有些依存关系则涉及本项目之外的联系。例如，软件项目的测试活动可能取决于外部供方交付的硬件设施是否到位。

2. 逻辑关系的具体类型

项目网络计划中，活动之间的上述逻辑关系可表现为以下四种类型。

1）完成-开始（FS）

后一活动的开始要等到前一活动的完成。例如，一个建筑工程项目，只有在建筑物的基础施工完成后，才能进行主体施工；在进行财会电算化培训时，只有在财务软件安装后，才能进行用户培训工作。在项目活动中，“完成-开始”是最常见的逻辑关系类型。

2）完成-完成（FF）

后一活动的完成要等到前一活动的完成。例如，工程项目的质量控制工作不能在生产完成之前完成，尽管这两项工作有可能在同一时间进行；在进行厨房装修时，热水器输水管的安装必须在厨房粉刷完毕之前结束，否则，还得打洞弄坏墙壁。

3）开始-开始（SS）

后一活动的开始要等到前一活动的开始。例如，一台电脑开机后，随着 Office 系统的启动，会同时引发许多任务；对于项目管理活动，时间管理活动开始时，费用管理必须开始，至少要同时开始。

4）开始-完成（SF）

后一活动的完成要等到前一活动的开始。这种关系的建立只是完全数学意义上的，现实生活中这种关系较少使用，仅被编制进度计划的工程师象征性地采用。

5.3 项目活动所需时间估算

5.3.1 项目活动所需时间估算的概念

活动时间估算指预计完成各活动所需时间长短，在项目团队中熟悉该活动特性的个人和小组可对活动所需时间作出估算，这项估算通常是逐步细化与完善的。

估算完成某活动所需时间长短要考虑该活动“持续”所需时间。例如，混凝土养护需要 4 天时间，即需要 2～4 个工作日，到底是几天取决于（A）活动的开始日期是星期几？(B) 周末是否算工作日？

绝大多数的计算机排序软件会自动处理这类问题。整个项目所需时间也是运用这些工具和方法加以估算的，它是作为制订项目进度计划的一个结果。

项目总是处在一个变化的环境中，环境因素的变化总是随时影响着项目的进展，因此活动时间也是一个随机变量，即使经验丰富的项目管理专家事先也无法确定项目实际进行所需的时间，而只能对项目活动时间做近似的估计。而估算的任务要尽可能地接近实际，以便项目的正常实施。同时在项目计划和实施阶段也要随着时间的推移和经验的丰富而不断进行估算更新，以便随时掌握项目的进度和以后的工作所需的时间，避免项目失去控制。值得注意的是，无论采用何种估算方法，实际所花费的时间和事先估算的结果总会有所不同。有一系列因素会对项目实际完成时间产生影响，其中主要因素如下。

1）参与人员的熟练程度

在进行活动时间估算时，一般是以典型的工人或工作人员的熟练程度为基础进行的。在实际工作中，参与人员的熟练程度可能高于平均水平，也可能低于平均水平。这就使得活动进行的实际时间可能会比计划时间长，也可能比计划时间短。

2）突发事件的影响

在项目实际进行中，总是会遇到一些意想不到的突发事件影响项目的进行，在长期的项目中更是如此。大到地震、洪水、泥石流，小到工作人员生病，这些突发事件均会对项目活动的实际需要时间产生影响。当然，要在计划和估算阶段考虑所有可能的突发事件是不可能的，也是不必要的。但在项目实际进行时，需要对这些突发事件有心理准备，在突发事件发生时，可对项目活动进行相应的调整。

3）工作能力和效率

项目时间的估算是基于项目团队成员的平均工作能力；但在项目实际进行时，由于项目团队成员知识素质、技能水平的差异，有些成员的工作能力会高于平均水平，有些成员的工作能力会低于平均水平。因此，在工作中，项目团队成员的工作能力或效率，由于主观或客观上的原因很难保持稳定，项目活动持续时间的估算结果在实际执行时就会出现偏差。

4）项目计划的调整

由于多种因素的影响，计划总是赶不上变化。尽管在制定项目计划时尽可能地做到完善，但在计划的执行过程中，总是要随着项目环境的变化做一些必要的、局部的调整，计划调整是需要时间的。而执行调整后的计划，其时间显然与最初估计的时间是不尽相同的。

5.3.2　活动所需时间的估算方法

1. 项目活动所需时间的估算方法

1）经验类比法

对于一个有经验的工作人员来说，当前进行估算的活动可能和以往所参加过的项目中的某些活动较为相似，借助这些经验可以得到一种具有现实根据的估计。当然，经历过完全相同的活动在现实中比较少见，往往还需要附加一些推测，但无论如何这提供了一种可能接受的估算。

2）文献资料法

在很多文献资料中有相关行业的大量信息，这些信息可以作为一种估算的基础，其中不仅包括报纸、杂志、学术刊物等正式出版物，也包括各种各样非正式的印刷品。往往更为重要的是，正规成熟的公司企业一般均有（也应该有）关于以往所完成的项目的资料记载，从中也可以获得真实有效的信息。

3）专家意见法

当项目涉及新技术的采用或者某种不熟悉的业务时，工作人员往往不具有做出较好估算所需要的专业技能和知识，这时就需要借助相应专家给出的意见和判断，最好是得到多个专家意见，在此基础上采用一定方法来获得更为可信的估计结果。

4）德尔菲法

在专家意见难以获得时，德尔菲法（Delphi Method）是一种有效的替代估计方法，由项目执行组织召集某一领域的一些专家，如来自组织外部的专业团体、咨询公司、行业组织专家教授，或组织内部的工程、技术、营销、财务等职能部门的专业人员，就项目某一主题，如项目的解决方案、执行项目的步骤与方法等，在互不见面、互不讨论的情况下，背靠背地分别提出自己的判断或意见。集中利用一个群体的知识来获得一种估计。

德尔菲法的过程是：首先对项目和要估算的活动进行简要介绍，而后让群体中的每个人给出他所能得到的最好估计，其结果（第一轮）以列表和直方图反馈给该群体。在此基础上，给出的估计与平均值相差大的人各自讲述自己的理由，然后每个人进行下一次推测，得到新的结果（第二轮）。再次让人们讨论后进行新的估计（第三轮）。在第三轮结果的基础上进行最后的调整，得到的平均值就是德尔菲法估算的结果。当然如果不满意，还可以继续下去。一般来说，通过这种估计和反馈过程，人们的估计会越来越接近，意见更为统一，在项目管理过程中，凡是需要收集不同的意见、产生不同的想法，并希望就这些意见和想法达成共识的场合，都可以采用这种方法。

2. 项目活动时间估算

项目活动时间估算，是指对已确定的项目活动的可能完成时间进行估算的工作。对一个项目总时间的估算，需要分别估算项目中所包含的每一种活动所需要的时间，然后根据活动的先后顺序来估算完成项目所需要的时间，但项目的总时间并非所有活动时间的简单加总，完成一项活动所需的时间，除了取决于活动本身所包含的任务难度和数量外，还受到其他许多外部因素的影响，如项目的假设前提和约束条件、项目资源等。具体来说，项目活动时间估算有两种方法：单一时间估算法和三种时间估算法。

1）单一时间估算法

这种方法对项目活动所需时间的最终估算只取决于一个值。如果项目活动比较简单，其工作量和单位时间投入的资源量比较明确，项目活动进行中干扰因素较少时，由此估算出的项目活动时间是比较准确的，它可以作为编制项目进度计划的依据。

同时，如果使用单一时间估算法，则对这一个值的估计就必须尽可能的准确，要综合参考各种对活动所需时间估算有帮助的资料，通过统计分析和专家会商来确定。例如，通常参考以下信息：

（1）同类或类似项目的有关经验数据。

（2）有关定额资料，如

每日完成量＝定额工作量×每天投入工时

工序时间＝工序的实物工程量÷每日完成量

（3）有关承包和分包合同规定的时间。

（4）对于极少数应用新技术、新工艺的工序，在既无经验可循又无定额可查时，由监理、设计和施工人员研究协商确定。

2）三种时间估算法

这种方法对一项活动分别估算出最乐观、最可能、最悲观三个历时时间，然后赋予每一个时间一个权重，最后通过计算得出活动的期望完成时间。计划评审技术（Program/Project Evaluation and Review Technique，PERT）就是采用这种估算法。这三个时间值分别如下：

（1）最乐观估计时间 a，在最顺利条件下，完成该活动所需要的最短时间，即完成该活动最短的估计时间。通常要求在估计时要排除可能出现的所谓好运气，应考虑在正常情况下、没有遇到任何困难时需要的时间。

（2）最可能估计时间 m，在正常情况下，完成该活动所需要的时间，即完成该活动最大可能时间。也就是说，假设该活动在同样的条件下重复多次，完成时间中出现得最多的时间。

（3）最悲观估计时间 b，在最不利条件下，完成该活动所需要的时间，或称最保守的估计时间。通常认为，这一时间包括项目开始阶段由于配合不好造成的进度拖延的时间以及其他原因所浪费的时间，但不包括非常事故造成的停工时间。

项目活动时间是一个受诸多因素影响的随机变量，用这三个时间就可以粗略地描述活动持续时间的分布，那么项目活动（工序）的期望完成时间可由以下经验公式求得：

$$T_E = \frac{a + 4m + b}{6}$$

例如，某一活动在正常情况下的活动时间是 30 天，在最有利情况下活动时间是 18 天，在最不利情况下其活动时间是 36 天，那么，该活动最可能完成时间由下式给出：

$$T_E = (30 + 4 \times 18 + 36)/6 = 23 \text{ 天}$$

项目活动（工序）完成时间的方差：

$$\sigma^2 = \left(\frac{b-a}{6}\right)^2$$

均方差的计算公式为

$$\sigma = \left(\frac{b-a}{6}\right)$$

式中的 σ 值越大，活动时间的离散程度越大，期望值 T_E 的可靠性就越小，反之，σ 值越小，则 T_E 的可靠性就越大。

华罗庚教授曾对这两个公式的由来做了以下说明：项目各项活动实际进展情况表明，项目活动进行时出现最顺利和最不利的情况都比较少，更多的项目活动是在最可能完成时间内完成，活动时间的分布近似服从于正态分布。依据项目活动的平均所需时间，可以编制项目进度计划，并可以根据概率统计理论，进一步计算出这一项目进度计划可能性的大小。

三种时间估算法和德尔菲法相结合可以得到另一种方法，被称为宽带德尔菲技术。其主要思路是德尔菲法中参与项目活动时间估算的群体需要进行估计的是三种时间：乐观时间、悲观时间和正常时间。在最后一轮后，对结果进行调整，去掉其中的极端估计，得到三种估计的均值分别作为以上所述的 a、b、m。然后得到最终的估算结果 T_E。

项目的时间估算在项目管理中起着重要的作用，在此基础上可以进行工作计划的制订与控制，并给各种活动分配相应的资源（人力和物力），而项目成本是和项目完成所需要的时间紧密相关的。只有比较准确地估算出项目的时间结构，才能对项目各方面的工作有比较全面的了解，实现有效的项目管理。

在中国的新项目进度计划

D. D. williamson 的路易斯维尔和肯德基制定的研究开发项目（R&D）进度计划，是一个中国顾客要求他们开发的一种不同于已有产品时两家公司制定的项目进度计划。当 D. D. williamson 决定承担此项任务后，制定了整个项目的进度计划，并且同本公司的干系人及中国顾客公司进行了沟通，协商了项目进度计划。

第一周：从顾客方收到产品的要求，但这个要求比我们现在所有的产品都要复杂。我们的销售经理将产品要求发给了主管销售的副总裁和研发部门。很快，副总裁就给出了对应成本的可能价格，并且认为产品在可接受范围内具有“可销售性”。

第二周：研发部门做了原型测试。通过两种尝试，生产出了满足顾客要求的一种产品。另外尝试了快速重复的检测。将产品原型交付顾客以及我们的中国工厂以便进行比较。

第三周：编制的详细说明和相关介绍写在“红纸”上交给中国顾客。中国方面非常期待这份“红纸”的到来，这样他们就能在一星期内安排生产计划。

第四周：最初的产品非常成功——通过了中国和路易斯维尔的严格测试。

第五周：顾客下订单，第一批货物运出。产品为中国工商创造了巨大的利润！成功！

讨论题

本案例成功的关键因素是什么？

资料来源：蒂莫西 J. 克罗彭伯格 . 2010. 现代项目管理 . 戚安邦译 . 北京：机械工业出版社 .

5.4 项目进度计划的编制

项目进度计划的编制是指明确项目活动的开始与完成时间。它是在项目分解结构、项目活动时间估算工作的基础上，根据项目各项活动完成的先后顺序要求和组织方式等条件，通过分析计算，将项目完成时间、各项活动的先后顺序等要素用图表形式表示出来，这些图表即项目进度计划。

进度计划编制是根据项目活动定义、项目活动排序、项目活动所需时间的估算和项目活动资源要求的假定等信息进行分析，来编制项目的进度计划，包括定义项目活动的开始和结束日期（若开始和结束日期是不现实的，项目不可能按计划完成），以及具体的实施方案和措施。进度编制、时间估算、成本估算等过程交织在一起，这些过程反复多次，最后才能确定项目进度。

5.4.1 进度计划中的时间参数及相关术语

1. 进度计划中的时间参数

在制定项目进度计划之前，首先需要了解有关的时间参数。一般来说，项目进度计划的时间参数往往可能包括项目每一活动的计划与实际的开始日期、完成日期和活动时间（历时）。更通俗地讲，我们可能要记录每一活动在不影响项目完工时间的情况下，其开始时间是否可以推迟或延迟。这个延迟时间又称为时差。

1）活动时间（历时）

活动历时是完成项目所需的时间或持续时间。人们常常把一个活动的历时看作是一个不变的数字。对于有些活动来说，其历时取决一些外部因素，是项目组织所控制不了的。而对于其他一些活动，其历时则取决于进行该活动的人数。现在不妨假设它们是固定的。因此，每个工作开始之前，每个活动都有一个估算的历时，而在某个活动开始之后且在完成之前，可以估算该活动剩余所需的时间（剩余历时）。剩余历时应该等于该活动的计划历时减去该活动已经消耗的时间，或者可以根据目前承担该工作所获得的信息来重新估算剩余历时，一旦工作已经完成，可以记录实际历时。记录实际数字是很有用的，因为比较计划和实际数字可以指明一些趋势，这在项目控制过程中很有效。

2）项目预计开始时间和结束时间

在签订项目合同时，一般都要规定项目预计的开始时间和结束时间，这两个时间或日期实际上规定了必须完成项目的时间周期，也就是规定了完成项目的时间限制。

项目要求完工的时间是项目时间、成本和质量三个基本目标之一。这对客户很重要，直接关系到客户的经济效益或获得满足的程度，一般情况下，都要在合同中注明。

3）最早开始时间和最早结束时间

最早开始时间（Earliest Start Time，ES），是指某项活动能够开始的最早时间。最早结束时间（Earliest Finish Time，EF）是某项活动能够完成的最早时间，它是在最早开始时间的基础上加上这项活动的估算时间得出来的，即

$$EF=ES+\text{活动的时间估计}$$

在整个项目的活动中，一个活动的最早开始时间可能依赖于其他活动的结束时间，这是由项目活动的时间顺序决定的。

如果前一项活动任务没有完成，后一项活动显然无法开始。因此，某项活动的最早开始时间取决于前一项活动的最早结束时间，它必须晚于前一项活动的最早结束时间。

为了保证项目如期完成，必须规定每项活动最迟不得晚于某一时间结束，这就是下面我们要介绍的最迟结束时间。

4）最迟开始时间和最迟结束时间

最迟开始时间（Latest Start Time，LS）是指为了使项目在要求完工时间内完成，某项活动必须开始的最迟时间。最迟结束时间（Latest Finish Time，LF）是指为了使项目在要求完工的时间内完成，某项活动必须完成的最迟时间。最迟开始时间可以用该项活动的最迟结束时间减去它的活动时间估算出来，即

$$LS=LF-\text{活动时间估计}$$

由于项目活动的关联性，一个活动的开始时间、结束时间决定着下一个活动的开始时间、结束时间，而该活动的时间又是由上一个活动时间决定的。

5）时差

如果最迟开始时间与最早开始时间不同，那么该活动的开始时间就可以浮动，称之为时差（float of slack）。同理，如果最迟结束时间与最早结束时间不同，用这两个公式所计算出来的时差是相等的。用公式表示为

$$\text{时差}=\text{最迟开始时间（LS）}-\text{最早开始时间（ES）}$$

或

$$\text{时差}=\text{最迟结束时间（LF）}-\text{最早结束时间（EF）}$$

时差为零的活动是关键活动，这些关键活动历时决定了项目的总工期。如果项目的计划安排得很紧，要使项目的总工期最短，就要有一系列时差为零的关键活动。这个系列的关键活动构成关键路线。具有很大时差的活动叫做松弛活动或称为非关键活

动，在进行优化时，可以通过非关键活动填补由关键路线造成的资源需求缺口来平衡资源。时差很小的活动叫做准关键活动，这些活动应该得到如同类似关键活动一样的重视。

6）计划、基线和计划安排时间

这些时间是在最早和最迟时间之间的，选择用以完成工作的时间。这些时间就是计划日期。然而，项目开始时计划的日期可能又与当前计划的日期不同。在项目时间管理中，记录最初的计划日期是非常重要的，因为这是控制时间的一个尺度。这个最初的尺度就是项目计划的基线日期，当前的计划就是计划安排日期。

7）其他计划时间

在一个完整的项目进度计划系统中，与每个活动相关的日期和实际日期可多达15个。安排项目进度计划的过程就是给这些日期和时间赋值。第一步是估算历时，第二步是赋予该活动开始和结束时间。这一过程通常是这样完成的：先计算最早开始时间和最迟结束时间，然后再考虑诸如资源平衡等其他因素之后，将基线时间取在两者之间。有时将结束时间取在最迟结束时间之后是很必要的，不过，这将使项目延迟。如果逻辑正确，计划的开始时间将不会在最早开始时间之前。

与活动相关的计划时间有：

最早开始时间	历时	最早结束时间
最迟开始时间	时差	最迟结束时间
基线开始时间	基线时差	基线结束时间
计划开始时间	剩余时间	计划结束时间
实际开始时间	剩余历时	实际结束时间

2. 项目进度计划中的基本术语

活动——项目要求的一些任务或任务组。活动使用资源和时间。

事件——由于完成一个或多个活动而形成的可识别的状态。事件不消耗资源或时间。在一个事件完成或实现前，所有前导活动必须完成。

里程碑——可以识别并值得注意的事件，标志着项目上的重大进展。

网络——用有方向的曲线（可以表示活动或只表示技术上的依赖关系）连接的节点（可以表示活动或事件）图，定义项目并显示所有活动的技术关系。网络通常在左边画一个“开始”节点，在右边画一个“结束”节点。曲线通常用箭头显示前导活动的方向，即从前导活动到后续活动。

路径——在网络中的两个事件之间一系列相连接的活动（或中间的事件）。

关键路径——在某条路径上从项目开始事件到结束事件的一组活动。如果延误了，则会延误项目完成的日期。

关键时间——完成关键路径上所有活动所需的时间。

5.4.2 项目进度计划的形式与种类

常见的进度计划方法有以下几种。

1. 里程碑法

里程碑计划是以项目中某些重要事件的完成或开始时间点作为基准所形成的计划，是一个战略计划或项目框架，以中间产品或可实现的结果为依据。它显示了项目为达到最终目标而必须经过的条件或状态序列，描述了项目在每一阶段应达到的状态，而不是如何达到。

里程碑计划是最简单的一种进度计划，仅表示主要可交付成果的计划开始和完成时间及关键的外部界面，如图 5-3 所示。

事件	一月	二月	三月	四月	五月	六月	七月	八月
A			△					
B				△				
C					△			
D						△		
E							△	
F								△

图 5-3　里程碑图

里程碑计划的编制应根据项目特点，按项目可交付成果清单进行。

2. 甘特图法

甘特图（Gantt Chart），也叫横道图或条形图，早在 20 世纪初期就开始应用和流行，主要应用于项目计划和项目进度的安排。今天它仍然被广泛应用于项目管理中。

甘特图是一个二维平面图，横维表示进度或活动时间，纵维表示工作包内容。甘特图简单明了、容易制作，如图 5-4 所示。图中的横道线显示了每项活动的开始时间（Start Date，SD）和结束时间（Finish Date，FD）。横道线的长度等于活动的工期（Task Duration，TD）。甘特图顶部的时间段决定着项目计划粗略的程度。根据项目计划的需要，可以以小时、天、周、月或年来作为度量项目进度的时间单位。如果一个项目需要一年以上的时间才能完成，可能选择周甘特图或月甘特图更为适合一些；如果一个项目需要一个月左右的时间就能完成，用日甘特图将更有助于实际的项目管理。

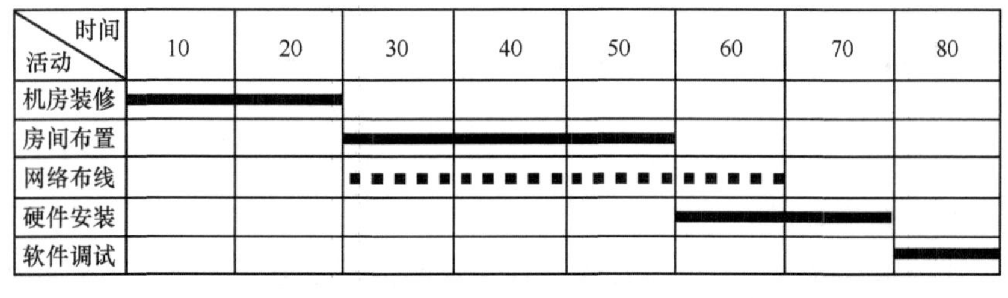

图 5-4　简单甘特图

传统的甘特图的一个主要缺点是它不能显示项目中各活动之间的逻辑关系，如果一项活动不能如期完成，哪些活动将要受到它的影响无法清楚地显示在图中。因此在绘制甘特图时，必须清楚各项活动之间的关系，即哪些活动在其他活动开始之前必须完成，哪些活动可以同时进行。此外，在复杂的项目中，单独的一个甘特图并不能为项目团队成员之间的沟通和协调提供足够的信息。因此，甘特图多用于小型的项目中，在现代项目管理中它更多的是和网络图结合在一起使用。

网络计划中，在不影响工期的前提下，某些工作的开始和完成时间并不是唯一的，往往有一定的机动使用时间，即时差。这种时差在传统的甘特图中并未表达，而在改进后的甘特图中可以表达出来，图 5-5 是一种改进后带有时差的甘特图。

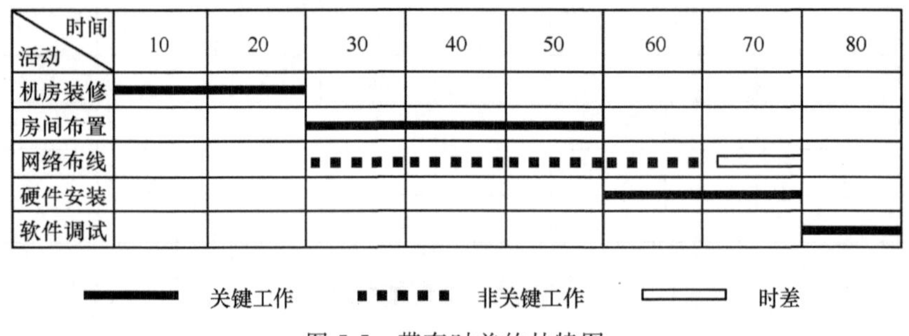

图 5-5 带有时差的甘特图

甘特图把项目计划和项目进度安排两种职能组合在一起。所以，在绘制甘特图时，必须能表示各项工作之间的关系。但在传统的甘特图中并不能做到这一点。例如，如果有一项工作不能如期完成，将会有哪些工作受到影响，传统的甘特图是不能表达的。而在改进后的具有逻辑关系甘特图中，就可以显示这些工作之间逻辑关系。图 5-6 是带有逻辑关系的甘特图。

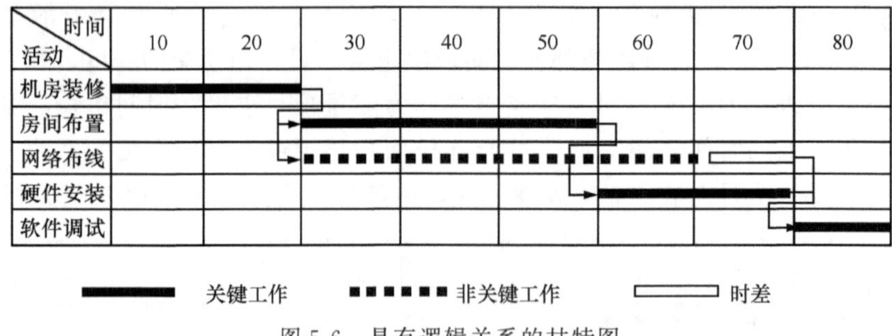

图 5-6 具有逻辑关系的甘特图

3. 网络计划技术

网络计划技术是指用于工程项目的计划与控制的一项管理技术。依其起源有关键路径法（Critical Path Method，CPM）与计划评审技术（Program Evaluation and Review Technique，PERT）之分，是 20 世纪 50 年代后期几乎同时出现的两种计划方法。随着科学技术和生产的迅速发展，出现了许多庞大而复杂的科研和工程项目，它们工序繁多，协作面广，常常需要动用大量人力、物力和财力。因此，如何合理而有效地把它们组织起来，使之相互协调，在有限资源下以最短的时间和最低费用最好地完成整个项目，就成为一个突出的问题。CPM 和 PERT 就是在这种背景下出现的。这两种计划方法是分别独立发展起来的，但其基本原理一致，即用网络图来表达项目中各项目活动的进度和它们之间的相互关系，并在此基础上进行网络分析，计算网络中各项时间参数，确定关键活动与关键路线，利用时差不断地调整与优化网络，以求得最短工期。然后，还可将成本与资源问题考虑进去，以求得综合优化的项目计划方案。

在 CPM 和 PERT 之后又出现了一些新的网络计划技术，如图表评审技术（Graphic Evaluation and Review Technique，GERT）、优先日程图示法（Precedence Diagramming Method，PPM）和风险评审技术（Venture Evaluation Review Technique，VERT）等。因为这些方法都是通过网络图和相应的计算来反映整个项目的全貌，所以都称为网络计划技术。最常用的网络计划方法就是 CPM 和 PERT。随着网络计划技术的发展、成熟，它不仅广泛地应用在项目计划的制订中，而且成为项目进度控制和资源合理配置的有力工具。

采用以上几种不同的进度计划方法，其本身所需的时间和费用是不同的，里程碑法编制时间最短，费用则最低。甘特图所需时间要长些，费用也高一些。CPM 要把每个活动都加以分析，如果活动数目较多，还需用计算机求出总日期和关键路线，因此花费的时间和费用将更多。PERT 可以说是制定项目进度计划方法中最复杂的一种，所以花费的时间和费用也最多。鉴于这两种方法的差别，CPM 主要应用于以往在类似工程中已取得一定经验的承包工程，PERT 更多地应用于研究与开发项目。

至于应采用哪种进度计划方法，可主要考虑下列 6 种因素。

（1）项目的规模大小。很显然，小项目应采用简单的进度计划方法，大项目为保证按期按质达到项目目标，就需要考虑采用较复杂的进度计划方法。

（2）项目的复杂程度。应该注意到，项目的规模不一定总是与项目的复杂程度成正比。例如，修建一条公路，规模虽不小，但并不太复杂，可以用较简单的进度计划方法。而研制一个医疗电子仪器，就有很复杂的步骤，需要用到很多专业知识，可能就需要较复杂的进度计划方法。

（3）项目的时间性。在项目急需进行的阶段，特别是在开始阶段，需要对各项工作发布指示，以便尽早开始工作。此时，如用很长时间去编制进度计划，就会延误时间。

（4）对项目细节掌握的程度。如果在开始阶段项目的细节无法掌握，CPM 和 PERT 就无法应用。

（5）项目总进度是否由一两项关键活动所决定。如果项目进行过程中有一两项活动需要花费很长时间，而这期间又把其他准备工作都安排好了，那么对其他工作就不必编制详细复杂的进度计划。

（6）有无相应的技术力量和设备。例如，没有计算机，CPM 和 PERT 进度计划方法就难以应用；而如果没有受过良好训练的合格的技术人员，也无法胜任用复杂的方法编制进度计划的工作。

此外，根据情况不同，还需要考虑客户的要求，以及能够用在进度计划上的预算等因素。在大多数项目中，时间管理是一个软约束，项目晚几天只会减少收益，不会使项目完全失败。只有少数项目具有严格的时间期限。需要指出的是，通常大多数项目完成的时间都要与完成费用协调权衡。到底采用哪一种方法来编制进度计划，要综合考虑以上各因素。

5.4.3 网络计划的编制

网络计划技术是组织和安排项目活动的一种有效方法。项目网络图显示了项目的路径、开始时间和结束时间，有的还注明了项目活动的负责人，这对于那些不熟悉项目的人，比如项目团队的新成员、新项目管理者，只要稍研究项目网络图，就能很快掌握项目计划的整体状况和目前的进展情况。对于工作活动数目不超过 30 个的简单项目来说，可能只需列出一张工作活动清单，依照清单上的次序一个一个做下去就可能把项目完成得很好。但是对于一个有成百上千个工作活动、需要许多人共同来完成的大型复杂项目，列一张工作清单来实施项目显然是无济于事，项目成员需要在同一时间内实施不同的工作活动，许多工作活动需要交叉或同时实施，这种相互交叉的关系不可能在一张工作清单中显示出来。

1. 网络计划技术的工作阶段

应用网络计划技术与项目进度计划，主要包括以下三个阶段：

(1) 计划阶段。将整个项目分解成若干活动，确定各项活动所需的时间、人力和物力，明确各项活动的先后逻辑关系，列出活动或作业表，建立整个项目的网络图以表示各项活动之间的相互关系。网络图可以分为总图（粗略图）、分图、局部图（详细图）等几种，视需要而定。

(2) 进度安排阶段。这一阶段的目的是编制一张表明每项活动开始和完成时间的进度表，进度表上应明确为了保证整个项目按时完成而必须重点管理的关键活动。对于非关键活动，应提出其时差（富裕时间），以便在资源限定的条件下进行资源的处理分配和平衡。为有效利用资源，可适当调整一些活动的开始和完成日期。

(3) 控制阶段。应用网络图和时间进度表，定期对实际进展情况做出报告和分析，必要时可修改和更新网络图，决定新的措施和行动方案。

2. 节点式网络图

绘制网络图时，可以使用两种不同的形式，即节点式网络和箭线式网络。节点式为国际通用形式。节点式网络（Activity On the Node，AON），又称为单代号网络，每项工作活动由一个节点框表示，也可将有关该活动的描绘都写在框中。这种网络支持多种逻辑关系，故已成为通用的方式。图 5-7（a）为简单的节点式网络，图 5-7（b）和图 5-7（c）为详细信息的节点式网络。

图 5-7（b）中，左下角用数字表示活动的顺序，即在时间上的优先或并列关系；右下角用数字表示该活动的工期估计。在框的下半部分中间是该活动的负责人或具体执行者。注意，在每一个节点活动中，只能有一个活动顺序和一个工期估计，可由项

目管理软件生成。

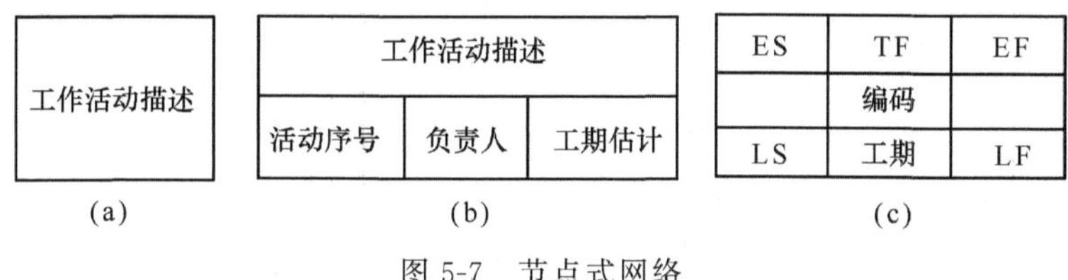

图 5-7　节点式网络

图 5-8 为简单的节点式网络图。

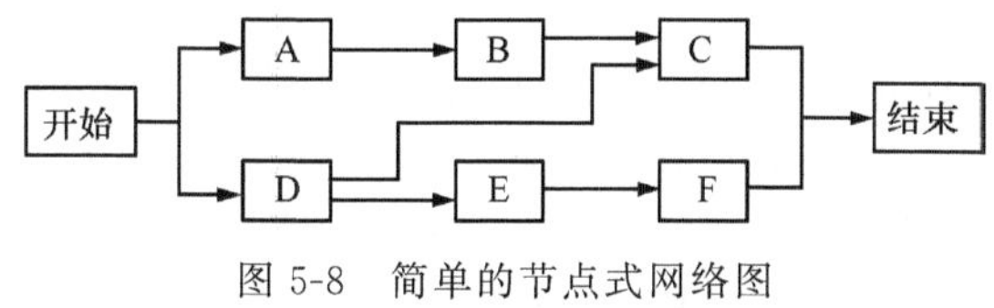

图 5-8　简单的节点式网络图

图 5-8 中，A 与 B 之间的关系为完成—开始型，A 与 D 之间的关系类型为开始—开始型，C 与 F 之间的关系为完成—完成型。

3. 制定网络计划的步骤

网络计划图都有一个起点事项和一个终点事项，如果要绘制网络图，所要做的全部工作就是把相应的活动填在其间。绘制任何一个项目的网络图都有下列五个基本步骤，掌握它就可以绘制网络图了。

步骤一：借助工作任务清单或工作分解结构图（WBS）列出活动清单。

在网络图中，每一项工作任务都应只有一个活动序号。WBS 中的每一项工作任务或工作活动都在网络计划图中描绘出来。

步骤二：界定各项工作活动之间的关系。

为了界定网络计划图中各项工作活动之间的因果关系和优先关系，对于每项工作活动，首先要明确如下问题：

(1) 哪些工作需要安排在此项工作活动之前？也就是说，在启动此项工作活动前，其他哪些工作活动必须完成？

(2) 哪些工作需要安排在此项工作活动之后？或者说，在此项工作活动结束之前哪些工作活动不能开始？

(3) 哪些工作活动可以和此项工作活动同时发生？或者更简单地说，哪些工作活动可以和此项工作活动在同一段时间内执行？

应当把这些工作活动之间的优先关系、依赖关系清楚地列在一张纸上。

步骤三：界定工作任务。

工作任务是一系列相关的具体工作活动的概括，是具体工作活动的工作包。执行工作任务并不需另费时日，当工作包中所有工作活动都完成时，工作任务即已完成。在 WBS 中，高一级结构（或上层结构）都可以被视为工作任务。同样工作任务之间也存在着优先关系和因果关系，单纯绘制一张工作任务网络图会使你在项目管理中更能抓住工作重点；当然也可以把工作任务和工作活动结合起来绘制出一张完整的项目网络计划图。即根据管理的需要，可以随时绘制出 WBS 中任一结构层次的网络计划图。

步骤四：绘制网络计划图。

一些有经验的项目管理者在绘制网络计划图时，总是喜欢从终点事项开始向前绘制，许多人认为界定紧前事件比紧后事件更为容易。但是这会引起很多争论，因为在实际中，项目的工作活动总是从前向后依次进行的。这也许只是个人的偏好而已，两种方法最后所得的结果都是一样的——制定出一份完整的、可行的项目计划图。

为了使编制的网络图规范、正确并具有通用性，就必须遵循必要的绘图规则，主要规则如下。

(1) 必须正确表达项目各工作之间的逻辑关系。要做到正确表达，首先在绘制网络图之前，应正确确定工作之间的逻辑关系；其次要正确绘制，箭线和活动要一一对应，每项活动在网络图上必须用，也只能用一条箭线表示。

(2) 网络图是单向的，不允许出现循环回路。所谓循环回路，是指从某一节点出发，顺着箭线方向又回到了该节点。出现这种状况可能是逻辑分析错误，也可能是绘图错误。总之，循环回路所表示的逻辑关系是错误的，在工作顺序上是相互矛盾的。

(3) 两个事件之间只能有一条箭线存在。对于并置关系（多个同时开始而且同时结束的平行活动）可引用虚箭线。

(4) 箭线只能始于一个节点，终止于另一个节点，而不能直接从箭线中间引出其他箭线。

(5) 每个网络图只能有一个起点事项和一个终点事项。不允许出现没有先行事项或没有后续事项的中间事项。如果在实际工作中发生这种情况，应将没有先行事项的阶段用虚箭线同网络始点事项连接起来，将没有后续事项的节点用虚箭线同终点事项连接起来。

步骤五：检查项目网络计划图的逻辑结构。

对于一个网络计划图，必要的逻辑检查是少不了的。只有通过调整工作活动之间的优先关系、因果关系才能绘制出一份最佳的网络图，即使是一位经验丰富的项目经理或管理者，也会在这一过程中花费许多时间。为了理顺项目的逻辑结构，对于每一项工作活动及工作活动之间的每一种关系（表现在网络图中就是工作活动之间的连接），你需要明确回答以下问题。

(1) 工作活动之间的因果关系适当吗？

(2) 是否界定了所有的优先关系？

(3) 是否存在人为的优先关系？或者，是否存在本可以同时发生的工作活动而被不适当地安排为因果关系？

(4) 所有的工作活动都是必要的吗？

当然，每个项目的网络计划图通常并非独一无二，有经验的管理者经常调整网络计划，直到满意为止。把 WBS 和网络计划图结合起来，这更有助于项目管理工作。有时，当人们开始界定工作活动之间的关系准备绘制网络图时，才发现原来的 WBS 图中竟然遗漏了某些工作。同样，把网络计划图和 WBS 对照起来，有时也会发现还存在一些不必要的活动。

【例 5-1】某市医院门诊大楼维修项目施工计划如表 5-1 所示，绘制出它的网络图如图 5-9。图中的圆圈表示节点，如节点 1、节点 2、……、节点 6。节点 1 为始节点表示整个项目的开始，节点 6 为终节点，表示整个项目的完工。每条箭线的头尾两个节点分别表示该工序的开始和结束。

表 5-1　门诊大楼维修项目施工计划

工序名称	符号	工作时间(月)	紧前工序
框架	a	2	—
屋面	b	1	a
外墙	c	3	a
门窗	d	2.5	c
卫生管道	e	1.5	c
电气	f	2	b、d
内部装修	g	4	e、f
外部油漆	h	3	b、d

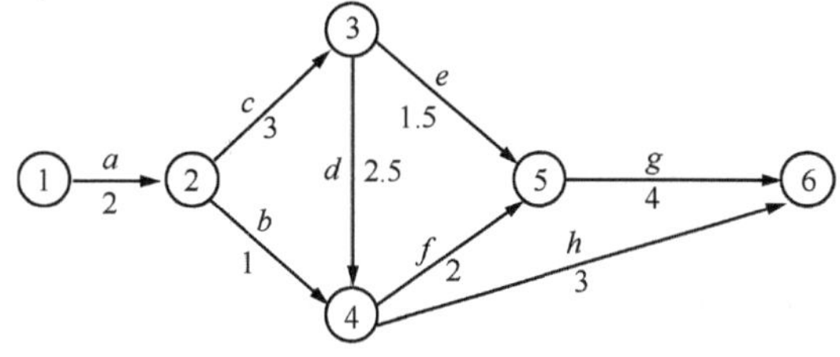

图 5-9　门诊大楼维修项目网络图

4. 关键路径

关键路径法（Critical Path Method，CPM）是由杜邦公司研究出来的。它采用决定性的（确定的）估算，包括时间和成本估算，以便用于在此时间/成本之间进行权衡。

任何项目都有三个基本目标：时间、成本、技术性能。在项目竣工之前，如何估算完成某一项目的时间，项目网络计划技术中的关键路径法可以帮助进行项目的工期估算。

如果把每项工作活动的时间估计加总起来，就可以得到完成某个项目的总工期，但要注意这种加总并非简单的算术和，因为项目的工作活动并非单纯的优先关系，项目工作有并行进行的、有交叉进行的。在准确估计了每项工作活动的工期之后，就可以为网络计划标上时间参数并估算项目的总工期了。对于一个只有优先关系的网络计划，非常简单就可以算出总工期；但是对于一个复杂的含有大量并行关系的网络图，则必须首先确定网络计划的关键路径。

在大型网络中，从项目开始到项目完成有许多条路径，其中那条最长或耗时最多的路径就是关键路径，只有这条最长路径上的工作活动完成之后，项目才算结束。这就像从成都到上海，有许多条路可以走。假定一组人以同样的速度沿不同的道路从成都同时出发，只有在最后一个人达到上海时，这组人才能团聚，显然最后一个达到的人耗时最多，所走的路径也最长，这条路径在网络图中就叫关键路径。如果要计算此次行程的总时间，显然最后一个到达的人所用的时间就是总时间；同理，项目的总工期就是关键路径上的总工期。

因此，对一个项目确定关键路径的主要目的就是为了找出项目的总工期。关键路径就是项目网络中由一系列工作活动构成的工期最长的那条路径，该路径上的工作称为关键工作。任何一项关键工作活动不能按时完成，所有处于其后的工作活动都要往后拖延，整个项目工期就会向后拖延。处于非关键路径上的工作活动就具有较大的灵活性，在该路径紧后事件开始之前，可以随意安排这条路径上的工作活动时间。把关键路径上所有工作活动的工期加起来，就可以得到项目总工期，这是因为关键路径上的工作活动只有一种优先关系。

确定关键路径并不困难，网络图上时间参数的计算在节点数不太多时，可采用两种方法：图上计算法和表上计算法。图上计算法就是在网络图上直接进行计算，并把计算的结果标在图上。表上计算法，又称表格法，就是先制定一个表格，把各项活动的有关资料如节点编号、作业时间等填入表内，然后在表上计算参数。

借助于计算机项目管理软件，网络图计算可自动完成，关键路径也可以自动标出。如果要手工计算，可采用如下步骤：

（1）完成网络图的绘制，或把所有工作活动以及工期估计列在一张工作表上。

（2）计算每项工作活动的最早开始时间（ES）。一项工作活动的最早开始时间意味着其所有紧前活动都以最早结束时间完成。当某项工作前面有若干项工作时，该工作的最早开始时间等于前面各项工作最早结束时间的最大值。

（3）计算每项工作活动的最早结束时间（EF）。最早开始时间加上工期估计就是一项工作活动的最早结束时间，计算公式为

$$\text{EF}=\text{ES}+\text{工期估计}$$

（4）计算每项工作的最迟结束时间（LF）。最迟结束时间意味着在不改变项目完成期的情况下，某项工作可以最迟完成的时间。一般是从右往左进行计算。

（5）计算每项工作活动的最迟开始时间（LS）。最迟开始时间就是在不影响项目工期的情况下，一项工作活动可以最迟开始的时间。换句话说，如果一项活动到了这个时间还未完成，就会延误项目的工期。当某项工作后面有若干项工作时，该工作的最迟开始时间等于前面各项工作最迟结束时间的最小值减去工作的活动时间，计算公式为

$$\text{LS}=\text{LF}-\text{活动工期}$$

（6）计算每项工作活动的时差。时差是指在不影响整个计划完工期限的条件下，一项工作活动可以推迟开工或推迟结束的最大机动时间。时差可以通过该项工序的最迟结束时间减去最早开始时间，再减去作业时间求得，计算公式为

$$\text{时差（F）}=\text{最迟结束时间（LF）}-\text{最早开始时间（ES）}-\text{工期（D）}$$

（7）关键路径的确定。工作总时差的作用在于，根据它确定关键工作和找出关键路径。所谓关键工作，就是工作总时差为零的工作，也就是其开始时间或结束时间没有任何机动余地的工作。而关键路径是指从项目开始到结束占用时间最长的路径。在关键路径上，各项工作的总时差均为零；反之也成立，即由工作总时差为零的工作连接成的从始点到终点的路径，就是关键路径。由关键工作和关键路径的定义，我们可以得出以下要点：①项目的总工期是由关键路径的工作总时间决定的。②由于关键路径上各项工作的总时差均为零，所以其中任何工作如果不能按期完成，就会使整个项目的计划完工期推迟相同的时间。③如果要缩短项目的计划完工期限，应当设法缩短某个或某些关键工作的作业时间，而缩短非关键路径上的作业时间，对计划完工期限是没有影响的。④某个项目网络计划的关键路径可能不止一条。

综上所述，总时差的变化，对网络图总工期的影响是很明显的。对项目进行时间管理，必须把重点工作放在关键作业上，保证关键作业上的人、财、物等资源的供应，严格控制作业时间，才能有效保证项目按期完成。

5. 网络参数计算实例

【例 5-2】以例 5-1 为例，计算网络时间参数，并根据关键路径确定项目总工期。

1）作图法

（1）利用正推计算确定活动的最早完工时间。在制订计划过程中，计划者首先希望获得的信息是完成整个项目需要多长时间。利用在网络图上作标记计算的方法，可以快捷准确地获得项目总工期的信息。具体方法是，首先从网络图的起点入手，然后顺着时间节点编号升序方向，计算每个时间节点前面的活动全部完成的最早时间，并记录在相应的时间节点△内。以例 5-1 为例，时间节点①为项目的起点，在△内记入 0；时间节点②之前只有一项活动框架维修，需时 2 个月，故在此阶段处的△内记入 2，表示时间节点②前的所有工作，到第二天时可以完成；以此类推，时间节点③处△内的时间是 5 个月；时间节点④处△内的时间是 7.5 个月；时间节点⑤处△内时间是 9.5 个月；时间节点⑥处△内时间是 13.5 个月。从而得出整个门诊大楼维修需要 13.5 个月才能完成的结论。这里需要特别说明的是，在时间节点④前面的活动分别是屋面维修和门窗维修两项活动，它们分别可以在 3 个月和 7.5 个月完成，因为△内标注的时间是该节点前面所有工作均完成的时间，故只能填入 7.5 个月；依此类推，时间节点⑤和时间节点⑥只能分别填入 9.5 个月和 13.5 个月。上述计算如图 5-10 所示。

（2）利用逆推计算确定门诊大楼维修活动的最迟开工时间。在获得最短的总工期信息后，计划者往往希望进一步了解有多大把握在最短时间内完成项目，并希望知道项目中哪些活动一旦拖延，将导致整个项目完工时间的延误，以便抓住项目控制的关键。解决上述问题，可以采用在网络图上作逆推标记的方法。在图 5-10 中，整个维修活动最快需要 13.5 个月完成，由于内部装修至少要 4 个月时间，为了保证门诊大楼维修工程在 13.5 个月完成，则必须提前 4 个月时间，即最迟在 9.5 个月必须开始进行内部装修。于是，在相应的时间节点⑤处的□内标注 9.5。同理，外部油漆的工作最迟在 7.5 个月时必须开始进行，在相应的时间节点④处的□内标注 7.5。依此类推，确定出以确保 13.5 个月做完全部工作为前提时，时间节点③②①的后续工作最迟必须于何时

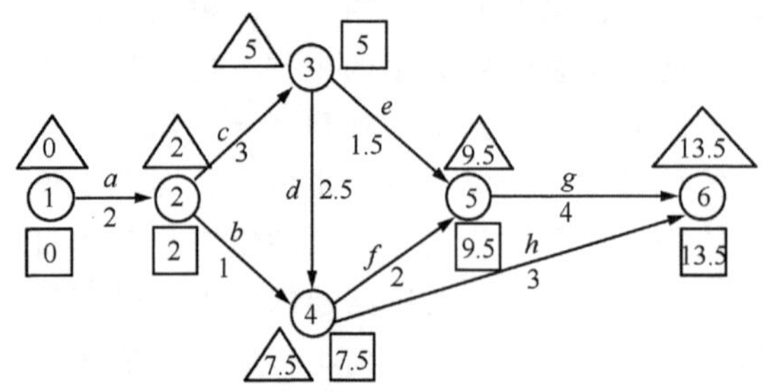

图 5-10 门诊大楼维修项目网络图图解法计算

开工，并将其数字记录在相应的□内。

(3) 确定关键工作与关键线路。通过前两个阶段的工作，获得了各时间节点的最早完工时间与最迟开工时间，这两种时间被分别记录于符号△和符号□内。观察两种时间的关系，不难发现后者等于或大于前者。当一个时间节点的最早完工时间等于最迟开工时间时，意味着该时间节点的紧前工作完成后，必须马上开始后续工作，否则将导致整个项目工期的延误。同样，如果一项工作在开始时间节点处和结束时间节点处的最早完工时间与最迟开工时间均相等，意味着该工作必须按期完成，否则也会影响到整个项目的总工期。由于这些工作不能延误，被称为关键工作，由关键工作串接而成的线路被称为关键线路。从图 5-10 中可以看出，时间节点①②③④⑤⑥处的最早完工时间与最迟开工时间相等，升序依次串接上述时间节点的工作分别是维修框架、外墙、门窗、电气和内部装修五项活动，此五项活动为关键工作，它们串接而成的线路是关键线路。

2) 表格计算法

除采用上述作图法可求出关键线路外，还可用表格计算法解决问题。与作图法相比，表格计算法不如作图法直观易懂，但由于有比较固定的计算程序，有助于提高计算速度。下面分步介绍表格计算法的计算程序。

第一步，构建计算表格，计算表格的格式如表 5-2 所示。

表 5-2 表格法计算示例

作业名称	节点编号 $i-j$	作业工期 $t(i, j)$	最早开工 $t_{ES}(i, j)$	最早完工 $t_{EF}(i, j)$	最迟开工 $t_{LS}(i, j)$	最迟完工 $t_{LF}(i, j)$	总时差 $S_t(i, j)$	关键作业 cp
框架	1—2	2	0	2	0	2	0	★
屋面	2—4	1	2	3	6.5	7.5	1	
外墙	2—3	3	2	5	2	5	0	★
门窗	3—4	2.5	5	7.5	5	7.5	0	★
卫生管道	3—5	1.5	5	6.5	8	9.5	1.5	
电气	4—5	2	7.5	9.5	7.5	9.5	0	★
内部装修	5—6	4	9.5	13.5	9.5	13.5	0	★
外部油漆	4—6	3	7.5	10.5	10.5	13.5	3	

第二步，加工网络图的全部信息，通过依次填入各作业名称、作业开始节点编号、作业结束节点编号以及作业时间的方式，存储到计算表格中。所谓依次填入，就是要求所有的作业，先按节点由小到大顺序排列，在两个作业的开始节点相同时，选择结束时间节点较小的优先填入。

第三步，进行正推计算。正推计算从表格的最上端开始，计算出每项作业的最早开始时间 t_{ES} 与最早结束时间 t_{EF}，具体计算公式为

$$t_{ES}(i,\ j)=Max\{t_{EF}(-,\ i)\}$$

$$t_{EF}(i,\ j)=t_{ES}(i,\ j)+t(i,\ j)$$

式中，$t_{ES}(i,\ j)$——开始与结束节点分别为 i，j 的作业的最早开始时间；

t_{EF}（i，j）——开始与结束节点分别为 i，j 的作业的最早结束时间；

t（i，j）——开始与结束节点分别为 i，j 的作业的持续时间；

Max｛t_{EF}（－，i）｝——结束节点为 i 的各作业中最早结束时间的最大值。

依照上述公式依次计算，可以得出最后一个活动即内部装修的最早结束时间是 13.5 个月，与作图法的计算结果一致。

第四步，进行逆推计算。逆推计算是在假定项目必须按照正推计算出的最短总工期完工的条件下，计算出各作业的最迟开工时间与完工时间。计算从表格的最下端开始，先将项目中最后作业的最迟结束时间人为地限定为第三步计算出来的总工期。然后，依次计算出每项作业的最迟结束时间 t_{LF} 与最迟开始时间 t_{LS}，具体计算公式为

$$t_{LF}(i,\ j)=\mathrm{Min}\{t_{LS}(j,\ -)\}$$

$$t_{LS}(i,\ j)=t_{LF}(i,\ j)-t(i,\ j)$$

式中，t_{LS}（i，j）——开始与结束节点分别为 i，j 的作业的最迟开始时间；

T_{LF}（i，j）——开始与结束节点分别为 i，j 的作业的最迟结束时间；

t（i，j）——开始与结束节点分别为 i，j 的作业的持续时间；

Min｛t_{LS}（j，－）｝——开始节点为 j 的各作业中的最迟开始时间的最小值。

第五步，计算各作业的总时差 S_t。在获得各作业的最早开始时间与结束时间以及最迟开始时间与结束时间后，需要通过比较的方式计算出总时差，计算公式为

$$\begin{aligned}S_t(i,\ j)&=t_{LS}(i,\ j)-t_{ES}(i,\ j)\\&=t_{LF}(i,\ j)-t_{EF}(i,\ j)\end{aligned}$$

式中，S_t（i，j）——开始节点为 i，结束节点为 j 的作业的总时差；其余符号意义同前。

第六步，确定关键作业与关键线路，作业的总时差为零的作业为关键作业，表格算法的最后一个工作，便是在表格上将关键作业用★标注出来，至此，关键线路一目了然。

布朗克初克建筑公司的项目进度计划

乔已经在布朗克初克建筑公司（Blanque Cheque Construction，BCC）的行政岗位上工作了五年。三个月前，他得知他将被调到公司项目管理小组。乔对

这次工作调配非常高兴，因为他知道从事项目管理工作是进入 BCC 高层领导的典型职业之路，每个人都希望通过对项目的成功管理来展示自己的能力。

乔刚刚和他的上司吉尔开了个会，吉尔让他负责一个建筑项目的管理任务。该项目包括修建一片小型商业区，商业区的所有者希望建成一条商业街。商业街建成后，消费者可以直接从一个市郊的大学校园穿过街道，方便地进入这条商业街。考虑到商业区的规模和建筑成本，修建一个包括四片等面积的商铺是非常经济的。商业区的所有者还明确指出包括开发基地在内的项目管理都是 BCC 的职责。

乔坐在他的办公室里，设法制定一个合理的项目计划，包括安排一些重要的项目活动。对这个问题，他希望主要考虑概要活动层，也就是说，他并不想根据修建该商业区的复杂步骤而把计划弄的特别明细。

讨论题：

1. 绘制一个项目网络，该网络包括为完成该项目需要进行的至少 20 个步骤。正如案例中提到的，首先考虑概要活动层，而非细节层，但要确保能反映这些活动之间的逻辑关系。

2. 假设现在你打算计算这些活动的历时，你将如何用下列方法？是否有一些方法比其他方法更有用？

A. 专家建议　　B. 过去的历史信息　　C. 数学推导

3. 乔正试图决定选择一种更有效的方式来进行进度的制定，在选择方法时，乔首先要考虑的是什么？

资料来源：杰弗里 K. 2010. 宾图．项目管理．鲁耀斌，赵玲译．北京：机械工业出版社．

5.5 项目进度的控制

编制项目进度计划的目的，是为了指导项目的实施，以保证实现项目的工期目标。但在实际的项目计划实施过程中，由于环境因素和主观条件的不断变化，进度计划也要随之改变。单凭一个最优的进度计划祈求一劳永逸是不现实的。因此，在项目进行过程中，必须不断监控项目的进程以确保每项工作都能按照计划进度进行；同时，还要随时掌握计划的实施状况，并将实际情况与计划进行对比分析，必要时采取有效的对策，使项目按照预定的进度目标进行，以避免工期的拖延。这一过程就是进度控制，如图 5-11 所示。

5.5.1 进度控制的内容

进度控制的主要内容如下。

(1) 对造成进度变化的因素施加影响，改变某些因素使进度朝有利方向改变，在变化不可避免时，一定要取得项目有关各方的一致认可。

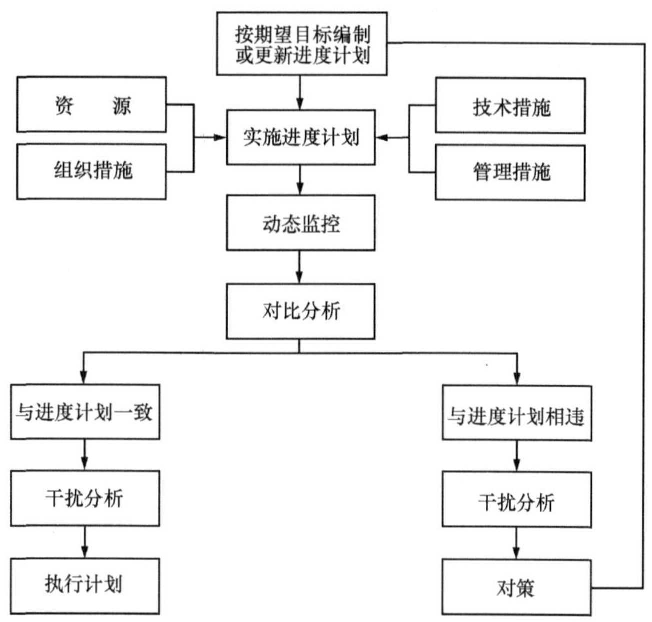

图 5-11　项目进度控制过程

(2) 测量实际进度，将其与项目进度计划比较，查明实际进度是否偏离了计划。

(3) 当实际进度偏离计划时，实施管理。进度监控必须与其控制过程紧密配合。

5.5.2　进度控制的原理

项目进度控制的原理可以归纳为以下几点。

1. 动态控制原理

项目的进度控制是随着项目的进行而不断进行的，是一个动态过程，也是一个循环进行的过程。从项目开始，实际进度就进入了运行的轨迹，也就是计划进入了执行的轨迹。实际进度按计划进行时，实际符合计划，计划的实现就有保证；实际进度与计划进度不一致时，就产生了偏差，若不采取措施加以处理，工期目标就不能实现。所以，当产生偏差时，就应分析偏差的原因，采取措施，调整计划，使实际与计划在新的起点上重合，并尽量使项目按调整后的计划继续进行。但在新的因素干扰下，又有可能产生新的偏差，又需继续按上述的方法进行控制。进度控制就是采用这种动态循环的控制方法。

2. 系统原理

进行项目的进度控制，首先应编制项目的各种计划，包括进度计划、资源计划等，计划的对象由大到小，计划的内容从粗到细，形成了一个项目的计划系统；项目涉及各个相关主体、各类不同人员，这就需要建立组织体系，形成一个完整的项目实施组织系统；为了保证项目的进度，自上而下都应设有专门的职能部门或人员负责项目的检查、统计、分析、调整等工作。当然，不同的人员负有不同的进度控制责任，分工协作，形成一个纵横相连的项目进度控制系统。所以，无论是控制对象，还是控制主体；无论是进度计划，还是控制活动都是一个完整的系统。进度控制实际上就是用系统的理论和方法解决系统问题。

3. 封闭循环原理

进度控制的全过程是一种循环性的例行活动。这个过程实际上是一个 PDCA 动态循环过程，即制定进度计划（Plan）—实施（Do）—检查（Check）—纠偏（Action）。进度控制过程如图 5-12 所示。

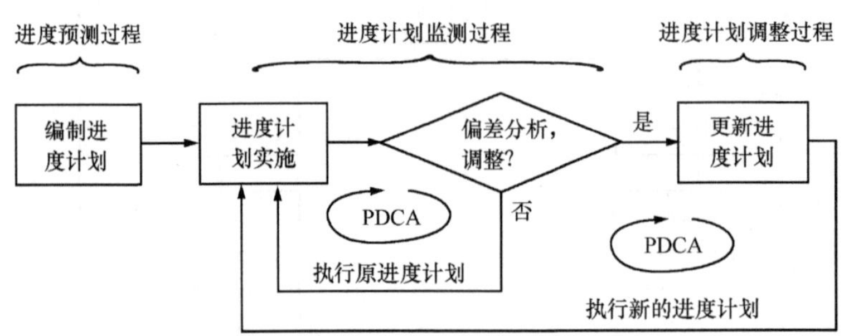

图 5-12 进度控制的动态循环过程

4. 信息原理

信息是项目进度控制的依据。项目进度计划的信息从上到下传递到项目实施相关人员，以使计划得以贯彻落实；而项目实施进度信息则自下而上反馈到各有关部门和人员，以供分析并作出决策、调整，以使进度计划仍能符合预定工期目标。这就需要建立信息系统，以便不断地进行信息的传递和反馈。所以，项目进度控制的过程也是一个信息的传递和反馈的过程。

5. 弹性原理

项目一般工期长且影响因素多。这就要求计划编制人员能根据统计经验估计各种因素的影响程度和出现的可能性，并在确定进度目标时进行目标的风险分析，使进度计划留有余地，即使得计划具有一定的弹性。在进行项目进度控制时，可以利用这些弹性，缩短工作的持续时间，或改变工作之间的搭接关系，以使项目能最终实现项目的工期目标。

6. 网络计划技术原理

网络计划技术不仅可用于编制进度计划，而且可以用于进度计划的优化、管理和控制。网络计划技术是一种科学、有效的进度管理方法，是项目进度控制，特别是复杂项目进度控制的完整的计划管理和分析计算的理论基础。

5.5.3 进度控制的方法

1. 测量项目的实际进度

要想知道项目的实际进度是否符合原定计划，首先要测量并记录。

（1）测量实际进度。包括三个过程：①了解项目各项活动的实际持续时间。②了解各项活动的实际开始和结束时间。③了解哪些活动已经完成，哪些尚未完成。

（2）记录实际进度。将上述了解到的情况和数据记录在项目进度计划之中，如横道图、网络图、活动清单等之上，记录的方式多种多样。

2. 进度偏差分析

在测量和记录之后，就要将实际进度同计划进度进行比较。该比较方法叫做进度偏差分析。当项目实际进度与计划进度产生偏差时，可按下列步骤对偏差的影响程度进行分析，对是否需要调整进度计划做出决策。

（1）分析产生进度偏差的原因。通过对项目的实际进度与计划进度的对比，如果产生了进度偏差，则首先要分析产生偏差的原因。一般包括主观原因和客观原因两类。以工程项目为例，产生项目进度偏差的主观原因通常包括项目业主造成的、承包商造成的、监理工程师造成的等。而客观原因主要是指不可抗力等原因造成的进度偏差。分析产生进度偏差的原因主要是为了明确造成进度偏差的责任，处理索赔。

（2）分析偏差对后续工作及总工期的影响。当实际进度与计划进度出现偏差时，在做必要的调整之前，需要分析由此产生的影响。其对后续工作及总工期的影响分为如下三种情况：

①$\Delta \leqslant FF$ 对后续工作和总工期没有影响；

②$FF < \Delta \leqslant TF$ 对后续工作有影响，但不影响总工期；

③$\Delta > TF$ 对后续工作和总工期均有影响。

式中，Δ——进度偏差

FF——自由时差

TF——总时差

如果没有产生进度偏差或第一种情况，将回到监测系统继续对项目进度实施监测。后两种情况会对后续工作或项目工期目标产生影响，将进入进度调整系统，也可能产生工期索赔或费用索赔。

3. 进度控制措施

对实际进度进行测量和比较，是为了判断项目各活动的进度偏差是否需要采取行动加以纠正。一般而言，非关键活动即使延误很多，一般也不会对项目完成时间造成大的影响，而关键活动或接近关键路线的活动出现较大的延误则应马上采取行动。

实际进度出现偏差时，就要修改或重新估计活动的持续时间，修改活动顺序或研究替代进度计划。

随着项目的进展，要随时根据测量和比较的结果和其他原因修改进度计划。在修改进度计划的同时，还应修改同项目进度管理有关的其他资料和文件，必要时，还要将修改通知利益相关者。当实际进度偏离计划进度很大，特别是出现很大的延误时，在修改进度计划之前就应当通知他们。

在进度控制方面常采取的措施是压缩关键活动的持续时间，或叫赶进度，即为保证项目活动按时完成或尽可能少延误而采取的特别行动。例如，重新分配人力和其他资源、激励承包商、改变活动顺序以及快速跟进等。快速跟进就是让某些关键活动在其紧前活动尚未结束时就开始，是一种平行作业。个别情况，是由于资金不到位，或配套项目无法按时完成而要求项目进度延缓的。

进度控制必须与整体、范围、费用和合同变更控制等过程紧密配合。例如，为了压缩关键活动持续时间，一般要增加费用。而由于某种原因需要增加新活动时，就会造成范围变更和合同变更。

进度控制的另外一个重要手段就是进度后备。进度后备就是在关键路线上设置一段时差，或称浮动时间，即没有活动的工作时段，这些时段在必要时可用于具体的活动、活动组或整个项目的进度调整。

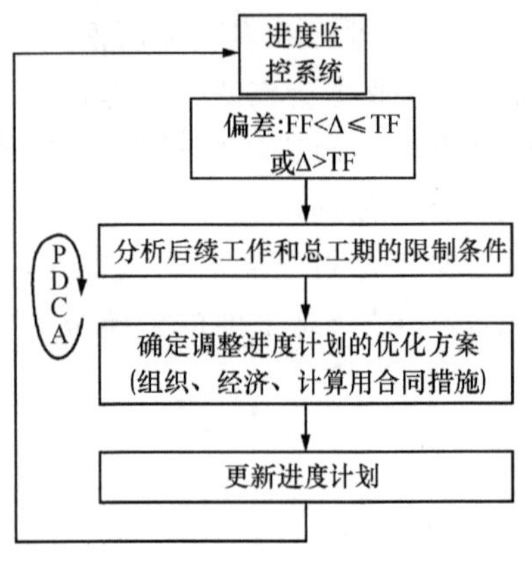

图 5-13　项目进度调整系统

4. 进度计划调整

通过将实际进度与计划进度进行对比，发现偏差并确定需要调整进度计划时，可进入进度调整系统，在对调整进度计划的限制因素进行分析后，做出及时、经济以及可行的调整决策，更新进度计划，并再次进入进度监测系统以保证按更新后的进度计划执行。进度调整系统如图 5-13 所示。

调整进度计划的原因主要有三种：实际进度提前或拖延；增添新活动；删除某些活动。

调整后的进度计划，也要用网络图等图形表示出来。下面介绍前两种情况的调整方法。

(1) 实际进度提前或拖延。关键活动和非关键活动的实际开始、结束和持续时间同计划的偏离对项目完成时间的影响不同，应当区别对待。

如果比较的结果表明某些关键活动延误了，则整个项目的完成时间就要延长。如果不允许延长项目完成时间，就要压缩后续关键活动的持续时间。压缩关键活动时间，就可能改变原来的关键路线，被压缩活动的后续各活动的最早和最迟开始时间以及时差都可能改变，因此后续活动的持续时间也需要修改。

当某些非关键活动实际持续时间延长，并且超过了总时差时，就会影响整个项目的完成时间，就会变成关键活动，网络图中的关键路线也会改变。对于非关键路线上的活动，如果其实际持续时间延长之后并未超过总时差，则不会影响整个项目的完成时间，因此就不必调整进度计划。

由于上述各种原因，需要重新计算修改后的网络图的时间参数。

调整进度计划的方法大体有两种：第一种方法是在原网络计划的基础上，缩短关键路线上后续活动持续时间。当采用第一种方法调整有困难时，则采取第二种方法，即重新安排活动次序，调整力量，重新编制网络计划。

(2) 增添新活动。由于编制网络计划时考虑不周，或因其他原因需要增加某些工作时就需要重新调整网络计划和检查网络编号、计算调整后的各时间参数、关键线路和工期。

项目管理发展到今天，进行进度控制不能不使用项目管理软件。项目管理软件能够查找和比较计划的日期和实际日期，预测（实际的或潜在的）进度变更的后果，因此是进度控制的有力工具。

本章回顾

项目进度管理与项目成本管理、项目质量管理并称为项目管理的“三大管理”。项目进度管理涉及的主要过程包括活动定义、活动排序、活动历时估算、进度计划制定和进度控制。本章较为详尽地阐述了项目进度管理各个过程的依据、采用的工具和方法以及各个过程产生的结果，并且在各个过程中介绍了许多方法，例如节点法、箭线图、甘特图、关键路径法等。

复　习　题

一、判断题

1. 项目的进度计划表明了项目各项活动的先后顺序以及每项活动的历时。（　　）
2. 项目的活动之间只有 FS 一种逻辑关系。（　　）
3. 关键路径就是完成项目时间最短的路径。（　　）
4. 进度控制就是压缩项目的工期，尽量少花时间在项目上。（　　）
5. 浮动时间就是可以随意延长或缩短的时间。（　　）
6. 在节点式网络图中，箭线代表活动。（　　）
7. 在箭线式网络图中，虚活动占用时间和资源。（　　）
8. 项目活动时间估算仅考虑活动所消耗的实际工作时间。（　　）

二、单项选择题

1. 工作的持续时间是指（　　）。
   A. 工作的预期工时　　B. 使用资源时的时间
   C. 一项工作完成时的时间　　D. 一项工作开始时的时间
2. “不进行软件编码，就不可能进行软件测试。”这种观点代表了下列哪种依赖关系？（　　）
   A. 灵活性的组织关系　　B. 软逻辑关系
   C. 先后逻辑关系　　D. 强制性逻辑关系
3. 采用单一时间估算法是（　　）。
   A. 关键路径法　　B. 计划评审技术
   C. 图解评审法　　D. 甘特图
4. 项目进度计划实施的第一步是（　　）。
   A. 贯彻进度计划　　B. 建立组织机构
   C. 加强调度工作　　D. 保证资源的及时供应
5. 项目工期紧张时你会集中精力于（　　）。
   A. 尽可能多的工作　　B. 非关键工作
   C. 加速关键路径上工作的执行　　D. 通过降低成本加速执行

6. 引起项目进度变更的因素不包括（　　）。
A. 项目进度计划不切实际　　B. 资金、材料短缺
C. 项目按详细进度计划实施　　D. 政治、经济外部环境的改变

7. 项目进度控制的过程也是一个信息传递和反馈的过程，这说明了项目进度控制的哪一原理？（　　）
A. 系统原理　　B. 动态控制原理
C. 信息原理　　D. 弹性原理

8. 建立进度控制的组织系统，是属于进度控制所采取的哪项措施？（　　）
A. 技术措施　　B. 组织措施
C. 经济措施　　D. 管理措施

9. 项目进度控制的核心问题是（　　）。
A. 项目进度计划更新　　B. 编制项目进度计划
C. 进行项目进度动态监测　　D. 实施项目进度控制

10. 以下说法不正确的是（　　）。
A. 关键工作提前会对项目工期产生提前的影响
B. 关键工作拖后会对项目工期产生拖后的影响
C. 非关键工作的提前不会造成项目工期的提前
D. 非关键工作的拖后，则必定使总工期拖后

11. 项目管理的三大目标不包括（　　）。
A. 工期　　B. 费用　　C. 范围　　D. 质量

12. 关于关键路径描述不正确的是（　　）。
A. 关键路径的长度就是项目的工期
B. 通过压缩关键路径的方法，压缩项目工期
C. 关键路径的拖后对总工期会产生影响
D. 关键路径的提前会对总工期产生影响

三、多项选择题

1. 项目活动定义常用的方法有（　　）。
A. 头脑风暴法　　B. 工作结构分解法
C. 项目活动平台界定法　　D. 德尔菲法

2. 以下哪几项属于进度计划的编制工作（　　）。
A. 项目活动定义　　B. 活动排序
C. 活动历时估算　　D. 进度计划编制

3. 进度控制所采取的措施主要有（　　）。
A. 组织措施　　B. 技术措施
C. 管理措施　　D. 合同措施

4. 影响项目活动排序的因素有（　　）。
A. 项目间的软、硬逻辑关系　　B. 项目的假设前提和约束条件
C. 项目的内、外部依存关系　　D. 项目的工期、资源、成本等

5. 项目进度计划实施前的准备工作主要有哪些？（　　）
   A. 建立组织机构　　B. 编制进度补充计划
   C. 保证资源的及时供应　　D. 人员培训
6. 为了保证项目能满足进度要求，一般采取的措施有（　　）。
   A. 贯彻进度计划　　B. 加强调度工作
   C. 狠抓关键工作　　D. 加强组织管理工作
7. 项目进度控制的原理包括（　　）。
   A. 信息原理　　B. 弹性原理
   C. 系统原理　　D. 动态控制原理
8. 进行项目进度计划调整的方法有（　　）。
   A. 重新编制计划　　B. 改变某些工作的逻辑关系
   C. 关键工作的调整　　D. 非关键工作的调整
9. 以下哪些因素会引起项目进度的变更？（　　）
   A. 人为因素　　B. 设计变更
   C. 政治、经济因素　　D. 资金、材料因素
10. 项目进度表达的方式有如下几种（　　）。
   A. 甘特图　　B. 日历表
   C. 工作分解结构　　D. 里程碑图
11. 在项目进度计划中，常用的工具是（　　）。
   A. WBS　　B. 计划评审技术
   C. 甘特图　　D. 关键路径法

四、简答题

1. 项目活动定义常用的方法有哪些？
2. 项目进度计划的制订对整个项目进度控制会产生什么样的影响？
3. 举例说明项目的活动与活动之间的四种先后逻辑关系 FS、SS、FF、SF 的含义。
4. 什么是项目的网络图？网络图的表现形式有哪几种？
5. 估计项目活动工期的方法有哪些？
6. 什么是关键路径？

五、计算题

1. 已知某项目的有关资料如表 5-3 所示，时间单位为天。

表 5-3　项目资料

工序	A	B	C	D	E	F	G	H	I
紧前工序	—	—	A	B	B	CD	CD	EF	G
作业时间	5	6	5	6	5	9	8	4	8

要求：

（1）绘制网络图。

（2）计算各工序时间，最早开始时间、最迟开始时间、最早结束时间、最迟结束

时间以及总时差和单时差。

（3）找出关键路线，计算关键路线时间。

2. 根据表 5-4 提供的资料，画出节点图，找出关键路径。

表 5-4 某项目的活动关系表

活动	A	B	C	D	E	F	G
紧前工作	—	A	A	A	BC	CD	EF
紧后工作	BCD	E	EF	F	G	G	—
持续时间	5	8	9	10	7	8	6

六、能力应用题

案例一 某市场部经理一天的工作进度

假设制定一份企业市场开拓方案需要花去某市场部经理 30 个小时的时间，他一天工作 8 小时，那么，这项工作的持续时间是：

30÷8＝3.75≈4（天）

但现实中该项目经理的效率如何呢？以下是其典型一天的工作：

08：30 上班，大家相互寒暄。然后他泡了杯茶，打开电脑，登录电子邮件系统。

08：45 开始浏览电子邮件，其中有许多邮件必须立刻答复，他开始回复这些邮件。

09：15 邮件回复完毕，开始到公司资料员那儿去查阅公司相关的市场资料。20 分钟后终于拿到这些资料。

09：30 开始边思考边起草方案。

10：30 一位下属有些问题向他请教，该问题对于部门的工作很重要，于是他花了半小时的时间与下属讨论。

11：00 继续工作。

12：00 午餐。

13：00 回到办公室。午饭后反应会有些迟钝，于是，他浏览上午的文稿让自己集中注意力。

13：30 继续开始工作。

14：00 电话铃响了，是一个重要客户来的电话。客户告诉他自己的女儿终于考上了大学。于是，他又花了 35 分钟与客户谈他女儿的事。

14：35 重新开始工作。由于工作被打断，他不得不花 5 分钟时间整理思路。接下来的 1 个小时进展顺利。

16：00 参加临时召开的部门经理会议。

17：30 会议结束，是下班的时候了。

从以上的过程可以看出，该经理在 8 小时的工作时间内，真正用的时间只有 3 小时 50 分钟，工作效率只有 3.83÷8＝48%。在这个基础上，预期完成任务所需的时间为：

30÷（8×0.8）＝7.8≈8（天）

资料来源：丁荣贵.2004. 项目管理——项目思维与项目关键. 北京：机械工业出版社.

讨论题

1. 该部门经理应如何制定其进度计划？
2. 如果制定相应的进度计划，它能否按进度完成其任务？
3. 在此项目进度执行过程中，应该采取的动态监控方法是什么？
4. 如果你是该部门的经理，应如何实现项目的进度控制？

案例二　时间就像海绵里的水

我们先来了解一些统计数据：平均每天，美国全国有 170 000 000 个会议；20％的工作时间是“关键性的”、重要的，80％的时间用在了无意义的事情上；人们一般每 8 分钟会受到 1 次打扰，每小时大约 7 次，或者说每天 50～60 次。平均每次打扰大约是 5 分钟，总共每天大约 4 小时，也就是约 50％的打扰是没有意义或者极少有价值的。实际上，你每被打断一次，一般要损失 10 到 15 分钟的时间，所以，如果你在 1 小时内接到 4 个电话，这个小时可能就轻易地全部损失掉了。况且，在电子化办公的今天，我们还要经常处理一些垃圾邮件。

我们经常听到身边的人抱怨自己太忙了。但是实际情况是不是这样呢？我们不妨看一个案例。

某高校大二的学生唐某，准备晚上 7 点开始看书，但由于晚饭吃得太多，想要看电视消遣消遣。他本来只想看一会儿，谁料节目太精彩，只好继续看完，这时已经过了两个小时。9 点的时候，刚想坐下看书，他却又折回来给女朋友打个电话聊天，不知不觉又花了 40 多分钟。这时，他又接了一个电话，花了 20 分钟。当他走到书桌旁时，忽然看到有人打乒乓球，他不禁一时手痒。于是，他又打了一个小时的乒乓球。打完球后，他已经全身是汗，就去冲凉。接着，他又有点疲倦，觉得应该小睡片刻。同时，因为打球和淋浴后，他又感觉到有点饿了，所以还要吃点夜宵。这个原准备用功的晚上马上就过去了，最后在半夜一点钟，唐某才打开书来。但是，这时候他已经看不下去了，只好作罢，蒙头大睡。第二天早上他对教授说：“我渴望你再给我一次补考的机会，我真的非常用功，为了这次考试，我昨天晚上看书看到半夜两点呢！”

我们都希望企业中少一些这样的唐某，否则企业的管理人员大概是会比较烦心的。如果在一个项目核心团队里，有这样几个唐某，那这个项目经理可能会感慨回天乏力了。

时间是挤出来的，这个道理谁都懂。关于时间的名言也举不胜举，但在实际的生活和工作中，认真有效地去管理自己的时间的人，却为数不多，其原因可能跟我们所说的唐某一样。

时间是可以管理的，正如鲁迅先生所说，时间像海绵里的水，只要愿挤，总还是有的。但是，如何才能高效地管理自己的时间？要想做到这一点，必须满足以下前提：

第一，需要积极的心态

第二，要有使命和目标

第三，立即行动

当一个人的情绪比较悲观、消极的时候，我们常常能听到长夜漫漫的描述。著名诗人杜甫的“客睡何曾著，秋天不肯明”就是很好的例子。而爱因斯坦向老太太解释相对论的故事，则从另外一个方面说明了不同的人对时间的不同感受。如果是明日复明日，明日何其多的心态，想管理时间那只能是白日做梦。

在日常生活中，如果是周末，很多人都习惯多睡一会儿，晚上可能也会晚睡一会儿。为什么呢？没有工作安排，没有非做不可的事情，那就放松一下，这就是没有具体目标的体现。而一个多年未归的游子，在回乡的前夕，大概都会难以入眠，那是心里在想着即将发生的种种情况而兴奋不已，是因为心中有了期待。相信大家都能体验那是怎样一种计算分分秒秒的状态。

寒号鸟冻死了，可是从小就学习过寒号鸟的故事的你我，又有多少人还在重复昨天的故事？没有行动，所有美好的愿望都只能是空中楼阁。所有的激励演讲，你大概都能听到立即行动的言辞，从李践、陈安之、林伟贤到安东尼·罗宾，几乎无一例外。

只要我们改变了自己的心态，立即采取行动，并养成良好的习惯，必将让我们受益终生。这也就是我们常说的，思想引发行为，行为渐成习惯，习惯塑造品格，品格决定命运。

有了这些前提条件之后，如果还能再熟悉一些管理时间的技能，则离成功管理就更近了。我们再一起看一个企业案例：

美国有一位企业家查尔斯·史瓦，他在担任伯利恒钢铁公司总裁期间，曾向管理顾问艾伦·莱金请教说：“请你告诉我如何能在工作时间内做妥当更多的事？我将支付给你顾问费。”艾伦·莱金把一张白纸给他并说：“请写下你明天必须做的事，并按其重要性排列先后次序。第二天当你走进办公室，先从最重要的那项工作做起，并持续进行到完成此项工作为止。然后，你再重新检查你的办事次序，着手进行第二项工作，即使着手进行的那项工作花掉你整天的时间，也不用担心，一定要这样坚持下去，养成自己每天做最重要的工作的习惯，而且，还要让你的下属也这样做，并养成习惯。当你觉得这样做效率高的时候，你再付给我报酬。”果然，试行结果效果明显。

几周后这位企业家付给了艾伦·莱金顾问费25000美元。这便是著名的“莱金原则”，即：把时间用到最为重要的事情上去。当然养成一个习惯并不容易，据统计，养成一个新的习惯一般要用30天。

其实所谓的四象限时间管理方法，与前面我们反复说过的内容道理是相通的，说的也是这个道理。首先要处理既紧急又重要的事情，如果我们分不清，生活和工作就会陷入瞎忙乎的恶性循环。

我们知道，博恩崔西是一个优秀的管理者，在企业管理方面有他的独到见解。有一个崔西定律：

(1) 任何工作的困难度与其执行步骤的数目平方成正比：例如完成一件工作有3个执行步骤，则此工作的困难度是9，而完成另一工作有5个执行步骤，则此工作的困难度是25，所以必须要简化工作流程。

(2) 简化工作是所有成功主管的共同特质，工作愈简化，愈不会出问题。

这也许给我们提供了另外一个管理时间的技巧。在项目管理中，我们都知道，对于时间尺度的管理，有两个最常用的方法，一个是关键路径法（critical path method），一个是计划评审技术（performance evaluation and review technique）。而名噪一时的艾利·高德拉特（Eliyahu M. Goldratt）的关键链的方法，我觉得其实是对关键路径的扩充。

很多人可能会熟练使用 Project 或者 P6 来做 PERT 分析，但是，我们需要随时提醒自己，软件只是一种工具，它并不能为你做所有的事，当一个人对项目管理一无所知时，给他一个强大的进度表软件，只会使他精确地记录错误！美国著名项目管理专家詹姆斯·刘易斯（James P. Lewis）给我们提出了这个忠告。

中国有句俗话“万事开头难”。在项目开始的第一个阶段，项目经理往往感觉有些乱，甚至有些茫然不知所措，这都是正常的，但是我们千万不能马虎了事，项目的时间计划一定要认真，否则你在一开始便走向了失败。在几年前，美国对一系列的国防项目进行了专题研究，结果发现在 15%阶段出现困难的 800 个国防项目中，无一能够走出困境，詹姆斯·刘易斯称之为 15%法则。这绝对值得每一个项目经理引起高度的重视。有些人可能对项目中能预知的时间拖延存在侥幸心理：这事应该不会那么久吧，应该不会拖延时间的。墨菲定律告诉我们：

(1) 凡是可能出错的都会出错；

(2) 每次出错的时候，总是在最不可能出错的地方；

(3) 不论您估算多少时间，计划的时间都会超出期限；

(4) 不论您估算多少的开销，计划的花费都会超出预算；

(5) 您做任何事情之前，都必须先做一些准备工作。

还有一条帕金森定律，我们在项目管理中同样需要注意，这条定律说，工作总是要拖到规定的时间才能完成。因此千万别忘了跟踪项目的进展，实时了解项目的进度，在项目执行的过程中去发现和解决问题。否则的话，我们又会掉到另外一个陷阱。著名项目管理专家艾利·高德拉特告诉我们，项目会积累延期，却绝不会积累提前的时间。如果在项目执行的时候出了一个问题，我们没有及时解决，等到项目接近尾声的时候，这个问题往往会把项目搞得一团糟。

说了这么多，似乎没有说到什么实质内容，其实只要我们把这里所说的应用到我们的项目管理、企业管理甚至日常生活中，就会起到意想不到的效果。可能很多人都知道法国的雷洛和日本的尼桑这两大汽车制造商，卡洛斯·戈恩（Carlos Ghosn）先生同时管理这两个企业，依然还有周末与家人度假的安排，我想这就是一个很好的例证。

古人从经验教训中总结出了很多规律，只是我们很多人并没有真正理解，更不愿意采取行动。例如“今日事，今日毕”，很多人，很多企业不愿意做，但是海尔愿意做，海尔说“日事日毕，日清日高”。那么我们知道海尔现在是个什么样子，张瑞敏是个什么样子。我们也一定听说过“砍柴不误磨刀工”，孙正义在创业之前调查了 27 个行业，那么我们现在都知道日本有一个软银。

在实际的项目执行过程中，很多项目经理往往抱怨项目周期太短，然而抱怨是改变不了事实的。对项目而言，项目周期总是有限的，而且由于竞争日益激烈，项目执行的周期往往会被压缩，主要存在以下几种情况：

(1) 招标人制定的项目周期被压缩。招标人受各种因素的影响，在项目招标过程中，不得不压缩工期。例如某公司经过市场调研后，急于抢先于竞争对手推出某新产品，原本规划在三年内完成，结果工期被缩减到两年。对于投标人，单从项目时间来说，其压力是可想而知的。

(2) 开标时间延迟导致项目周期缩短。在很多项目招标过程中，投标人往往采取各种手段，投诉，喊冤，导致开标时间一再延迟，而有些项目又是有截止日期的，例如2008年北京奥运会，2011年深圳大运会的相关项目。最终，留给项目执行的周期自然就大大缩短了。

(3) 投标人主动缩短工期。当投标人有多个项目需要执行的时候，可能存在人力资源、资金等冲突，为了缓解压力，不得不主动缩短项目执行周期。

(4) 受意外情况影响，项目周期被压缩。例如，在项目执行过程中，由于受海啸、地震、金融风暴等影响被迫中断，但项目截止时间却不能发生变化，或者能延迟的时间远比中断的时间少。

项目经理必须明白，当这些事实无法改变的时候，唯一能做的就是认真做好项目时间管理。

资料来源：华鼎项目管理资讯网

讨论题

1. 为什么说时间像海绵里的水，从这个案例中你得到什么启示？
2. 如果你作为一个项目的经理，在项目的时间管理上你的策略是什么？

白思俊.2003.现代项目管理（中册）.北京：机械工业出版社.

杰弗里K.宾图.2010.项目管理.鲁耀斌，赵玲译.北京：机械工业出版社.

蒂莫西J.克罗彭伯格.2010.现代项目管理.戚安邦译.北京：机械工业出版社.

卡伦B.布朗，南希·莉·海尔.2012.项目管理基于团队的方法.王守清，亓霞等译.北京：机械工业出版社.

卢向南.2012.项目计划与控制.2版.北京：机械工业出版社.

第6章　项目成本管理

知识目标

1. 掌握项目资源计划的概念、依据、编制步骤及工具
2. 掌握成本估算的概念、依据及方法
3. 掌握成本预算概念、方法及步骤
4. 掌握成本控制的内容及方法

能力目标

1. 理解项目成本管理的概念及其理念
2. 了解项目成本管理应考虑的因素及过程
3. 有能力根据各种工具和方法编制项目资源计划
4. 能够运用相关工具和方法进行成本估算、成本预算及项目成本控制

关键词　项目资源计划　项目成本估算　项目成本预算　项目成本控制

某公司电气工程项目费用管理

某公司承担了电气工程机电安装项目，主要工作是电气、管道和设备的安装。公司首先对项目进行了成本预算，主要包括以下几个方面的费用：

(1) 人工费。根据测算，完成项目的人工费为260万元。

(2) 材料费。根据市场调查，材料费需要1200万元。

(3) 机械费。根据施工组织设计和施工方案，机械费为50万元。

(4) 其他费用。包括项目管理人员工资、奖金、办公费、差旅费和业务招待费等。

公司依据费用预算基数与项目经理签订了指标责任书，建立了费用管理控制责任网络体系，实行全面费用管理。费用控制分为以下两个部分：

(1) 对费用进行事前控制。主要包括对各施工班组定额承包，对材料推行ISO9002标准，施工图的设计引入高素质人员和先进设备，制定机械使用设备与租赁设备进场、出场计划等措施。

(2) 施工过程中的费用事中控制。主要包括对施工作业班组的日常管理，对材料的严格管理，施工过程中的机械费控制、水电费控制等几个方面。

在项目经理及全体成员的共同努力下，以费用控制理论指导项目费用管理工作，使项目费用得到了很好的控制。

6.1 项目成本管理概述

每个项目都会在一定程度上受到各种资源的约束。对于大多数项目而言，资金是一个重要的制约因素。如果项目的成本超支，不但会降低项目的经济效益，使业主或承包商受到损失，还可能使项目被迫中止。因此，必须做好项目成本管理。

6.1.1 项目成本的概念

在完成项目的过程中会耗费各种资源，这种为实现项目目标而发生的各种资源耗费的货币表现就是项目成本。

6.1.2 项目成本的种类及影响因素

1. 项目成本的种类

在项目生命周期的不同阶段，根据成本发生的阶段不同，把项目成本分为：项目决策和定义成本、项目设计成本、项目获取成本、项目实施成本四部分。

1）项目决策和定义成本

项目决策和定义成本是指在项目启动过程中，用于市场调查、资料收集、项目可行性研究等活动所消耗的成本。

2）项目设计成本

一个项目通过可行性研究之后，就需要对项目进行设计。为完成设计工作所花费的成本即为项目设计成本。如项目施工图设计成本、科研项目需要进行技术路线设计和实验方案设计等。

3）项目获取成本

项目获取成本是指为了获取项目的各种资源所需花费的成本。如对于项目所需物资设备的询价、供应商选择、广告、招投标、承发包等工作所花费的费用，称为项目获取成本。

4）项目实施成本

在项目实施过程中，为了完成项目、获得项目产出物而耗用的各种资源所发生的成本，称为项目实施成本。具体包括人力资源成本、物料成本、设备成本、顾问成本、其他成本以及不可预见成本等。项目的实施费用一般占总费用的90%以上。因此，从某种意义上讲，项目费用管理实际上就是项目实施费用的管理。

2. 项目成本的影响因素

影响项目成本的因素主要如下。

1）项目范围

项目范围界定了完成项目所需要的工作内容，这些工作都要消耗一定的资源，因此，项目范围界定了成本发生的范围。

2）质量

在一定范围内，质量水平越低，项目成本就越小，但如果质量水平低到一定程度，项目过程中就可能产生故障，总成本反而上升。如果质量要求高，则在完成项目时需要采用更好的资源、耗费更长的时间，成本也会相应增加。

3）工期

项目工期，就是整个项目和项目的某个阶段，项目具体活动实际花费的工作时间。项目的成本与工期直接相关，在项目的实际过程中，各项活动所消耗或占用的资源都是在一定的地点或在一定的时期中发生的。

4）耗用资源的数量与单价

通过降低项目消耗、占用的资源数量和价格都可以直接地降低项目成本。资源消耗与占用数量是内部要素，是由内部条件决定的相对可控因素，应放在成本控制的第一位；资源的单价则是外部因素，是相对不可控的。

5）管理水平

高的管理水平可以有效地节约成本。管理水平对项目成本的影响主要表现在以下几个方面：①预算估算不足。比如实际项目管理中可能出现实际成本大大超过预算的情况。②项目进度偏差。由于资金供应紧张或设备、器材供应发生问题，从而影响项目进展，造成项目成本增加。③风险控制不当。风险控制不当造成的损失。比如对供应商的信誉估计不足导致供应发生问题，会影响工程进展，导致成本增加。

综上所述，要实现对项目成本的科学控制，必须对项目资源的耗用量、价格、工期、质量、范围和管理等要素实行统一控制。在项目进行期间，较高的管理水平可以减少失误，降低间接成本，从而降低总成本。

6.1.3　项目成本管理的概念及内容

项目成本管理是指为保证项目实际发生的成本不超过项目预算成本，使项目在批准的预算内按时、保质、经济高效地完成既定目标所进行的项目资源计划编制、项目成本估算、项目成本预算和项目成本控制等方面的管理过程和活动。项目成本管理包括四个过程：

(1）项目资源计划。确定项目所需的资源种类及数量。

(2）项目成本估算。确定所需资源的大致成本。

(3）项目成本预算。根据成本估算的结果为项目的各项活动分配预算，并确定项目的总预算。

(4）项目成本控制。控制项目预算的变更并做及时调整以达到控制目的。

6.1.4　项目成本管理的方法

在现代项目成本管理方法中，比较科学、客观地反映项目成本管理规律的方法有：全过程项目成本管理、全寿命周期项目成本管理和全面项目成本管理。

1. 全过程项目成本管理

全过程项目成本管理开始于 20 世纪 80 年代中期，是由我国及其他一些国家的项目成本管理理论研究者和实际工作者提出的。该管理方法认为，应该从整个项目活动全过程的角度去分析、确定和管理项目成本。

全过程是指项目生命周期的整个过程，在具体的项目运作中，阶段的划分是存在变化的。例如，某产品生产经营的成本管理全过程包括产品设计、产品投入生产、完工和销售等过程；某工程的成本管理全过程包括施工准备直至竣工交付使用的全过程。在全过程成本管理中，主要的工作包括：

（1）制订项目的成本控制指标；

（2）对成本指标执行的全过程进行动态跟踪、实时反馈、预警和监控；

（3）对成本指标的执行动态及其结果进行分析、考核和评价。

2. 全寿命周期项目成本管理

全寿命周期项目成本管理的理念主要是由英美的一些学者和实际工作者于 20 世纪 70 年代末和 80 年代初提出的，其核心包括如下方面：

（1）全寿命周期项目成本管理是项目投资决策的一种分析工具，是一种用来选择项目备选方案的方法。

（2）全寿命周期项目成本管理是项目设计的一种指导思想和手段，项目全生命周期成本管理要计算项目整个服务期的所有成本，包括直接的、间接的、社会的和环境的等。

（3）全寿命周期项目成本管理是一种实现项目全生命周期（包括项目前期、项目实施期和项目使用期）总成本最小化的方法。

全寿命周期成本管理理念的根本点就是要求人们从项目全生命周期出发去考虑项目成本和项目成本管理问题，要实现项目整个生命周期总成本的最小化。

3. 全面项目成本管理

全面项目成本管理的理念是国际全面成本管理促进会前主席（原美国造价工程师协会主席）R. E. Westney 在 1991 年 5 月所发表的《90 年代项目的发展趋势》一文中提出的。他下的定义是："全面成本管理就是通过有效地使用专业知识和专门技术去计划和控制项目资源、成本、盈利和风险。"

全面项目成本管理是企业内部全员、全过程、全方位、全环节的综合性的成本管理。其特点表现在以下四个方面：

（1）企业内部全员参加的成本管理；

（2）企业内部生产全过程的成本管理；

（3）市场、科技、人力资源三位一体的全方位成本管理；

（4）成本管理各环节的全面管理。

6.2 项目资源计划

资源可理解为一切具有现实和潜在价值的东西，任何一个项目的完成都要消耗劳动力、材料、设备、资金等有形资源，同时还可能需要消耗其他一些无形资源。在项目展开的过程中，资源计划是项目成本估算的基础和前提，资源规划的详细和准确与否，必然会影响到项目成本估算的准确性。

6.2.1　项目资源计划的概念

项目资源计划是指确定项目所需资源的种类、数量、质量和投入时间，从而制定出科学、合理的项目资源供应计划。通常，项目资源包括人力、设备、材料、能源等。

项目投入资源的种类、数量、质量和投入时间不但对项目成本的大小起主要的决定作用，还会对项目进度产生重要影响。做好资源计划，合理安排资源，对于避免由于资源配置不合理所造成的项目工期延误和项目成本超支有着重要意义。因此，项目资源计划的编制需要同项目质量计划和工期计划集成。

6.2.2　项目资源计划编制的依据

1. 工作分解结构（WBS）

一个项目的工作分解结构列出了为完成该项目所要做的工作内容。每一项工作内容都需要消耗不同种类、数量和质量的资源。因此，工作分解结构是项目资源计划编制的主要依据之一。利用 WBS 系统进行项目资源计划时，工作划分得越细、越具体，所需资源种类和数量就越容易估计。

2. 项目工作进度计划

项目工作进度计划规定了项目各项活动的开始和结束时间，从而决定了各种项目资源的投入时间、投入数量。所以，制定资源计划之前，必须先了解项目工作进度计划，以便有计划地安排合适的资源。

3. 历史资料

历史资料是指已经完成的同类项目的资源需求和使用情况，对现在项目的资源计划编制有较大的参考作用。

4. 项目范围说明

项目范围说明包括划定哪些方面是属于项目应该做的，而哪些工作是不包括在项目之内的。这些内容对于项目所需资源的种类、数量和质量有着重要的影响。

5. 项目资源描述

项目资源描述是对项目所需资源的种类、数量、质量的描述和说明。具体包括资源的种类、特性、要求和需要时间等。例如，一个科研项目需要哪些专业的科研人员，对他们的职称、教育背景和研究经验有什么要求等。要想制定一个科学合理的资源计划，必须考虑项目资源描述。

6. 组织方针和政策

组织的方针和政策包括的内容很广。其中，组织在人力资源、设备和材料的选用、获得资源的手段和方式等方面的方针和政策，会对项目资源计划产生影响。例如工程项目中劳务人员是用外包工还是本企业职工，设备是租赁还是购买等，都对资源计划产生影响。所以这些方针和政策也是制定项目资源计划的依据之一。

7. 资源库信息

资源库是项目所拥有的可供使用的资源的描述集合。它既包括项目实施组织自身所拥有的资源，也包括整个社会能够为项目提供的各种资源。只有在掌握了这方面的信息以后，项目管理人员才能够做出切实可行的项目资源计划。

8. 活动时间估计

活动时间估计需要估计项目中每一个活动的所需时间，然后根据活动的顺序关系来估计整个项目所需要的时间。项目各个活动时间及项目总时间的长短直接关系着资源的使用数量。

6.2.3 项目资源计划的编制步骤

项目资源计划的编制步骤包括：资源需求分析、资源供给分析、资源成本比较与资源组合、资源分配与计划编制。

1. 资源需求分析

通过分析确定工作分解结构中每一项任务所需的资源种类、数量及质量。确定了资源需求的种类后，根据有关的消耗定额或经验数据，确定资源需求量。

2. 资源供给分析

资源供给的方式多种多样，可以从组织内部解决，也可以从项目组织外部获得。资源供给分析要分析资源的可获得性、获得渠道及方式等。

3. 资源成本比较与资源组合

不同的资源组合方式会导致成本差异较大。要根据实际情况，比较资源的使用成本，确定合适的资源组合方式。

4. 资源分配与计划编制

资源分配是一个系统工程，既要保证各项任务得到合适的资源，又要努力实现资源总量最少、使用平衡。在合理分配资源使的基础上，编制项目资源计划。

6.2.4 项目资源计划的工具

1. 资源计划矩阵

资源计划矩阵是项目工作分解结构（WBS）的直接产品，即根据 WBS 对项目资源进行分析、汇总，资源计划矩阵能够说明完成项目中的工作所需要用到的各种资源的情况，但是不能表明资源的投入时间，见表 6-1。

表 6-1　资源计划矩阵

项目活动	资源需求量				相关说明
	资源 1	资源 2	……	资源 n	
活动 1					
活动 2					
……					
活动 m					

2. 资源负荷图

资源负荷图以条形图的方式给出了在项目周期内各个阶段所需要的某种资源的数量，如图 6-1 所示。

3. 资源数据表

资源数据表与资源计划矩阵不同，它是说明资源在项目进展各阶段的使用情况，如表 6-2 所示。

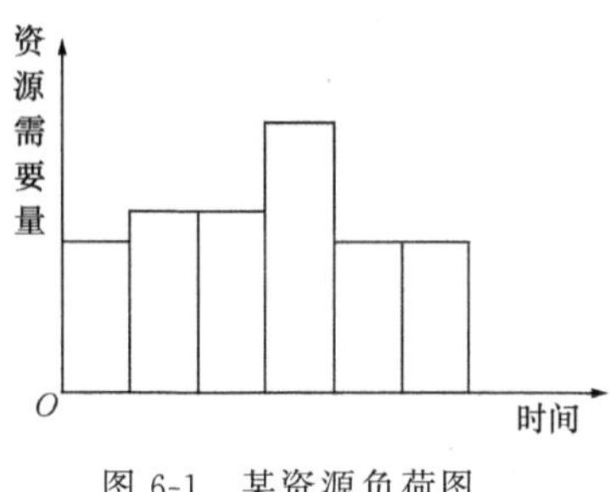

图 6-1　某资源负荷图

表 6-2　资源数据表

资源需求种类	项目进展各阶段资源使用情况				资源需求总量
	1	2	……	n	
资源 1					
资源 2					
…					
资源 m					

4. 资源需求甘特图

资源需求甘特图就是利用甘特图反映资源在各个项目阶段的耗用情况，是资源数据表更加直观的表现形式，如表 6-3 所示。

表 6-3　资源需求甘特图

资源种类	不同时间资源需求量											
	1	2	3	4	5	6	7	8	9	10	11	12
资源 1												
资源 2												
……												
资源 m												

5. 资源累计需求曲线

资源累计需求曲线反映项目不同时间对资源的累计需求，如图 6-2 所示。

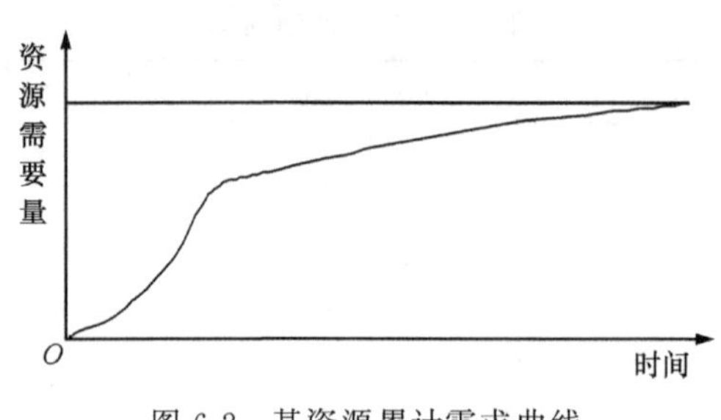

图 6-2 某资源累计需求曲线

6.3 项目成本估算

6.3.1 项目成本估算的概念

项目成本估算（project cost estimating）是指为实现项目的目标，根据项目资源计划所确定的资源需求以及资源的市场价格，对完成项目所需成本进行估算。美国项目管理协会给出的成本估算的定义是：在对项目的建设规模、技术方案、设备方案、工程方案和项目实施进度等进行研究的基础上，估算项目的总投资。

6.3.2 项目成本估算的依据

进行项目成本估算，要考虑很多因素。项目成本估算的主要依据是工作分解结构、资源需求计划、资源价格、活动历时估算、历史信息，会计表格和风险等。

1. 工作分解结构

工作分解结构是项目成本估算的主要依据，它反映了项目任务的性质和难度，同时 WBS 中完备的任务清单可以保证所需要的资源都能得到估算。

2. 资源需求计划

资源需求计划界定了项目所需要资源的种类、数量和质量标准，是成本估算的主要依据。

3. 资源价格

为了计算项目各工作成本，必须知道各种资源的单位价格（例如员工每月的人工成本、设备每月的租赁成本等），从而估算计划活动成本。如果不知道某种资源的实际价格，就应该对它的成本做出估计。

4. 活动历时估算

只有知道了活动历时才能知道各种资源的需求时间，才能计算出一些按时计费的资源成本，如人工成本、设备租赁成本等。活动历时估算将直接关系到分配给它的资源数量，进而会影响到项目工作经费的估算。

5. 历史信息

成本估算所需要的信息可以从项目文档、商业数据库、知识库中获取。同类项目的历史资料始终是项目执行过程中可以参考的最有价值的资料。

6. 会计表格

进行成本估算需要会计科目表是因为成本估算必须分配到正确的会计科目中去，会计表格说明了各种成本信息项的代码结构，这有利于项目成本的估计与正确的会计科目相对应。

7. 风险

当编制成本估算时，应考虑风险应对方面的信息。风险，可能是威胁，也可能是机遇，一般会对计划活动和项目成本产生影响。作为一般规律，当项目遭遇不利风险时，项目成本几乎总是增加的，而项目进度将会延误。

6.3.3 项目成本估算的方法

1. 类比估算法

类比估算法又称为自上而下法，是根据已完成的类似项目对未来项目成本进行估算的一种方法。通常，项目经理会估算出一个整体的项目成本，然后将这个数值交于下一层的经理或负责人，让他们根据各自负责的项目活动进行分解，依此类推得到一个全面的项目成本估算。

类比估算法是专家判断的一种形式。项目管理者通过对类似项目进行横向比较得到一个预计的项目成本。这种方法通常比其他技术和方法花费要少一些，但是其准确性也较低。当类比项目与目前的项目相似度较高时，类比估算法将更可靠。

2. 自下而上法

自下而上法也称工料清单估算法。使用自下而上法时，估算从工作分解结构的最底层开始，由专门负责执行活动的人来估算，然后逐渐向上合并得到整体的项目预算。

自下而上法的优点在于它是一种参与式管理的估算方法，对于具体项目活动的估计很准确，同时可以提高项目团队的参与性，鼓舞士气。缺点是：估算时间较长；由于工作分解结构中分解不完全，将可能导致部分估算被忽略；下层人员由于担心高层会削减他们的估算成本，可能会夸大自己负责活动的预算。而高层管理人员通常会按照一定比例削减估算，从而使所有的参与者都陷入这个博弈怪圈。

3. 类比估算及自下而上的综合法

类比估算及自下而上两种方法都有各自的优缺点，为了扬长避短就出现了综合使用两者的方法。使用综合法时，主要的着眼点就是对两个数据的比较，第一个数据是项目经理根据类比估算法得到的项目大致成本，这里称为 C，第二个数据是下层的项目人员根据自己负责的活动估计出的成本之和，这里称为 C_i。理想的状态当然就是 $C=C_i$。但这种情况发生的可能性微乎其微，常见的情况是 $C<C_i$，因为上司总是比较乐观地进行估计，而下属总是较悲观地进行估计。

综合法的核心就是在这两个数据之间做出平衡，平衡的首要基础是项目领导层与下层项目人员将各自的理由向对方陈述。双方进行良好的沟通后，可能 C 和 C_i 都会进行调整，最终达到平衡。随着双方对具体工作的深入了解，很有可能创造出新的工作方法，使得成本比两者的估算都要低。

4. 参数模型法

参数模型法是一种比较科学的、传统的估算方法，通过运用历史数据和其他变量（如施工中的平方米造价，软件编程中的编码行数，要求的人工小时数）之间的统计关系，来进行成本估算。如采用涂料的成本是涂料装饰单价乘以装修面积。在建筑业中，地面、天花板每平方米的成本，细电线每米成本或局域网线每米成本都是参数估计的例子。

参数模型法在估算成本时，只考虑那些对成本影响较大的因素，而对那些对成本影响较小的因素忽略不计，因而这种方法估算的成本精确度不高。

估算人员应该把估算过程中的详细依据记录做成文档，包括使用方法、做出的所有假定、大致误差范围等。这些文档不仅对项目以后的实施有着重要的参考价值，而且可以为组织内部的项目数据库或即将建立的项目数据库提供宝贵的原始数据。

6.4 项目成本预算

6.4.1 项目成本预算的概念及依据

项目成本预算是指把整个项目估算成本分摊到项目的各个具体活动和各个具体项目阶段，建立基准成本并以此为依据度量和控制项目成本执行情况的项目管理工作。具体来说，项目成本预算是将项目成本估算的结果在各具体活动上进行分配的过程，其目的是确定项目各项活动的成本定额，并确定项目意外开支准备金的标准和使用规则，以及为测量项目实际绩效提供标准和依据。

项目成本预算的主要依据包括以下几个方面。

1. 项目成本估算文件和项目合同造价

项目成本估算文件是在项目成本估算工作中所形成的结果文件，项目合同造价是在项目有专门的承发包时的合同价格。在项目成本预算工作中，项目各项工作与活动的预算主要是依据这种文件制定的。

2. 项目工作分解结构和项目活动清单

项目工作分解结构确定了项目的所有组成部分和项目可交付成果之间的关系。在项目成本预算工作中要依据这些文件分析和确定项目中各项工作与活动的成本预算。

3. 项目进度计划和项目时间管理计划

这是一种有关项目各项工作起始与终结时间的文件，依据它可以安排项目成本预算的投入时间。项目进度计划包括项目计划活动的计划开始和结束日期、进度里程碑、工作包、计划包和控制账目，通常是项目业主/客户与项目组织共同商定的。根据这些信息，将成本按照其拟定发生的日历期限汇总。

4. 其他项目计划文件和资源日历

在编制项目成本预算时还应该考虑集成计划、项目成本管理计划和其他各种项目专项计划等项目计划文件。另外，项目资源日历也是制定项目成本预算的重要依据。

6.4.2　项目成本预算的方法

项目成本估算的方法也可以用于项目的成本预算。为了建立项目预算，管理人员必须预测项目需要耗费何种资源、各种资源需要的数量、何时需要以及相应形成的成本，其中还要考虑到未来通货膨胀的影响。常见的方法有类比估算法、参数模型法、自下而上法、计算机工具法等。

任何预算都带有不确定性，不过不确定性随着所涉及内容的不同而不同。有些时候，可以作出相当准确的预测。例如，一个建筑师可以相当准确地估计出垒一堵墙所需要的砖的数量，只要知道砖墙的长宽高就可以得到所需要砖的数目，加上一定的其他消耗，结果的误差可能在 1%以下。而有时预测可能相当不准确，例如在估计某种特别软件时所需要的人/时数就是一个例子。

6.4.3　项目成本预算的步骤

项目成本预算主要包括 3 个步骤：

（1）项目总成本估算的分摊。将项目成本估算分配到项目工作分解结构中的各个工作包上。

（2）工作包总额预算成本的分摊。就是将每个工作包的预算分摊到工作包的工期内，这样才能知道在每个时间点的预算支出是多少。

（3）制定项目的累计预算成本。从时间上分配和安排各个工作包的预算。

基准成本是项目成本预算过程中最重要的输出，它是一种按时间分段的预算，可以用来检测和控制项目的成本绩效。

6.5　项目成本控制

你可以通过从不断交付的结果中吸取经验来更好地控制估计，这要比你一开始就打算估计整个项目要好得多。

——汤姆·吉尔，软件工程管理原理

在完成了项目成本估算和预算以后，就可以根据项目成本预算展开项目成本控制工作了。

项目成本控制是通过项目的成本管理对项目实施过程中所消耗的成本的使用情况进行控制，尽量使项目的实际成本控制在计划和预算范围内的一项项目管理工作。在项目实施的整个过程中，应该定期地、经常性地收集实际成本数据，进行预算成本和实际成本的动态比较分析，并进行成本预测。如果发现偏差，则应及时采取纠偏措施，包括经济、技术、合同、组织管理等综合措施，以实现项目的目标。

6.5.1　项目成本控制的内容和依据

1. 项目成本控制的内容

（1）成本计划。主要是按照设计、计划方案预算项目成本，提出报告。通过将成本目标或成本计划分解，提出设计、采购和施工方案等各种成本的限额，作为成本控制的基准。

（2）成本监督。监督成本的实施情况，将项目实际成本和预算成本进行比较，确定是否存在偏差。如果存在成本偏差，应分析查找原因，针对成本发生偏差的工作包，采取纠正措施，必要时对项目成本基线进行修正。

（3）成本跟踪。确认所发生的变更都被准确记录在成本基准中，确保实际需要的项目变动都能够有据可查。防止不正确、不适宜或无效的变更纳入项目成本预算之中。

（4）成本诊断。包括成本超支量及原因分析，剩余工作所需成本的预算和项目成本的趋势分析。

2. 项目成本控制的依据

（1）成本基准计划。它是一个按时间分布的、项目经理用于测量和监控成本实施情况的预算，是进行项目成本控制的基础。

（2）项目成本执行情况报告，即项目成本管理和控制的实际绩效评价报告，它反映了项目预算的实际执行情况。其中包括超出预算的和没超出预算的阶段和工作、出现问题的原因等。报告通常要给出项目成本预算额、实际额和差异额，其中差异额是评价、考核项目成本控制绩效的重要信息。

（3）项目各种变更申请。它是确认原有基准计划已不适用，主要是由项目的变更造成的。需要预算做出调整所作的申请，可以是口头的和书面的、外部的和内部的、强制执行的和非强制执行的。未经同意擅自变更而导致项目成本上升，很可能会出现虽然做了项目变更但收不到索赔付款的情况，甚至会造成各种不必要的项目合同纠纷。

（4）项目成本管理计划。它是关于如何管理好项目成本变动的说明文件，是项目计划管理文件的一个组成部分。说明了如何管理成本偏差，并针对不同问题提出了具体对策。

项目成本管理计划可以是正式的，也可以是非正式的，关键是根据项目相关各方的需要来确定。因为项目成本管理计划重点给出了有关项目成本事前控制的计划和安排，所以对于项目成本控制工作具有重要的指导意义。

6.5.2 项目成本控制的方法

项目成本控制的方法主要包括项目成本变更控制系统、执行情况的度量、补充计划编制和计算机工具等。

1. 成本变更控制系统

成本变更控制系统规定了在组织内部改变成本基准计划时应该遵循的程序，包括变更成本的有关书面工作、跟踪体系和变更审批制度。要实施有效的变更控制，项目团队必须建立一套完善的变更控制系统，成立一个变更控制委员会。

2. 补充计划编制

补充计划编制就是在出现意外情况时项目管理者可以使用应付紧急情况的项目管理储备资金的方法。如果没有这种方法就可能造成因项目实际与计划不符而形成项目成本无法管理而失控的局面，所以补充计划的编制是未雨绸缪、防患于未然的项目成本控制方法之一。

3. 计算机工具

这是一种使用项目控制管理软件，例如 Microsoft Project 软件等，可以跟踪计划成本、生成项目活动的预计工期、建立项目活动之间的相互依存关系、处理特定的约束条件、监控和预测项目成本的发展变化、发现项目成本管理中的问题等。

6.5.3　挣值法

挣值法是对项目进度和费用进行综合控制的一种有效方法。

1. 挣值的定义

挣值（Earned Value，EV）表示已完成工作量的计划费用。挣值法的价值在于将项目的进度和费用综合度量，从而能准确描述项目的进展状态。挣值法的另一个重要优点是可以预测项目可能发生的工期滞后量和费用超支量，从而及时采取纠正措施，为项目管理和控制提供了有效的手段。

2. 挣值分析方法中的变量

1）计划工作量的预算成本（Budgeted Cost of Work Scheduled，BCWS）

表示按预算价格和计划工作量计算的某项活动成本，也叫计划成本（Plan Value，PV）。

BCWS＝项目预算成本×项目计划工作量

例如：某项目打算安装一台 WEB 接入服务器，硬件、软件、安装等计划用一周的时间，购买软硬件及请人安装等的成本预算，批准了 3 万元。这一周的计划工作预算费用 BCWS 就是 3 万元。

2）实际成本额（Actual Cost of Work Performed，ACWP）

有的资料也称 AC（实际值），表示按实际发生的成本计算得到的某项活动实际已完成作业量的成本。也叫实际成本，其计算公式为

ACWP＝实际已完成工作量×项目实际成本

例如：上例中，最后实际用了两周时间，完成了服务器的购买和安装。在第一周花 2.5 万元购买了服务器，在第二周花 0.5 万元完成了安装工作。则第一周的 ACWP 为2.5 万元，第二周的 ACWP 为 0.5 万元。

3）挣值［Budgeted Cost of Work Performed，BCWP（EV）］

表示按预算价格计算的某项活动实际已完成作业的成本，即挣值。

BCWP＝实际已完成工作量×项目预算成本

例如：上例中，如果认为第一周购买了服务器和软件，是完成总计划工作量的 70%，则第一周的计划成本是 3 万元。那么第一周的挣值就是：第一周的 BCWP＝70%＊3 万＝2.1 万元，即你在第一周时间点上的挣值是 2.1 万元。

3. 挣值法评价的指标分析

（1）费用偏差（Cost Variance，CV）：CV＝BCWP－ACWP。

CV>0，表示费用结余；CV=0，表示实际费用与预算成本相吻合；CV<0，表示费用超支。

（2）进度偏差（Schedule，Variance，SV）：SV=BCWP-BCWS。

SV>0，表示进度提前；SV=0，表示实际进度与计划进度相一致；SV<0，表示进度滞后。

（3）成本绩效指标（Cost Performed Index，CPI）：CPI=BCWP/ACWP。

CPI>1，表示费用结余；CPI=1，表示实际费用与预算成本相吻合；CPI<1，表示费用超支。

（4）进度绩效指标（Schedule Performed Index，SPI）：SPI=BCWP/BCWS。

SPI>1，表示进度提前；SPI=1，表示实际进度与计划进度相一致；SPI<1，表示进度滞后。

无论是CV指标还是CPI指标，它们对于同一个项目在同一时点的评价结果是一致的，只是表示的方式不同而已。CV指标反映的是绝对量，CPI指标反映的是相对量，同时使用这两个指标能够较为全面地评价项目当前的成本绩效状况。

4. 相关规则

有些情况下，我们可能没有办法准确衡量项目某些工作任务的实际完成情况，而只能知道大概的情况，可以运用如下规则来计算挣值及其他相关的指标。

50/50规则：当工作开始时，就被认为已经完成了50%的工作量，但在工作的整个实施期间不再计算已完工作量，要等到工作全部完成后才计算另外50%的已完工作量。

20/80规则：当工作开始时，就被认为已经完成了20%的工作量，但在工作的整个实施期间不再计算已完工作量，要等到工作全部完成后才计算另外80%的已完工作量，是一种比50/50规则更保守的计算方法。

0/100规则：工作开始时和实施过程中都不计算已完工作量，要等到工作全部完成后再计算100%的已完工作量，是一种最保守的计算方法。

案例分析　　　　挣值法应用举例：某土方工程挣值分析

某土方工程总挖方量为4000立方米。预算单价为45元/立方米。该挖方工程预算总费用为180 000元。计划用10天完成，每天400立方米。开工后第7天早晨刚上班时业主项目管理人员前去测量，取得了两个数据：已完成挖方2000立方米，支付给承包单位的工程进度款累计已达120 000元。

项目管理人员先计算已完工作预算费用，得BCWP=45元/立方米×2000立方米=90 000元。接着，查看项目计划，计划表明，开工后第6天结束时，承包单位应得到的工程进度款累计额为BCWS=108 000元。进一步计算得

费用偏差：BCWP-ACWP=90 000-120 000=-30 000元，表明承包单位已经超支。

进度偏差：BCWP-BCWS=90 000-108 000=-18 000元，表明承包单位进度已经拖延，较预算还有相当于价值18 000元的工作量没有做。18 000元/（400×45）=1天的工作量，所以承包单位的进度已经落后1天。

另外，还可以使用成本绩效指标CPI和进度绩效指标SPI测量工作是否按照计划进行。

CPI＝BCWP/ACWP＝90 000/120 000＝0.75。

SPI＝BCWP/BCWS＝90 000/108 000＝0.83。

CPI和SPI都小于1，项目管理人员给该项目亮了黄牌。

5. 运用挣值分析进行项目成本预测

预测项目完工成本（Forecasted Cost At Completion，FCAC）——按照项目完成情况估计在目前实施情况下完成项目所需的总费用。预测项目未来完工成本有三种方法。

（1）假定项目未完工部分按目前实际效率的预测方法。

$$EAC=AC+(BAC-EV)/CPI$$

其中，EAC：完工估算；BAC（Budget At Completion）：项目总预算；AC：项目实际已发生的成本。

（2）假定项目未完工部分按计划效率的预测方法。

$$EAC=AC+BAC-EV$$

其中，EV：项目实际发生的挣值。

（3）全面重估剩余工作成本的预测方法。

$$EAC=AC+ETC$$

其中，ETC（Estimate To Completion）：是全面重新估算项目剩余工作的成本。

本章回顾

项目资源计划是通过分析和识别项目的资源需求，确定项目需要投入的资源种类（包括人力、设备、材料、资金等）、项目资源投入的数量和项目资源投入的时间，从而制定出项目资源供应计划的项目成本管理活动。项目资源计划编制的方法有专家判断法、统一定额法和资料统计法。项目费用估计是指根据项目的资源需求和计划，以及各种项目资源的价格信息，估算和确定项目各种活动的成本和整个项目总成本的一项项目成本管理工作。费用估计的工具和方法包括类比估算法、参数估计法、标准定额法、工料清单法和软件工具法。项目费用预算是一项制订项目成本控制标准的项目管理工作，它涉及根据项目的成本估算为项目各项具体工作分配和确定预算、成本定额，以及确定整个项目总预算的管理工作。项目预算的方法包括：各种常规的预算确定方法、预算分配和安排的方法（及项目成本估算的方法，因为项目成本估算方法同样适用编制项目的预算）。项目成本控制工作是在项目实施过程中尽量使项目实际发生的成本控制在项目预算范围之内的一项项目管理工作。项目成本控制方法包括两类，一类是分析和预测项目影响要素的变动与项目成本发展变化趋势的项目成本控制方法，另一类是控制各种要素变动而实现项目成本管理目标的方法。

复 习 题

一、判断题

1. 成本控制就是尽可能地少花钱。（ ）
2. 项目的成本包括人工成本、设备成本、材料成本、服务成本等。（ ）
3. 缩短项目的工作时间，往往以减少项目的成本为代价。（ ）
4. 一般情况下，成本估算和成本预算可以采用同样的方法。（ ）
5. 项目成本估算是项目成本预算的基础。（ ）

二、单项选择题

1. （ ）是编制为完成项目所需的资源近似估算总费用。

   A. 项目资源规划　　B. 项目成本估算
   C. 项目成本预算　　D. 项目成本控制

2. 资源计划的结果是（ ）。

   A. 编制资源需求计划　　B. 形成工作分解结构图
   C. 项目范围说明书　　D. 经验教训

3. 虽然成本估算与成本预算的目的和任务都不同，但两者有共同的依据是（ ）。

   A. 历史资料　　B. 项目范围说明书
   C. 工作分解结构　　D. 资源计划

4. （ ）是项目成本预算的基石。

   A. 项目需求　　B. 资源计划
   C. 成本估算　　D. 成本预算的弹性

5. “因推行成本控制而发生的成本，不应超过因缺少控制而丧失的收益”是成本控制中的（ ）。

   A. 经济原则　　B. 节约原则
   C. 全面控制原则　　D. 例外管理原则

6. 能够反映整个项目或项目中某个相对独立部分开支状况的成本控制方法是（ ）。

   A. 成本分析法　　B. 成本累积曲线法
   C. 挣值法　　D. 甘特图

7. 挣值法不能对（ ）进行控制。

   A. 项目范围　　B. 项目进度
   C. 项目成本费用　　D. 项目团队

8. 项目成本预算调整的第一步是（ ）。

   A. 初步调整　　B. 分项调整
   C. 综合调整　　D. 提案调整

9. 在项目的执行过程中，如果成本偏差和进度偏差相等，则意味着（ ）。

   A. 成本偏差是进度偏差引起的　　B. 进度偏差是成本偏差引起的
   C. 偏差对项目是有利的　　D. 可以很容易纠正进度偏差

10. 通过估算最小任务的成本，再把所有任务的成本向上逐渐加总，从而计算出整个项目的总成本，这种方法是（　　）。

A. 总分预算估算　　B. 自上而下估算法

C. 参数模型估算　　D. 自下而上估算法

三、多项选择题

1. 编制资源计划的步骤包括（　　）。

A. 资源需求分析　　B. 资源供给分析

C. 资源成本比较　　D. 资源分配

2. 根据项目成本估算单元在 WBS 中的层次关系，可将成本估算分为（　　）。

A. 自上而下的估算　　B. 自下而上的估算

C. 量级估算　　D. 自上而下和自下而上相结合的估算

3. 项目成本预算的主要依据有（　　）。

A. 成本估算　　B. 工作分解结构

C. 项目进度计划　　D. 项目范围说明书

4. 成本控制的依据主要有（　　）。

A. 项目成本基准　　B. 项目成本管理计划

C. 项目进度计划　　D. 项目变更申请

5. 项目成本估算的方法包括（　　）。

A. 自下而上估算法　　B. 自上而下估算法

C. 类比法　　D. 参数模型法

6. 如果进度偏差与成本偏差是一样的，两者都大于 0，那么下列表述错误的是(　　)。

A. 项目实际成本比计划成本低　　B. 项目成本超支

C. 项目进度滞后　　D. 项目进度比计划提前

7. 当采用自下而上估算法来估算项目成本时，下列表述正确的是（　　）。

A. 下层人员会夸大自己负责活动的预算

B. 自下而上估算出来的成本通常在具体任务方面更为精确一些

C. 高层管理人员会按照一定的比例削减下层人员所作的预算

D. 自下而上估算法是一种参与管理型的估算方法

8. 如果项目制定更加详细的决策，就会增加项目的决策成本，但是也会减少项目的实施成本，在下列情况下制定更加详细的决策可行的是（　　）。

A. 增加决策成本 1000 元，但是减少项目的实施成本为 1200 元

B. 增加决策成本 900 元，但是减少项目的实施成本为 800 元

C. 增加决策成本 500 元，但是减少项目的实施成本为 600 元

D. 增加决策成本 2000 元，但是减少项目的实施成本为 1800 元

9. 在影响项目成本的因素中，下列表述正确的是（　　）。

A. 延长项目的工期会减少项目的成本

B. 项目的质量要求越高，则项目的成本就会越大

C. 项目完成的活动越复杂，则项目的成本就会越大

D. 在项目所消耗资源的数量和单价两个因素中，资源的数量对项目成本的影响较大

四、简答题

1. 项目资源计划编制的依据是什么？

2. 成本预算计划如何编制？它有哪些基本方法？

3. 成本预算与成本估算的区别。

4. 项目成本控制有哪些方法？

五、计算题

某项目进展到11周时，对前10周的工作进行统计，情况见表6-4。(单位：万元)

表6-4 某项目前10周的工作统计表

工作	计划完成工作预算费用	已完成工作量/%	实际发生费用	挣得值
A	400	100	400	
B	450	100	460	
C	700	80	720	
D	150	100	150	
E	500	100	520	
F	800	50	400	
G	1000	60	700	
H	300	100	300	
I	120	100	120	
J	1200	40	600	
合计				

要求计算：

1. 求出前10周每项工作的BCWP及第10周周末的BCWP。

2. 计算第10周周末的合计ACWP、BCWS。

3. 计算第10周周末的CV、SV，并进行分析。

4. 计算第10周周末的CPI、SPI，并进行分析。

潘文安.2009.项目管理理论与实务.济南：山东人民出版社.

鲁耀斌.2007.项目管理.北京：科学出版社.

杨思远.2009.现代项目管理.北京：冶金工业出版社.

王立文.1997.现代项目管理基础.北京：北京航空航天大学出版社.

徐莉.2009.新编项目管理.武汉：武汉大学出版社.

第7章　项目质量管理

知识目标

1. 理解并掌握项目质量管理的概念
2. 掌握项目质量管理的主要内容
3. 理解并掌握项目质量计划、项目质量保证和项目质量控制的依据、方法、结果

能力目标

1. 能做项目质量计划
2. 能使用项目质量控制的工具与方法来提高某一项目的质量和效率

关键词　项目质量　项目质量计划　项目质量保证　项目质量控制

导入案例

神舟九号飞船试验发生意外，神舟八号发射前险些被拆卸

2011年10月，在酒泉卫星发射中心，记者感受到了这里的“快节奏”。“‘天宫一号’在天上等着神舟八号赴约，这对飞船的发射窗口提出了非常严格的要求。”中国航天科技集团公司载人航天工程办公室主任童旭东道破了紧张氛围的缘由。

然而，正当转场工作紧锣密鼓地准备时，从北京传来的一个突如其来的消息让每个人的心情变得暗淡下来。

10月22日下午4时，位于北京的神舟九号飞船在进行整船热试验时发生了意外情况。神舟九号上的CTU（计算机核心单元）在一个特定的温度段发出指令时，遥测信号丢失。“这意味着如果飞船在这样的情况下接收这样特殊的指令，飞船瞬间会与地面失去联系。一旦出现这样的意外，后果不堪设想。”童旭东告诉记者。

按照原定计划，再过两天，神舟八号船箭组合体将结束测试区的各项工作，运往发射基地，火箭发射进入“倒计时”状态。根据航天质量管理条例，相同批次的产品出现问题，要开展举一反三工作，及时剥离问题，确保飞行无隐患。而当这个消息传来时，距离船箭组合体转运时间只剩3天了。

怎么办？是“冻结状态”全力举一反三，还是边查问题边推进工作？此前，在“长二丙”失利后，目标飞行器和火箭试验队冻结了10天的工作，等待“长二丙”的事故调查。此刻，天宫一号已经在太空调整好姿态等待神舟八号到来。

交会对接任务对追踪飞行器，即神舟八号飞船的发射窗口有非常严格的要求。而首次对接任务选择在阴影区，11 月份只有 1 日、3 日和 5 日有发射窗口，一旦错过，下次太空约会就要顺延到 12 月底了。

集体会诊：专家做出不拆神八决定

在第一时间，中国航天科技集团公司组织专家迅速攻关。在问题发生当天，神九上的 CTU 被立即运抵西安，同时在酒泉卫星发射中心执行任务的专家连夜返回西安，进行集智攻关。大家达成一致，当前一方面是要继续对该问题进行定位、复现，找到问题所在，同时做好神舟八号相关预案。

一场攻关战役就此打响。北京、西安迅速启动了对“神舟系列”其他产品的验证试验；在酒泉卫星发射中心执行神舟八号任务的试验队员很快启动了“拆神八”的预案。

“拆卸工作非常复杂，抛开操作上的风险不说。仅仅从正常的操作工艺程序来说，就需要 4 天的时间。那将意味着将错过 11 月 1 日和 3 日的发射窗口，发射日期将顺延到 5 日。假如再受天气等因素的影响，将会给决策带来重大风险。”童旭东解释道。

时间一分一秒走过，每个人都在等待西安试验的结果。原定在 10 月 25 日上午 10 时举行的 CTU 归零会议一推再推。晚上 9 时 30 分，北京、上海、西安、酒泉卫星发射中心四地的专家都悉数到场，会议很顺利。经过前后方试验队员 3 天 3 夜的鏖战，得出了两个结论：一是出现问题的只是一个特定的温度段，只会出现在地面试验中，飞船在飞行中不会遇到；二是不会给飞船发出该条指令。而即便出现故障，飞船团队也有预案能够顺利解决这个问题。

经过 150 多位专家的“集体会诊”，做出了“不拆卸神八 CTU”的决定，保持了神舟八号的原有状态。当大家集体鼓掌通过时，人们的脸上才露出了久违的笑容。

“现在回头来看。这个决定非常有价值。尽管该问题是由于我们的产品不够‘强壮’所致，但是从大家的应急反应来看，证明了载人航天团队特别能战斗，在关键时刻，基于对产品、系统的全面试验，做了一个非常果断的决策。”童旭东说，只有工作做细了，才能有这种果断“拍板”的勇气和自信。

据《瞭望》10 月 26 日报道，神舟八号飞船、长征二号 F 遥八运载火箭组合体如期抵达发射塔架。

浩瀚苍穹，璀璨群星，共同见证了神舟八号和天宫一号在太空的精彩对接。北京时间 11 月 3 日 1 时 28 分，神舟八号上的对接环触到“天空一号”对接机构；1 时 36 分，两个航天器成功对接。

这一场太空中“穿针引线”背后的艰辛，告诉我们一个什么道理？

由于项目的建设工期长，参与人员多，组织结构复杂，项目质量控制常常具有相当大的难度。为了保证项目的质量，管理者必须从项目的计划、设计、施工和人员监督等方面，全过程、全方位地对整个项目进行有效的管理和控制。

7.1　项目质量管理概述

7.1.1　质量管理概述

1. 质量的定义

在管理学中，质量的概念可以表述为产品、过程或体系的一组固有特性满足顾客要求的程度。也就是说，质量是对满足顾客需求程度的一种描述。有以下三层含义：

（1）质量的广义性。质量不仅指产品质量，也包含工作过程的质量和工作体系的质量。

（2）质量的时效性。顾客对组织的产品、过程或体系的要求、期望是随时间不断变化的，因此质量具有一定时效性，组织必须根据环境的变化不断调整质量目标和标准。

（3）质量的相对性。不同的顾客，需求不同，对质量的要求也不同。因此质量好坏具有相对性，衡量质量的最终标准应该是顾客的满足度。

2. 质量特性

质量特性是指产品或服务满足人们明确或隐含需求的能力和特征的总和。一般质量特性又被分为五个方面：

（1）内在质量特性。内在质量特性主要是指产品的性能、特性、强度、精度等方面的质量特性，是在产品或服务的持续使用中体现出来的。

（2）外在质量特性。外在质量特性主要是指产品的外形、包装、装潢、色泽、味道等方面的特性，是产品或服务外在表现方面的特性。

（3）经济质量特性。经济质量特性主要是指产品的寿命、成本、价格、运营维护水平等方面的特性，是与产品或服务的购买和使用成本有关的特性。

（4）商业质量特性。商业质量特性主要是指产品的保质期、保修期、售后服务水平等方面的特性，是与产品或服务提供企业承诺的各种商业责任有关的特性。

（5）环保质量特性。环保质量特性主要是指产品或服务对环境保护的贡献或对于环境造成的污染等方面的特性，是与产品或服务对环境的影响有关的特性。

3. 质量管理

日本质量管理学家谷津进认为质量管理“就是向消费者或顾客提供高质量产品与服务的一项活动。这种产品和服务必须保证满足需求、价格便宜和供应及时。”

国际标准化组织（International Organization for Standardization，ISO）认为“质量管理是确定质量方针、目标和职责并在质量体系中通过诸如质量策划、质量控制和质量改进使质量得以实现的全部管理活动。”

关于质量与质量管理，有许多专家和学者都做出过贡献，其中最具权威性的是美国著名质量管理专家戴明（W. Edwards. Deming）、朱兰（J. M. Juran）和克劳斯比（Philip B. Crosby）的观点。

戴明认为组织85%的质量问题应该由管理层在项目一开始就解决掉，而基层员工能控制的质量问题只占15%。他还认为，为持续改进生产过程，应该采用统计分析和控制方法从而达到改进质量的目的。戴明最早提出了PDCA（PDCA分别代表四个英文单词Plan、Do、Check、Act，指的是计划、实施、检查、处理）循环的概念，PDCA循环是能使任何一项活动有效进行的一种合乎逻辑的工作程序，特别是在质量管理中得到了广泛的应用。他的主要观点“十四要点（Deming's 14 Points）”成为20世纪全面质量管理（Total Quality Management，TQM）的重要理论基础。

朱兰博士认为：质量就是产品的适用性及产品在使用时能够满足用户需要的程度。他认为制造商的质量概念是一组规范和规格的集合，而用户则把质量看成是一种适用性。质量特征包含如下几方面：结构上的（长度、频率）、感官上的（味道、美感、吸引力）、与时间有关的（可靠性、可维护性）、商业上的（被保证人）、伦理上的（礼貌、诚实）等。适用性包括五个方面：质量可以存在很多等级、可靠性、可维护性、产品使用的潜在危险和用户使用产品的方式等。

克劳斯比提出了质量的四个原则：高质量意味着与需求相一致；高质量来源于事先预防；高质量意味着性能标准是“零缺陷”；质量可用不一致的成本来度量。克劳斯比最大的贡献是提出了零缺陷管理的原理。零缺陷管理的核心思想为：一个核心、两个基本点和三个需要。一个核心指的是零缺陷管理，零缺陷管理要求第一次就把事情做正确。两个基本点指的是有用和可信赖。有用是一种结果导向的思维，做任何事情首先想到它有用，必须站在客户的角度来审视最终的结果是否有用。零缺陷管理追求的是既有用又可靠的结果。三个需要分别是指客户的需要、员工的需要和供应商的需要。这三个需要形成一个价值链，必须统一看待客户、员工和供应商的需要。

7.1.2 项目质量管理

1. 项目质量

项目具有一次性、复杂性、动态性和时效性等特点，因此项目质量也具有自身的特殊性。项目质量是指项目在满足国家有关法律、法规、技术标准的前提下，项目交付物以及项目提供的服务满足项目业主需求的程度。

项目质量主要受以下因素的影响：

（1）资源的因素。主要包括人员、材料和设备。直接参与项目的各类人员，其综合素质、理论水平、技术能力的高低，以及责任感、工作积极性等因素，都会对项目的质量产生影响。材料通常包括原材料、成品、半成品、零配件等，是项目施工的物质基础，材料的质量直接影响项目的质量。设备是项目实施的重要工具，如果设备陈旧、生产能力低或不能保证其最佳工作状态，也会对项目质量和进度产生一定影响。

（2）方法的因素。方法包含项目实施过程中采取的各种设计方案、技术方案、工艺流程方案、组织措施、检测手段、施工组织设计等，这些都可能影响项目质量。项目管理者应对项目方法进行全面分析和考虑，确保方法的可行性、先进性和经济性，从而保证项目的质量。

（3）环境的因素。环境包括技术环境、管理环境、实施环境等，项目管理者应根据项目特点和具体条件，对影响质量的环境因素加以分析。

2. 项目质量管理

项目质量管理是为了保障项目产出物能够满足项目业主/顾客以及其他项目干系人的需要所开展的对项目产出物质量和项目工作质量的全面管理工作。项目质量管理的客体是项目；主体是项目干系人；宗旨是实现项目的质量目标，并使项目干系人满意；主要活动包括项目质量规划、质量保证、质量控制。

3. 项目质量管理的特点

项目质量管理与一般产品的质量管理相比，既有共同点也有不同点。其共同点是管理的原理和方法基本相同；其不同点是由项目的特点决定的，主要体现在以下四个方面：

（1）复杂性。由于项目的影响因素多，经历的环节多、涉及的主体多、质量风险多，使得项目的质量管理具有复杂性。

（2）动态性。项目要经历从启动阶段到收尾阶段的完整的生命周期。在不同阶段，影响项目质量的因素各不相同，质量管理的内容和目的也不同，所以项目质量管理的侧重点和方法随着阶段的不同而有所调整。

（3）不可逆性。项目具有一次性特点，因此需要对项目的每个环节、每个要素给予足够重视，否则可能造成无法挽回的损失。

（4）系统性。项目质量不是孤立存在的，它受到其他因素和目标的制约，同时它也制约着其他的因素和目标，因此项目质量管理是系统管理。

4. 项目质量管理的原则

ISO9000：2000 版在总结质量管理实践经验的基础上，表述了质量管理最基本、最通用的一般规律，即质量管理八项原则：

（1）以顾客作为关注的焦点。在项目质量管理过程中，项目管理者应明确谁是顾客，同时对顾客的需求和期望进行调查和研究，并把它转化为质量要求，采取各种有效措施使其实现。

（2）领导作用。在项目质量管理中，任何一位相关方的领导者都需要针对项目的特点和要求，树立统一的质量意识和质量标准，努力营造能使项目所有参与者充分参与、实现项目质量目标的内部环境。

（3）全员参与。项目质量管理的责任是项目团队全体成员的，要求与项目有关的所有员工无论是直接的还是间接的，都需要对项目质量予以高度重视，都需要通过完成好本职工作来为实现项目的质量目标做贡献。

（4）过程方法。将工作和相关的资源作为过程进行管理，以获得持续改进的动态循环，并使项目质量水平得到显著改善，这就是过程方法。过程方法通过识别组织内的关键过程，随后加以实施和管理并不断进行持续改进来达到使顾客满意的目标。

（5）管理的系统方法。在项目质量管理的过程中采用系统方法，就是将项目作为一个系统，对组成项目系统的各个过程加以识别、理解和管理，从而实现项目的质量目标。系统方法是在系统分析有关的数据、资料和客观事实的基础之上，明确要达到的优化目标；通过系统工程，设计为达到项目质量目标需要采取的各项措施和步骤以及应配置的资源，从而形成一个完整的方案；在方案的实施过程中，通过系统管理提高有效性和效率。

(6) 持续改进。影响项目质量的因素在不断变化，因此项目的相关方应不断改进其工作质量，提高质量管理体系及过程的效果和效率，以满足顾客及其他利益相关者不断变化的需求和期望。

(7) 以事实为决策基础。在项目质量管理过程中，决策的有效性将决定质量管理的有效性。有效的决策是建立在对数据和信息进行合乎逻辑和直观的分析的基础之上，决策者应采取科学的态度，以事实为基础，做出正确的决策。

(8) 与供应商保持互利的关系。供应商提供的资源将对项目质量产生巨大的影响，项目承包商与供应商之间保持互利关系，可增进双方创造价值的能力。因此，对供应商不仅是要讲控制，还要讲互利合作，这是一种“双赢”战略。

5. 项目质量管理的主要内容

项目质量管理工作涉及众多内容，主要有：项目质量计划——识别项目及其产品的质量要求和标准，并书面描述将如何达到这些要求和标准的过程；项目质量保证——审计质量要求和质量控制测量结果，确保采用合理的质量标准和操作性定义的过程；项目质量控制——监测并记录执行质量活动的结果，从而评估绩效并建议有必要变更的过程。上述这些项目质量管理工作的具体内容将在本章后续三节中详细介绍。

7.2 项目质量计划

7.2.1 项目质量计划的依据

项目质量计划是识别项目及其产品质量的要求和标准，并书面描述将如何达到这些要求和标准的过程。具体地说，项目质量计划就是根据项目内外部环境制定项目质量标准和计划，同时为保证这些目标的实现，规定相关资源的配置。

项目质量计划的依据如下。

1. 范围基准

(1) 范围说明书。范围说明书包含项目描述、主要可交付物成果及验收标准。产品范围描述中通常包含技术细节以及会影响质量计划的其他事项。验收标准的界定可导致项目成本与质量成本的明显提高或降低。达到所有验收标准，就意味着满足了客户需求，包括客户的质量需求。

(2) WBS。WBS识别可交付成果、工作包以及用来考核项目绩效的控制账户。

2. 干系人登记册

干系人登记册识别对项目质量特别有兴趣或影响力的干系人。

3. 成本绩效基准

成本绩效基准是经过批准且按时间段分配资金的完工预算，用于测量、监督和控制项目的总体成本绩效。它是每个时间段的预算之和，通常用S曲线表示。

4. 进度基准

进度基准记录经认可的进度绩效指标，包括开始和完成日期。

5. 风险登记册

风险登记册包含可能影响质量要求的各种威胁和机会的信息。

6. 项目环境因素

影响计划质量过程的环境因素包括：

(1) 政府法规；

(2) 特定应用领域的相关规则、标准和指南；

(3) 可能影响项目质量的项目工作条件或产品运行条件。

7. 组织过程资产

影响计划质量过程的组织过程资产包括：

(1) 组织的质量政策、程序及指南；

(2) 历史数据库；

(3) 以往项目的经验教训；

(4) 由高层管理者颁布的、确定组织质量工作方向的质量政策。

7.2.2 项目质量计划的工具与技术

1. 成本效益分析

进行项目质量计划必须综合考虑效益和成本的平衡。达到质量要求的主要效益包括减少返工、提高生产率、降低成本和提高干系人满意度。满足质量要求的基本费用是项目质量管理活动的成本和费用，称为项目质量成本。对每个质量活动进行商业论证，就是要比较其可能成本与预期效益。如图 7-1 所示。

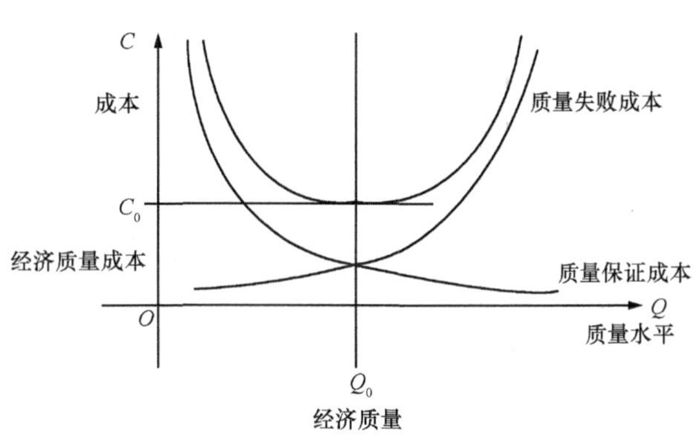

图 7-1　质量成本特性曲线

2. 质量成本

项目质量成本是指为了将项目质量保持在规定的水平之上所需的费用，它是为保证和提高项目质量而进行的质量活动所支付的费用与由于质量事故所造成的损失之和。项目质量成本一般可分为预防成本、鉴别成本、内部损失成本、外部损失成本和外部质量保证成本。预防成本主要包括：质量计划工作费用、新技术新工艺开发费用、工序能力控制及研究费用、质量审核费用、质量信息费用、质量管理培训费用、质量管理活动费用、征求用户意见回访费用。鉴别成本主要包括：原材料检验费用、工序检验费用、成品检验费用、设备检验费用。内部损失成本主要包括：报废损失、返修损失、停工损失、故障分析处理费用、降级损失。外部损失成本主要包括：诉讼费、退货损失、保修费用、折价损失、索赔费。外部质量保证成本包括：质量保证措施费、项目质量认证实验费、评定费。

3. 控制图

控制图用来确定一个过程是否稳定，或者是否具有可预测的绩效。根据合同要求而制定的规格的上限和下限，反映了可允许的最大值和最小值。超出规格界限就可能受到处罚。控制上限和下限由项目经理和相关干系人设定，反映了必须采取纠正措施的位置，以防止超出规格界限。

4. 质量标杆法

质量标杆法是指利用其他项目实际或计划质量的结果作为新项目的质量参考体系和比照目标（标杆），通过比较这种标杆的方法制定出新项目质量计划。

5. 实验设计

实验设计适用于那些独特性很强的原创性研究项目的质量计划编制，因为这类项目的很多质量指标没有标准和依据可以参照，所以需要采取试验的方法识别出项目质量及其影响因素，然后据此编制出项目质量计划。

6. 统计抽样

统计抽样是指从目标总体中选取部分样本用于检查。抽样的频率和规模应在计划质量过程中确定，以便在质量成本中考虑测试数量和预期废料等。

7. 流程图

流程图是对一个过程的图形化表示，用来显示该过程中各步骤间的相互关系。流程图有多种形式，但所有的流程图都会显示活动、决策点和处理顺序。根据流程图，项目管理团队可以对质量问题进行提前预测，从而进行有效的监控，降低质量事故发生的可能性。

8. 专有质量管理方法

包括六西格玛、精益六西格玛、质量功能展开以及 CMMI 等。

9. 其他质量规划工具

包括头脑风暴、亲和图、力场分析、名义小组技术、矩阵图和优先矩阵。

7.2.3 项目质量计划的结果

（1）质量管理计划。质量管理计划说明项目管理团队将如何落实组织的质量政策。它是项目管理计划的组成部分或子计划，内容包括项目质量保证、质量控制和持续过程改进方法。

（2）质量测试指标。质量测试指标是一种操作性定义，它用非常具体的语言，描述项目或产品属性以及质量控制过程如何对其进行测量。质量测试指标包括：准时性、预算控制、缺陷频率、故障率、可用性、可靠性和测试覆盖度等。

（3）质量核对表。核对表是一种结构化工具，通常具体列出各项内容，用来核实所要求的一系列步骤是否已经执行。许多组织都有标准化的核对表，用来规范地执行经常性任务。

(4) 过程改进计划。过程改进计划详细说明进行过程分析的各个步骤，以便识别增值活动。

(5) 项目文件（更新）。需要更新的项目文件包括干系人登记册和责任分配矩阵。

7.3 项目质量保证

7.3.1 项目质量保证的概念和依据

1. 项目质量保证的概念

随着技术的发展，项目的复杂程度越来越高，业主对项目质量的要求也越来越高，项目的有些性能已不能通过项目完工后的检验来鉴定。项目业主常常在向承建单位委托项目任务时，对项目需要达到的目标，包括各种质量目标，提出规定与要求，同时要求承建商能够证明其工作质量和交付的产品符合业主的要求。这样，项目业主提出的项目质量保证要求和承建单位对上述要求的回应性工作的总和就构成了项目质量保证。

项目质量保证就是通过采取一系列的措施和手段，使项目业主及其他利益关联方相信项目的质量能够满足其要求，使项目管理者相信每个项目活动的质量能够达到质量计划标准。

2. 项目质量保证的依据

(1) 项目管理计划。项目管理计划包含下列用于保证质量的相关信息：①质量管理计划，描述如何在项目中实施质量保证；②过程改进计划，详细说明过程分析的各步骤，以便识别增值活动。

(2) 质量测试指标。质量测试指标是一种操作性定义，它用非常具体的语言，描述项目或产品属性以及质量控制过程如何对其进行测量。质量测试指标包括：准时性、预算控制、缺陷频率、故障率、可用性、可靠性和测试覆盖度等。

(3) 工作绩效信息。随着项目的进展，需要常规性地收集项目活动的绩效信息。可以支持审计过程的绩效信息包括：技术性能测量结果；项目可交付成果状态；进度进展情况；已发生的成本。

(4) 质量控制测量结果。质量控制测量结果是质量控制活动的结果，用来分析和评估执行组织的质量标准与过程。

7.3.2 项目质量保证的工具与技术

1. 质量计划与质量控制的工具与技术

2. 质量审计

质量审计是一种独立的结构化审查，用来确定项目活动是否遵循了组织和项目的政策、过程与程序。质量审计的目标如下：

(1) 识别所有正在实施的良好/最佳实践。

（2）识别全部差距/不足。

（3）分享所在组织和行业中类似项目的良好实践。

（4）积极主动地提供协助，以改进过程的执行，从而帮助团队提高生产效率。

（5）强调每次审计都应对组织经验教训的积累做出贡献。

采取后续措施纠正问题，可以带来质量成本的降低，并提高发起人或客户对项目产品的接受度。质量审计还可确认已批准的变更请求（包括纠正措施、缺陷补救和预防措施）的实施情况。

3. 过程分析

过程分析是指按照过程改进计划中概括的步骤来识别所需的改进。它要检查过程运行期间遇到的问题、制约因素，以及发现的非增值活动。过程分析包括根源分析（分析问题的根本原因）和行动方案分析（解决问题的纠正性行动方案）。

7.3.3 项目质量保证的结果

（1）组织过程资产（更新）。需要更新的组织过程资产包括质量标准。

（2）变更请求。质量改进包括采取措施来提高执行组织的质量政策、过程及程序的效率和效果。可以为采取纠正措施或预防措施，或者为实施缺陷补救提出变更请求。

（3）项目管理计划（更新）。项目管理计划中需要更新的内容包括：质量管理计划、进度管理计划、成本管理计划。

（4）项目文件（更新）。需要更新的项目文件包括：质量审计报告、培训计划、过程文档。

7.4 项目质量控制

7.4.1 项目质量控制概述

1. 项目质量控制的定义

项目质量控制是通过采取一系列的作业技术和活动对各个过程实施控制的过程。或者说，项目质量控制是对于项目质量实施情况的监督和管理过程。

项目质量控制与项目质量保证的区别在于：后者是从项目质量管理组织、程序、方法和资源等方面为项目质量做保驾护航的工作，前者是直接对项目质量进行把关和纠偏的工作。

2. 项目质量控制的特点

项目的质量控制不同于一般产品的质量控制，它具有以下几个特点：

（1）影响项目质量的因素多。项目的进行是动态的，影响项目质量的因素也具有动态性。有些因素对项目质量的影响程度小，有些因素对项目质量的影响程度大，有些因素对项目质量的影响程度则可能是致命的。因此，加强对影响项目质量的因素的控制和管理是项目质量控制的一项重要内容。

（2）项目质量控制的阶段性。项目在不同阶段，其工作任务和工作成果都不相同，因此每个阶段的质量控制内容和控制重点都不相同。

(3) 易产生质量变异。质量变异就是项目质量数据的不一致性。其原因有两种：偶然因素和系统因素。偶然因素导致的偶然变异对项目质量的影响小，这种影响经常发生，难以避免，难以识别，也难以消除；系统因素导致的系统变异对项目质量的影响较大，这种影响易识别，通过采取措施可以避免，也可以消除。

(4) 易产生判断错误。由于项目的复杂性、不定性，造成质量数据的采集、处理和判断的复杂性，往往可能对项目的质量状况做出错误判断。这就需要在项目质量控制过程中运用科学的方法尽可能减少判断错误。

(5) 项目一般不能解体、拆卸。因此项目的质量控制应更加注重项目进展过程，注重对阶段结果的检验和记录。

(6) 项目质量受费用、工期的制约。在对项目进行质量控制时，必须考虑其对费用和工期的影响，同时应考虑费用和工期对质量的制约，使项目的质量、费用和工期都实现预期目标。

7.4.2　项目质量控制依据

(1) 项目质量管理计划。这是项目质量管理计划编制过程中生成的正式文件，它给出了整个项目质量管理工作的具体安排，其中描述了如何在项目中实施质量控制，因此它是最主要的依据。

(2) 质量测试指标。质量测试指标是一种操作性定义，它用非常具体的语言，描述项目或产品属性以及质量控制过程如何对其进行测量。质量测试指标包括：准时性、预算控制、缺陷频率、故障率、可用性、可靠性和测试覆盖度等。

(3) 质量核对表。核对表是一种结构化工具，通常具体列出各项内容，用来核实所要求的一系列步骤是否已经执行。许多组织都有标准化的核对表，用来规范地执行经常性任务。

(4) 工作绩效测量结果。针对项目活动，测量工作绩效，以便对照计划来评估实际进展情况。工作绩效测量指标包括：①实际技术性能（与计划比较）；②实际进度绩效（与计划比较）；③实际成本绩效（与计划比较）。

(5) 批准的变更请求。在实施整体变更控制过程中，通过更新变更控制状态，来显示哪些变更已经得到批准，哪些变更没有得到批准。批准的变更请求可包括各种修正，如缺陷补救、修订的工作方法和修订的进展计划。需要核实批准的变更是否已得到及时实施。

(6) 可交付成果。

(7) 组织过程资产。影响实施质量控制过程的组织过程资产包括：①质量标准和政策；②标准化的工作指南；③问题与缺陷报告程序以及沟通政策。

7.4.3　项目质量控制的工具与技术

在质量控制过程中，人们开发了许多应用工具。其中老七种工具以数理统计方法为主，主要用于在质量管理过程中对偏差的跟踪分析和反馈，新七种工具以逻辑推理和信息分析为主，用于发现问题、消除遗漏、引发构思、协调沟通。

1. 老七种工具

(1) 因果图。因果图又称石川图或鱼骨图，最早是日本的石川馨于 1943 年开始应用的。因果图可以直观地显示各种因素如何与潜在问题或结果相联系。图 7-2 展示了鱼骨图的一般形式。

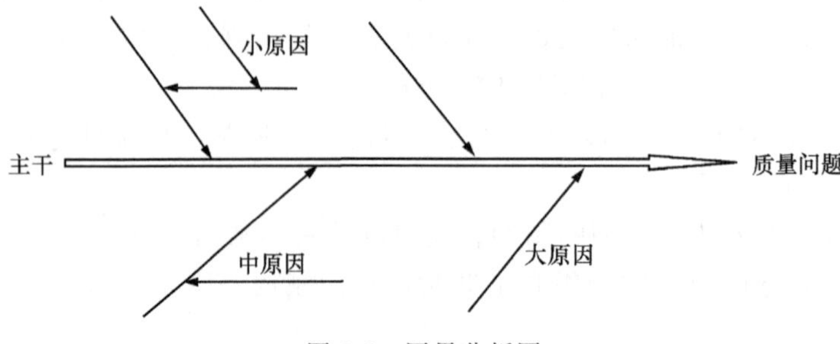

图 7-2 因果分析图

在项目管理的实践中，人们总结出绘制鱼骨图的五个思考范围：人、机、料、法、环，即一般情况下项目质量问题的原因都离不开这五大范畴。人，就是操作者的人为因素；机，就是设备及工具的因素；料，就是原材料的质量因素；法，就是制度及方法的因素；环，就是外部环境各种影响因素，如图 7-3 所示。

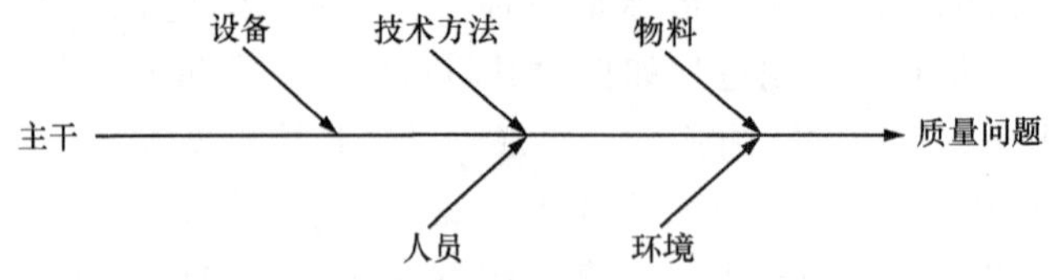

图 7-3 质量问题因果分析图

(2) 控制图。在实施质量控制过程中，需要收集和分析控制图中的相关数据，来指明项目过程与产品的质量状态。控制图直观地反映某个过程随着时间推移的运行情况，以及何时发生了何种原因引起的变化，导致该过程失控，如图 7-4 所示。

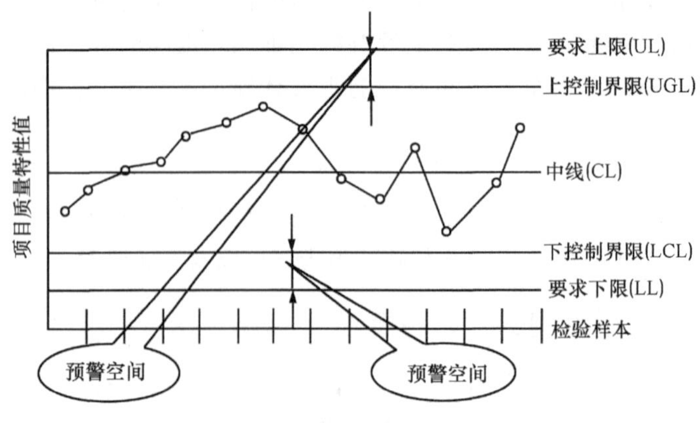

图 7-4 控制图法示意图

（3）流程图。在项目质量控制中，这种方法主要用于分析项目质量问题发生在项目流程的哪个环节和造成这些质量问题的原因以及这些质量问题发展和形成的过程。

（4）直方图。直方图由许多矩形构成，是表示质量数据变化情况（或离散程度）的一种主要工具，如图 7-5 所示。

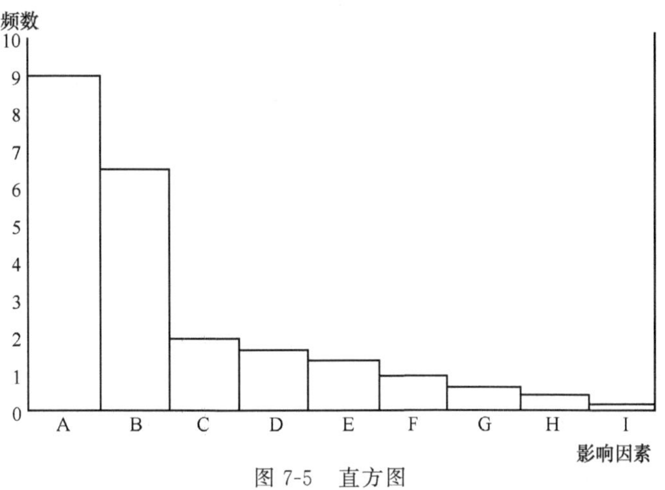

图 7-5 直方图

（5）帕累托图与二八定律。帕累托图又称排列图，是一种按照发生频率排序的特殊直方图。排序的目的是为了有重点地采取纠正措施。帕累托图在原理上与二八定律有关，该定律认为相对少量的原因通常造成大多数的问题或缺陷，如图 7-6 所示。

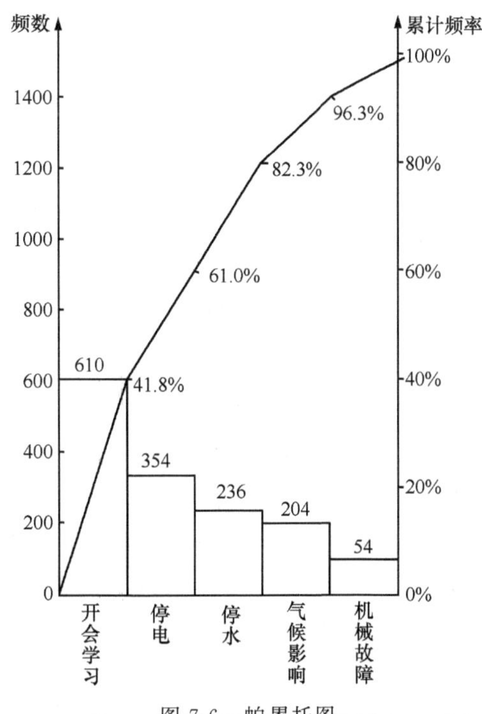

图 7-6 帕累托图

（6）趋势图。趋势图相当于没有界限的控制图，用来反映某种变化的历史和模式。它是一种线形图，按发生顺序标示数据点。趋势图可以显示随时间推移的过程趋势、过程变化，或者过程的恶化和改进情况。

（7）散点图。散点图又称散布图或相关图，是表示两个质量之间关系的图，用于分析两个测定值之间的关系，它有直观、简便的优点。图 7-7 是散点图的一些示例。

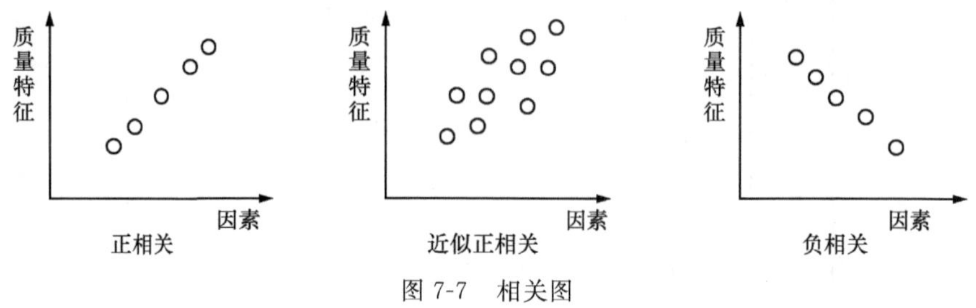

图 7-7　相关图

2. 新七种工具

随着项目管理理论的成熟与完善，项目管理实践经验的积累与丰富，以及项目管理实践中所遇问题的复杂程度和难度的不断提高，应用于项目质量管理的新的七种控制工具应运而生。它们是亲和图、关联图、系统图、矩阵图、鱼刺图、PDPC（过程决策程序图）法和矩阵法。

7.4.4 项目质量控制的结果

（1）质量控制测量结果。质量控制测量结果是按照质量规划中规定的格式，对质量控制活动结果的书面记录。

（2）确认的变更。对变更或补救过的对象进行检查，做出接受或拒绝的决定，并把决定通知相关人员。被拒绝的对象可能需要返工。

（3）确认的可交付成果。质量控制的一个目的就是确认可交付成果的正确性。实施质量控制过程的最终结果就是确认的可交付成果。

（4）组织过程资产（更新）。需要更新的组织过程资产包括以下两方面：①完成的核对表。如果使用了核对表，完成的核对表就称为项目质量控制记录的一部分。②经验教训文档。偏差的原因、采取纠正措施的理由以及从质量控制中得到的其他经验教训都应该记录下来，成为项目和执行组织历史数据库的一部分。对经验教训的总结与记录应贯穿整个项目生命周期，至少需要在项目收尾时进行。

（5）变更请求。如果推荐的纠正措施、预防措施或缺陷补救导致需要对项目管理计划进行变更，则应按既定的实施整体变更控制过程提出变更请求。

（6）项目管理计划（更新）。需要更新的内容包括质量管理计划和过程改进计划。

（7）项目文件（更新）。需要更新的项目文件包括质量标准。

提高建筑工程质量管理的六大措施

质量是建筑本身的真正生命，也是社会关注的热点。在科学技术日新月异和经济建设高度发展的今天，建筑工程质量关系到国家经济发展和人民生命财产安全。因此，建筑工程质量管理工作尤为重要，但是，在建筑施工过程中，项目工程质量管理中的任何一个环节、任何一个部位出现问题，都会给工程的整体质量带来负面的影响，甚至是严重的后果。以下是提高建筑项目工程质量管理的六大措施：

1. 加强人员组织及内部管理

加强项目的内部管理是项目管理的核心，是决定工程质量优劣的关键。加强项目管理首先是建立一个能打硬仗的领导班子，精诚团结，配合默契。加强项目管理，就是要坚持施权到位、管理到位、责任监督到位。其次是要求每个项目部在工程开工前要编制项目管理大纲，建立质量保证体系，包括组织体系、责任体系、分包监控体系和经济约束体系，把工程项目质量落到实处。

2. 转换企业经营机制，理顺企业与项目的关系

项目管理实施以后，管理重心下移使企业管理与项目管理的矛盾日益突出。因此，转换企业经营机制，理顺企业与项目的关系，成为推进项目管理的必要环节。实行项目工程质量管理的目的是发挥项目短小精悍的优势，使企业从全面干预转向行使决策、监控、协调、指导、服务职能，保障项目经理顺利地行使其职权，保证工程建设的有序进行，推进现场管理、质量管理和安全生产管理。

3. 加强施工过程的质量管理

工程项目的质量是在施工过程中形成的，加强对施工过程的质量管理，是达到质量目标的重要保证。因此，在每道工序开工前，应对各工序的具体准备工作、施工方案和施工措施进行检查落实；严格工序交接检查和隐蔽工程检查验收，坚持上道工序不经检查验收不准进行下道工序的原则；督促施工人员严格按计划要求或施工规范操作，对不符合要求的行为，坚决行使质量否决权。

4. 加强材料的质量管理

对进入施工现场的各种建筑材料、构配件、设备进行控制，是保证工程质量管理的基础。加强材料的质量控制与管理是提高工程质量的重要保证。进场的各种建筑材料、构配件、设备等，都必须有出厂合格证和试验报告，必须经取样复检合格后方准予使用；对混凝土、砂浆石块必须在监督下取样制作；对进场的各种设备，除必须有合格证、准用证和使用证明外，还应严格检查、认真安装调试，经试运行确认无问题后，方可投入使用。

5. 实行全面质量管理，提高质量管理水平

管理因素在质量控制中具有举足轻重的作用。建筑工程项目应建立严密的质量保证体系和质量责任制度，明确各自的责任。施工过程的各个环节都要严格

控制，各分部、分项工程均要全面实施到位管理。在实施全过程管理中，首先要根据施工队伍的自身情况和工程的特点及质量通病，确定质量目标和攻关内容。再结合质量目标和攻关内容编写施工组织设计，制定具体的质量保证计划和攻关措施，明确实施内容、方法和效果。在实施工程质量管理计划和攻关措施中要加强质量检查，其结果要定量分析、得出结论。对取得的经验要加以总结，并转化为今后保证质量的标准和制度，形成新的质保措施；对暴露出的问题，则要作为以后质量管理的预控目标。

6. 推行科技进步，确保工程质量

工程质量管理与技术因素息息相关。除了人员的技术素质外，技术因素还包括装备、信息、检验和检测技术等。科技是第一生产力，体现在施工生产活动的全过程；技术进步的作用，最终体现在产品质量上。为了保证工程质量，应重视新技术、新工艺的先进性和适用性。在施工的全过程中，要建立符合技术要求的工艺流程、质量标准、操作规程，并建立严格的考核制度，不断改进和提高施工技术和工艺水平，以确保工程质量。

由于市场竞争的加剧，建筑工程项目业主也变得更加专业化，质量和服务水平的要求越来越高。因此，必须针对建筑工程质量管理，建立健全施工企业技能和质量意识教育制度，改进培训方法，完善培训内容，以提高建筑工程质量管理水平，使广大用户得到工程质量更好的建筑产品。

本章回顾

本章首先对项目质量管理进行了概述，介绍了质量、项目质量、项目质量管理等概念及其特点，然后描述了项目质量计划的依据、方法与结果，紧接着分析了项目质量保证的依据、方法与结果，最后阐述了项目质量控制的依据方法与结果。

复　习　题

一、判断题

1. 项目质量规划是不可以调整的。（　　）
2. 质量好并不代表等级高。（　　）
3. 项目质量保证的结果主要就是项目质量改进与提高的建议。（　　）
4. 项目质量计划的实际执行情况是项目质量控制的基本依据。（　　）
5. 项目质量与项目费用是正相关关系。（　　）

二、单项选择题

1. 下列哪一项不是质量计划的输入？（　　）

   A. 范围说明　　B. 规定　　C. 标准　　D. 质量方针

2. 质量控制通常是由谁来实施的？（　　）

   A. QA 人员　　B. 项目团队　　C. 操作人员　　D. 项目管理部

3. 项目质量管理一度被认为只包括检查和质量控制。近年来，项目质量管理的概念得到了扩展。以下哪种说法不代表质量管理的新概念？（　　）

A. 产品或服务的质量是通过设计保证的，而不是通过检查保证的。

B. 质量是质量保证员关心的事。

C. 顾客需要一个记录在案的质量保证系统。

D. 质量保证系统的国内和国际标准和条例是可用的。

4. 项目质量管理的主要目标是（　　）。

A. 达到 ISO9000 质量管理体系国际标准的要求

B. 使全体员工认识到质量管理的重要性

C. 满足项目的需求

D. 用 PDCA 循环不断改进项目质量

5. 质量管理培训费用属于（　　）。

A. 预防成本　　B. 鉴别成本

C. 内部损失成本　　D. 外部损失成本

6. 依据当前质量观点，应该由谁来定义项目质量？（　　）

A. 高级合同经理　　B. 项目经理　　C. 员工　　D. 客户

7. 戴明环的四个过程包括（　　）。

A. 计划-处理-实施-检查　　B. 计划-实施-处理-检查

C. 计划-检查-实施-处理　　D. 计划-实施-检查-处理

8. 项目质量保证包括（　　）。

A. 项目内部质量保证和项目外部质量保证

B. 项目内部质量保证

C. 项目外部质量保证

D. 项目各项质量保证

9. 在成本/收益分析中，项目质量收益是指（　　）。

A. 因项目质量的提高而增加的收益

B. 满足了质量要求而减少返工所获得的好处

C. 因项目质量要求的降低而减少的成本

D. 项目质量的提高后，增加的收益与增加的成本之差

10. 能确定影响项目质量的因素是由随机事件还是突发事件引起的方法是（　　）。

A. 流程图法　　B. 实验设计　　C. 控制图　　D. 帕累托图

11. 能描述由不同的原因相互作用所产生的潜在问题的方法是（　　）。

A. 趋势分析　　B. 因果分析图　　C. 控制图　　D. 帕累托图

12. 质量管理计划描述下面所有内容，除了（　　）。

A. 质量政策实施方法

B. 项目质量体系

C. 实施项目质量管理所需要的组织结构、责任、程序、过程和资源

D. 用来在成本、进度和质量中进行平衡分析的步骤

三、多项选择题

1. 项目质量计划编制的结果有（　　）。

A. 质量检查表　　B. 项目质量计划

C. 项目质量工作说明　　D. 质量计划调整表

2. 项目质量保证的依据有（　　）。

A. 项目质量计划　　B. 项目质量计划的实际执行情况

C. 项目质量工作标准　　D. 项目质量工作说明

3. 帕累托图说明（　　）。

A. 在任何一组东西中，最重要的只是一小部分

B. 关键的多数和次要的少数原理

C. 其余 80%尽管是多数，但却是次要的

D. 关键的少数和次要的多数原理

4. 项目质量控制的依据是（　　）。

A. 项目质量计划　　B. 项目质量工作说明

C. 项目质量计划的实际执行情况　　D. 质量检查表

5. 质量计划编制的方法包括（　　）。

A. 帕累托分析　　B. 因果分析　　C. 质量检查表　　D. 成本/收益分析

6. 质量控制常用的工具有（　　）。

A. 因果图　　B. 控制图　　C. 质量检查表　　D. 帕累托图

四、简答题

1. 分别简述质量、项目质量、项目质量管理的含义。

2. 项目质量规划的成果有哪些？其规划依据来源于什么？

3. 项目质量控制与项目质量保证的区别表现在什么地方？

4. 项目质量控制的常用工具有哪些？

五、能力应用题

案例分析　持续性的质量改进方法——六西格玛管理

六西格玛（Six Sigma）又称：六式码、六标准差、6σ、6Sigma，西格玛（Σ，σ）是希腊文的字母，在统计学中称为标准差，用来表示数据的分散程度。其含义引申后是指：一般企业的瑕疵率大约是 3 到 4 个西格玛。如果企业不断追求品质改进，达到 6 西格玛的程度，绩效就几近于完美地达成顾客要求，在一百万个机会里，只找得出 3.4 个瑕疵。

六西格玛（6σ）概念作为品质管理概念，最早是由摩托罗拉公司的麦克·哈里于 1987 年提出，其目的是设计一个目标：在生产过程中降低产品及流程的缺陷次数，防止产品变异，提升品质。六西格玛真正流行并发展起来，是源于在通用电气公司的成功实践。杰克·韦尔奇于 20 世纪 90 年代发展起来的 6σ（西格玛）管理，全面总结了质量管理的成功经验，提炼了其中流程管理技巧的精华和最行之有效的方法，从而成为一种提高企业业绩与竞争力的管理模式。该管理法在摩托罗拉、通用电气、戴尔、惠普、西门子、索尼、东芝、华硕等众多跨国企业的实践证明是卓有成效的。为此，

国内一些部门和机构在国内企业力推6σ管理工作，引导企业开展6σ管理。

随着实践经验的积累，它已经从单纯的一个流程优化概念，衍生成为一种管理哲学思想。它不仅仅是一个衡量业务流程能力的标准、一套业务流程不断优化的方法，而是一种应对动态的竞争环境、提升企业竞争力、取得长期成功的企业战略。

作为持续性的质量改进方法，6σ管理具有如下特征。

1. 对顾客需求的高度关注

6σ管理以更为广泛的视角，关注影响顾客满意的所有方面。6σ管理的绩效评估首先就是从顾客开始的，其改进的程度用对顾客满意度和价值的影响来衡量。6σ质量代表了极高的对顾客要求的符合性和极低的缺陷率。它把顾客的期望作为目标，并且不断超越这种期望。企业从3σ开始，然后是4σ、5σ，最终达到6σ。

2. 高度依赖统计数据

统计数据是实施6σ管理的重要工具，以数字来说明一切，所有的生产表现、执行能力等，都量化为具体的数据，成果一目了然。决策者及经理人可以从各种统计报表中找出问题在哪里，真实掌握产品不合格情况和顾客抱怨情况等，而改善的成果，如成本节约、利润增加等，也都以统计资料与财务数据为依据。

3. 重视改善业务流程

传统的质量管理理论和方法往往侧重结果，通过在生产的终端加强检验以及开展售后服务来确保产品质量。然而，生产过程中已产生的废品对企业来说已经造成损失，售后维修需要花费企业额外的成本支出。更为糟糕的是，由于容许一定比例的废品已司空见惯，人们逐渐丧失了主动改进的意识。

6σ管理将重点放在产生缺陷的根本原因上，认为质量是靠流程的优化，而不是通过严格地对最终产品的检验来实现的。企业应该把资源放在认识、改善和控制原因上而不是放在质量检查、售后服务等活动上。质量不是企业内某个部门或某个人的事情，而是每个部门及每个人的工作，追求完美成为企业中每一个成员的行为。6σ管理有一整套严谨的工具和方法来帮助企业推广实施流程优化工作，识别并排除那些不能给顾客带来价值的成本浪费，消除无附加值活动，缩短生产、经营循环周期。

4. 积极开展主动改进型管理

掌握了6σ管理方法，就好像找到了一个重新观察企业的放大镜。人们惊讶地发现，缺陷犹如灰尘，存在于企业的各个角落。这使管理者和员工感到不安。要想变被动为主动，努力为企业做点什么。员工会不断地问自己：现在到达了几个σ？问题出在哪里？能做到什么程度？通过努力提高了吗？这样，企业就始终处于一种不断改进的过程中。

5. 倡导无界限合作、勤于学习的企业文化

6σ管理扩展了合作的机会，当人们确实认识到流程改进对于提高产品品质的重要性时，就会意识到工作流程中各个部门、各个环节的相互依赖性，进而加强部门之间、上下环节之间的合作和配合。由于6σ管理所追求的品质改进是一个永无终止的过程，而这种持续的改进必须以员工素质的不断提高为条件，因此，有助于形成勤于学习的企业氛围。事实上，导入6σ管理的过程，本身就是一个不断培训和学习的过程，通过

组建推行6σ管理的骨干队伍，对全员进行分层次的培训，使大家都了解和掌握6σ管理的要点，充分发挥员工的积极性和创造性，在实践中不断进取。

现在，6σ管理方法也被越来越多地运用到了项目管理实践活动中。在项目管理中，质量、进度、投资控制是容易应用6σ管理的领域，因为这些领域对质量的要求清晰，过程数据易于测量。由于工程建设领域的标准多为强制性标准，因此工程建筑项目的质量控制重点应放在提高一次合格率上。

讨论题

1. 六西格玛管理开始主要是用于生产过程的质量控制，你认为在项目管理中应如何运用六西格玛管理来提升项目质量?

2. 你认为实施六西格玛管理需要企业做哪些准备?

孙新波.2010. 项目管理. 北京：机械工业出版社.

赖一飞.2011. 项目管理概论. 北京：清华大学出版社.

项目管理者联盟论坛：http：//www. mypm. net/bbs/default. asp

第 8 章　项目沟通与冲突管理

知识目标

1. 掌握有效信息沟通的途径
2. 掌握项目会议管理的方法与技巧
3. 掌握项目冲突的解决方法
4. 掌握项目书面报告内容

能力目标

1. 有能力根据不同的项目类型识别项目干系人
2. 能通过个别交流和会议交流的方式，解决项目运行过程中产生的冲突
3. 能较好阅读或撰写项目报告

关键词　项目沟通管理　项目会议管理　项目报告　项目冲突管理

导入案例

李彤是一家大型上市公司的一名项目经理，隶属于工程部。工程部是专门负责项目软件实施与管理的部门，公司的很多项目都是挂在工程部的名下。公司另外还有开发部，项目软件开发单独属于开发部负责。李彤在 2011 年成功带领团队负责完成了 W 项目一期的实施与管理，并顺利完成了初验。

2012 年开始，该项目要进行二期开发了，但二期的项目运作方式跟一期有了不同。开发部的一名负责人艾嘉，通过跟公司的“谈判”，征得公司同意后，承包了该项目。所以，该项目二期采用了承包制的方式，由开发部的艾嘉实行承包。

这样的话，W 项目二期就不再隶属于工程部了，由于李彤前期一直负责 W 项目一期的实施与管理，所以该项目还是安排李彤来开展。由于李彤跟艾嘉不是一个部门，而且艾嘉已经承包了该项目，这跟以前项目隶属于工程部有很大的不同，包括责任、权利都不一样了。在这样的情况下，怎样解决以下问题：

(1) 李彤应该有什么样的权利?

(2) 李彤应当以怎样的姿态或者方式来开展项目实施与管理呢?

(3) 面临问题，李彤如何进行有效沟通?

资料来源：项目管理者联盟：http：//www. mypm. net

8.1 项目沟通管理概述

沟通专家勒德洛（R. Ludlow）在《有效沟通》一书中指出高级管理人员往往花费80％的时间以不同的形式进行沟通，普通管理者约花50％的时间用于传播信息。

8.1.1 项目沟通管理涵义

项目沟通管理是指对项目过程中各种不同方式和不同内容的沟通活动的管理。这一管理的目标就是要保证项目信息及时、正确地提取、收集、传播、存储以及最终进行处置，保证项目信息畅通。

项目沟通涉及一个组织内部不同层级的沟通，包含项目团队成员之间的沟通和项目与职能部门之间的沟通，也延伸到组织外部，如与政府、银行、上级主管部门、社区等的沟通。我们通常将这些积极参与项目，或其利益可能受项目实施或完成的积极或消极影响的个人和组织，如客户、发起人、执行组织和公众等称为项目干系人，项目干系人可能对项目及其可交付成果施加影响。所以，项目沟通管理实质上就是对干系人的沟通管理，这种有效沟通能极大地促进项目目标的完成。

8.1.2 项目干系人管理

在项目的早期识别干系人，分析他们的利益、期望、重要性和影响力，对项目成功非常重要。在之后的项目实施过程中，接触每个干系人并确定其参与项目的程度和时机，尽可能提高他们的正面影响，降低潜在的负面影响。项目干系人管理主要包含以下几个方面的内容：

1. 识别干系人

识别干系人是识别所有受项目影响的人员或组织，并记录其利益、参与情况和对项目成功的影响的过程。

识别干系人的通常做法是通过对影响项目质量、成本、进度和满意度的人和组织进行初步统计、分析，再向受过专门培训或具有专业知识的小组或个人寻求专家判断和专业意见，按照其参与和影响程度进行分类，识别出关键的干系人，进行重点沟通管理。

这些专家包含以下人员：①高级管理人员；②组织中的其他部门；③已识别的关键干系人；④在相同领域做过项目的项目经理（直接管理过项目或参加过经验教训总结）；⑤相关业务或项目领域的主题专家；⑥行业团体和顾问；⑦专业和技术协会。

2. 干系人分类

通常，项目干系人主要可分为以下几类：

（1）业主（owner）：创造对项目需要的人。

（2）项目发起人（sponsor）：执行组织内部的个人或团体，他们以现金和实物的形式为项目提供资金资源。项目发起人通常制定项目章程（project charter），项目发起人可能是一个内部客户，也可能是外部机构。

（3）项目经理、项目成员、执行组织、高级管理层、功能部门经理、工会。

（4）顾客：使用项目产品的个人或组织。

（5）承包商（contractors）、供货商（suppliers）和卖主（vendors）。

（6）项目成员的家人或朋友。

（7）其他（通常是外部的），例如，管理部门、媒体、游说活动团体、特殊利益团体（Special Interest Group，SIG）。

在识别好干系人后，项目经理和组织相关领导人就要制定相应的沟通计划，分类进行沟通管理，使得项目在每个阶段都能顺利推进。

8.1.3　项目沟通过程

项目沟通过程就是在项目干系人之间传递信息的过程，指一个信息的发送者通过选定的渠道把信息传递给接收者。在这一过程中至少存在着一个发送者和一个接收者，即发出信息的一方和接收信息的一方。那么信息在两者之间是怎样传递的呢？图 8-1 描述了这个过程。

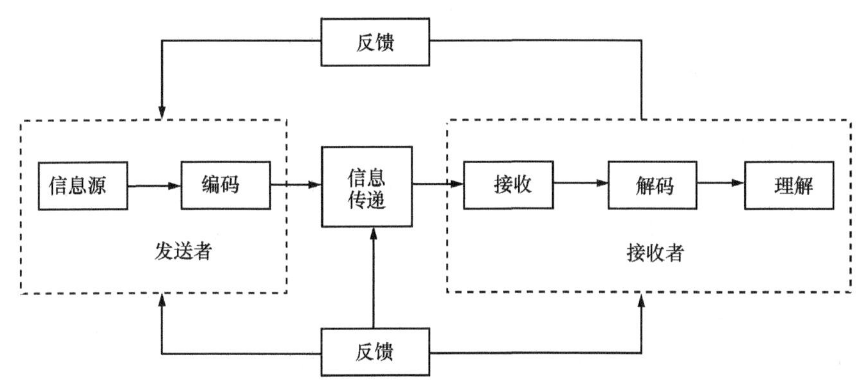

图 8-1　信息沟通过程的模型

一般来说，信息沟通由以下几个步骤组成：

第一步，信息发送者明确要进行沟通的信息内容。信息发送者发出信息是因为由于某种原因而希望接受者了解某些事，因此首先要明确信息内容。

第二步，把信息译成一种双方都了解的符号（编码），如语言、文字、姿势等。要发送的信息只有经过编码，才能使信息通过信道得以传递。

第三步，通过某种手段传递给对方，如口头交谈、书面文件、会议、电话等。

第四步，接收者对收到的信息进行解码，即了解和研究所收到的信息的内容和含义。这个解码过程关系到接收者是否能正确理解信息，如果解码不当，信息就会被误解。

第五步，接收者把所收到的或所理解的信息再反馈到发送者那里供发送者核查。发送者和接收者对信息的理解和接受程度，受到各自专业水平、工作经验及环境等多种因素的影响。对同一个信息，不同的人常会有不同的看法。为此，核查和纠正可能发生的某些偏差，就要借助于反馈。一般来说，沟通过程中存在着许多干扰和扭曲信息传递的因素，我们通常将这些因素称为噪声。例如，信息的发送者使用模棱两可的符号可能造成编码错误，因接收者的漫不经心而可能造成接收错误，因为各种成见可能妨碍理解等，都属于信息沟通中的噪声。正是因为有噪声的存在，沟通的效率大为降低。因此，信息发送者了解信息被接收者理解的程度是十分必要的，通过反馈构成了沟通中的信息双向流动。

第六步，发送者根据反馈回来的信息再发出信息，肯定原有的信息传递，或指出已发生的某些偏差并加以纠正。

第七步，接收者按所接收到的信息采取行动，或做出反应。信息传递的目的是发送者要看到接收者采取自己所希望的正确行动，如果这个目的达不到，则说明沟通发生了问题。

当然，利用这些要素与项目干系人进行有效沟通，会面临许多挑战。例如，在某个技术性很强的跨国项目团队中，一个团队成员要与另一国的某个团队成员沟通某个技术概念，他需要用适当的语言对信息进行编码，用适当的方式发送信息，然后接收方对信息进行解码并给予答复或反馈。在此期间所遇到的任何噪声，都会干扰信息原意，造成沟通障碍。

8.1.4 项目沟通的重要性

1. 沟通是实现项目目标的重要手段

项目干系人为了实现一定的目标，在涉及项目各项工作的时候都需要相互交流，统一思想，自觉地协调。特别是项目经理要通过与下属的沟通使成员了解和明确自己的工作任务，以保证目标的实现。

2. 沟通使管理决策更加合理有效

对信息的收集、处理、传递和使用是科学决策的前提。在决策过程中利用信息传递的规律，选择一定的信息传播方式，可以避免延误决策时间而导致的失败。项目经理通过适当的方式推行决策方案，以赢得上级的支持和下级的合作。

3. 沟通成为组织内外干系人密切配合与协调的重要途径

由于大部分组织是建立在职能分工基础上的，不同职能部门不易相互了解和协作配合，同时项目还经常与顾客、政府、公众、原材料供应商、竞争者等外部干系人发生各种各样的关系，这使得组织领导人和项目经理既要和外部干系人进行有效的沟通，获得必要的资源和理解，又要与项目成员定期沟通，以提高工作效率和员工满意度。

8.1.5 项目沟通类型

1. 按照组织系统分为正式沟通和非正式沟通

正式沟通包含项目报告、备忘录、简报等，非正式沟通包括电子邮件、即兴讨论以及小道消息的传播等，如图 8-2 和图 8-3 所示。

2. 按照信息流动方式分为上行沟通、下行沟通和平行沟通

上行沟通包含项目成员对项目负责人、职能部门及其他外部干系人的沟通，在沟

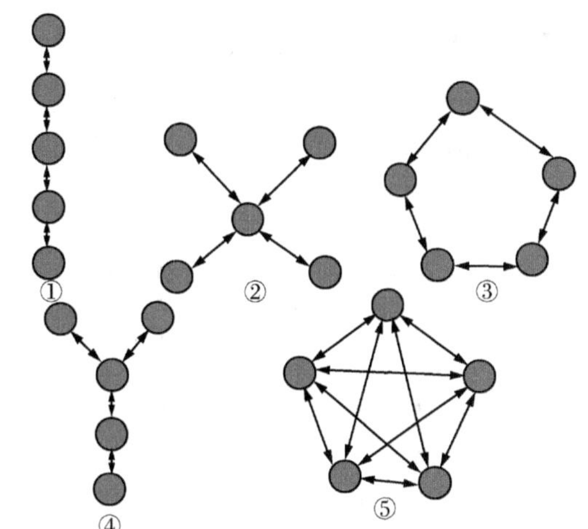

图 8-2　正式沟通渠道

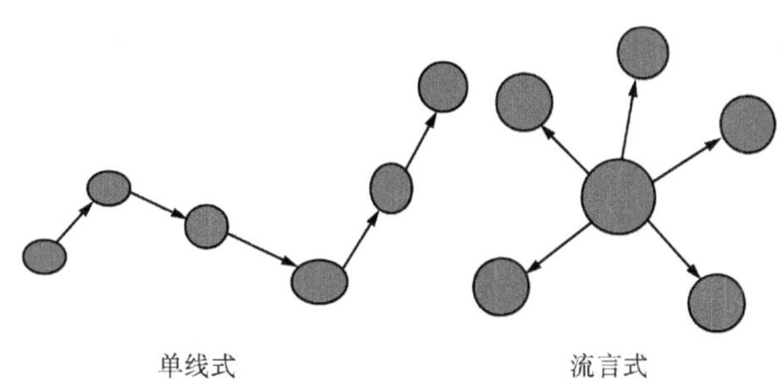

图 8-3　非正式沟通渠道

通中通常需要勇于承担责任，坦诚面对；下行沟通包含上级部门对项目团队以及项目负责人对成员的沟通，交流中要善于鼓励，开诚布公；平行沟通包含同级别项目之间的沟通和项目内部成员之间的沟通，交流要客观。

3. 按照沟通界限分为内部沟通和外部沟通

内部沟通指在项目内进行的交流，这样的交流越充分越能统一思想，提高工作效率；外部沟通指与客户、其他项目、媒体、公众等外部干系人的交流，良好的交流能使项目获得认可和资源。

4. 按照沟通的表现形式分为书面沟通和口头沟通

书面沟通包含成本计划等各类计划、进度报告、往来信函、会议记录等的沟通，规范的材料能让项目有章可循；口头沟通包含电话、项目会议、各类聊天，这种沟通直接，见效快。

5. 按照是否是语言的表现形式分为言语沟通和体语沟通

据统计，在项目沟通中约 75％的信息传播是由视觉来领悟的，语言只传播约 20％的信息。所以在项目沟通中要充分利用眼神、表情、肢体语言，加深对重点工作的理解，较好完成项目目标。

8.2 有效信息沟通的障碍和途径

8.2.1 有效信息沟通的障碍

小案例

良好的沟通常常被错误地理解为沟通双方达成协议，而不是准确理解信息的意义。如有人与我们意见不同，不少人认为此人没有完全领会我们的看法，换句话说，很多人认为良好的沟通是使别人接受我们的观点。但事实上，我可以很明白你的意思却不同意你的看法。当一场争论持续了相当长的时间，旁观者往往断言这是由于缺乏沟通导致的，然而，调查表明恰恰此时正进行着大量有效的沟通，他们中的每一个人都充分理解了对方的观点和见解。存在的问题是人们把有效的沟通与意见一致混为一谈了。

资料来源：李燕琼，张霜．2007．管理学原理．成都：电子科技大学出版社．

有效信息沟通存在诸多障碍，主要表现在以下几个方面：

1. 个人因素

受个人价值观影响，人们在沟通中常常从自己的角度选择性接受部分信息，从而失去对复杂事物的客观、公正的判断。

同时，缺乏沟通技巧和选择时机不恰当也会导致沟通失败。

2. 人际因素

（1）沟通双方不信任，会产生距离感，往往花很多时间和精力，试图分辨隐情及言外之意，然后再设法保证承诺的实施，彼此都谨慎，合作起来也较犹豫，达不到沟通的目的。只有相互信任了，才能形成共同点，特别是在模棱两可的环境下，信任能让人们跟随你的行动和意图，实现有效沟通，如图 8-4 所示。

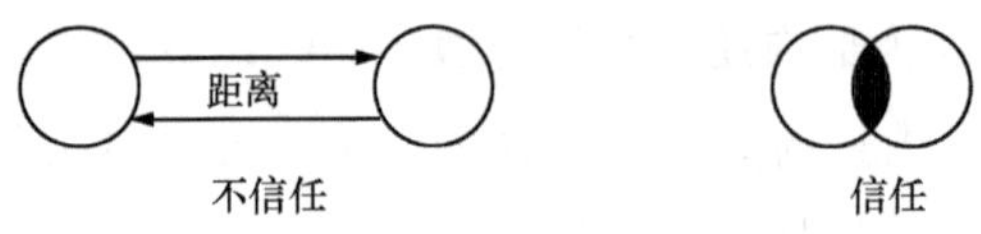

图 8-4　信任沟通

信任是个难以捉摸的概念，很难用准确的术语确定为什么有些项目经理受信任而另外一些则不被信任。美国学者克利福德·格雷等在其《项目管理教程》中认为信任与个性和能力是相关的。

开始，大家都喜欢王辉，对项目充满激情。但过了一段时间，人们开始怀疑他的动机，他喜欢跟不同的人说不同的话。大家觉得自己被利用了。他和高层管理者在一起的时间很长，人们开始相信他只是为了自己考虑，这是他的项目。

当项目开始下滑时，他逃之夭夭，让别人承担责任。我再也不会为这家伙工作了。

张嘉留给我的第一印象并无特别之处。他的管理方式是平静的、不装腔作势的。随着时间的推移，我学会了尊重他的判断及团结大家一起工作的能力。当你有问题要去找他时，他总是认真听着。如果他做不到你所要求的，他就会花时间解释原因。如果出现了分歧，他总会想着怎样做对项目是最有利的。他以同样的规则来对待每一个人，没有人得到特殊的待遇。我很高兴有机会再与他合作。

资料来源：克利福德·格雷，埃里克·拉森．2005．项目管理教程．徐涛，张杨译．北京：人民邮电出版社．

（2）性别、年龄、智力、兴趣、经验水平、价值观、能力等差异较大，造成对同一事物理解的偏差，会形成沟通障碍，影响项目目标的完成。

3. 项目组织结构因素

（1）地位差别：对等原则在项目沟通中一样适用，如果沟通双方地位和影响力悬殊太大，不能有效解决项目问题。

（2）信息传递链：链条越长，信息越会失真。

（3）团体规模：规模越大，沟通效果越不明显。

（4）空间约束：团队成员工作地距离越远，沟通越困难。

（5）信息来源的可靠程度，也会影响沟通效果。

4. 技术因素

有研究表明，在面对面的沟通中，仅有部分内容通过语言文字表达，多数内容是通过语调、面部表情等来达成的，如图 8-5 所示。

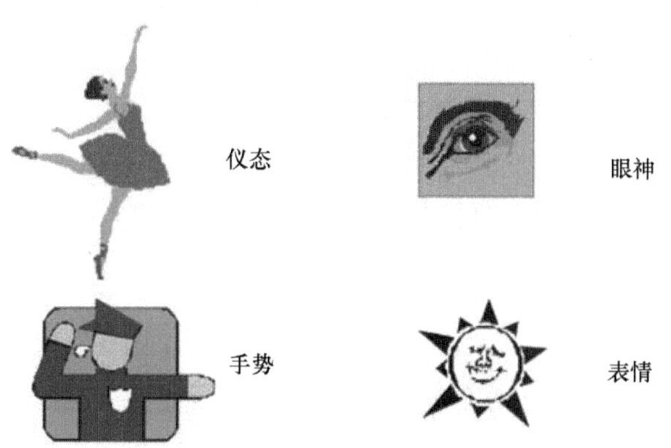

图 8-5　无声语言艺术——身体语言和态势语言

除此之外，沟通媒介的选择也很重要，如书面材料、电话、电视会议、电子邮件、QQ 聊天、微信、微博等也影响沟通效果，所以在沟通前要选择适当的媒介。

8.2.2 有效信息沟通的途径

1. 明确项目沟通的目的

要取得良好的沟通效果，首要任务就是明确沟通的目的。只有这样，才能安排恰当的人在恰当的时机利用恰当的媒介、使用恰当的语言进行交流，找出项目问题所在，提出切实可行的方案，达到事半功倍的效果。

2. 设计合理的组织结构

通常锥形组织结构的链条比较长，信息失真的概率比较大，扁平型的组织结构能较好避免这个问题。但无论是哪种组织结构，项目组设立的规模都要适当，项目成员之间的空间距离也不宜过远，否则会加大沟通成本，影响项目的实施效果。

3. 建立项目管理信息系统并利用多种沟通方式

随着信息技术和互联网的发展，信息传递媒介越来越多样化，建立项目管理信息系统、搭建完善的信息平台、共享资源是一个比较有效的沟通手段。按照干系人的重要程度和参与程度，设置不同进入权限，让他们对项目的进展状况进行了解，以获得支持和理解，提高工作效率。

项目还应该利用多种沟通方式，如个别会谈、集体会议、视频会议、电话会议、计算机聊天和其他远程沟通方法。沟通双方不仅在语言表达上要规范，还应该使用语调、眼神、表情和肢体语言来有效传递信息。

4. 进行信息的追踪与反馈

无论设置哪种组织结构、采用何种沟通方式，如果信息仅仅是一些单向性的发布和告知，往往会造成理解上的偏差，所以加强追踪和反馈是项目沟通的重要环节。如果项目成员用客户不懂的技术术语回答客户的询问，不能达成有效沟通，因此项目经理和成员要用客户能理解的方式描述问题、提出解决方案。

5. 坦诚、开诚布公、相互信任

无论是企业领导人还是项目经理都必须保持高度的坦诚，向项目成员宣告真实的情况，并努力激发大家一起奋斗渡过难关。在这点上，思科公司的钱伯斯做得非常出色，在思科陷入困境之时，他没有选择回避，而是对所有思科人坦诚相待，并将自身的年薪降为一美元以激发大家共同应对危机。

小案例

当一个客户从不同的项目成员那里得到互相矛盾的信息时，客户就会对项目产生不信任感。所以，项目经理应该提醒项目成员这一事实，并和他们一起工作，确保客户得到正确的信息。

6. 积极聆听

全球顶级执行官教练马歇尔·古德史密斯说：“人们从他人那里得到的信息有80%取决于聆听技能。”但是，大多数人都没有意识到这一点，人们总认为聆听是一种消极的活动，不用做任何事情，坐在那里，听对方把话说完就可以了。事实并非如此，优秀的聆听者总会把聆听看成是一种非常积极的活动。

优秀的聆听者通常会做三件事情：

(1) 他们会在开口说话之前仔细思考：聆听需要极大的自制力，尤其是当你听到一些让自己反感的东西的时候更是如此。大多数人在愤怒的时候往往口不择言。

(2) 他们会带着尊敬之情聆听对方：在聆听对方的过程中，仅仅竖起耳朵是不够的，要让对方感觉到你是全心全意地聆听。

(3) 他们总会在做出任何反应之前问自己一个问题：这样做值得吗？越是克制那种表现自我的冲动，在对方眼里就会变得越了不起。

8.2.3 项目经理应具备的沟通技能

项目经理是项目团队的核心人物，应具备以下沟通技能：

(1) 简明扼要说明项目任务的性质；

(2) 告知团队成员应该做什么，如何去做；

(3) 鼓励员工圆满完成任务并采用适当的方式进行奖励；

(4) 与成员一起探讨问题，听取他们的意见，了解他们的感情；

(5) 明确成员的职责并有效进行授权；

(6) 作为团队领导，真诚解释在特定环境中的失常行为；

(7) 具备良好的谈判技能，善于进行公开演讲，以获得干系人的支持，推动项目实施；

(8) 具备较强的写作能力，能够形成各类清晰的文档报告。

8.3 项目会议沟通的管理

项目会议沟通是一种成本较高的沟通方式，沟通的时间一般比较长，常用于解决较重大、较复杂的问题。适量的会议可以加快项目的进度和提高项目完成质量；过多的会议会浪费团队的工作时间并且影响团队成员的工作情绪，达不到所要的效果。

小案例

张耀是一家系统集成公司的项目经理。他身边的成员始终在抱怨公司的工作氛围不好、沟通不足。老张非常希望能够通过自己的努力来改善这一状况。因此，他要求项目组成员无论如何每周必须按时参加例会并发言，但对例会具体应如何进行，他却不知如何规定。很快项目组成员就开始抱怨例会目的不明、时间太长、效率太低、缺乏效果等，而且由于在例会上意见相左，很多成员开始相互争吵，甚至影响到了人际关系的融洽。为此，他非常苦恼。

资料来源：项目管理者联盟 . http：//www. mypm. net

其实，开会的目的就是为了解决问题，如果目标不明确，会议没有结论，不如不开。项目经理要有很强的组织会议的能力、表达能力、谈判能力，并能形成一套好的会议组织的流程和模板。

8.3.1 项目会议的类型

项目沟通中最常用的会议有三种：项目情况评审会议、项目问题解决会议和项目技术评审会议。

1. 项目情况评审会议

项目情况评审会议通常由项目经理主持召开，会议成员一般包括全部或部分项目团队成员以及项目业主/客户或项目的上级管理人员。会议的基本目的是通知情况、找出问题和制定下一步的行动计划。

2. 项目问题解决会议

当项目团队成员发现问题或潜在问题时，应立即和其他有关人员召开一个项目问题解决会议，而不是等着在以后的项目情况评审会议上解决。尽可能早发现和解决问题对项目的成功非常重要。项目问题解决会议应该紧扣所需解决的问题。

在这个过程中，项目经理必须通过谈判从高管层那里获得支持和资金，必须同部门经理谈判取得项目人员和技术的投入，必须和其他项目经理合作并就项目优先级和责任承担进行谈判，必须在项目小组内谈判，决定分工、项目期限、标准及优先度。项目经理必须与供应商和卖主谈判，决定价格和产品标准。

3. 项目技术评审会议

在项目的全过程中，包括在项目的定义和设计阶段，不管是何种项目都需要召开项目技术评审会议，以确保项目业主/客户同意项目提出的各种技术方案。

8.3.2 项目会议管理的方法与技巧

1. 会前的管理

会前准备一定要注意以下细节：

（1）分析确定会议是否真正必要。

（2）确定会议的目的。

（3）确定参加会议人员。

（4）事先分发会议议程。

（5）准备和分发材料。

（6）安排会议场所。

2. 会议期间的管理

（1）按时开始会议。

（2）先说明会议目的和议程。

（3）进行会议记录。

（4）掌握和控制会议。

（5）结束时总结会议成果。

（6）不要超过会议计划召开的时间。

3. 会后管理

（1）整理会议纪要。

（2）在一定时间内按照要求发布信息。

（3）收集反馈意见。

（4）修正相关方案。

8.4　项目报告

项目沟通中传递项目信息使用最多的方式是报告，项目状态报告是项目沟通中最为重要的信息传递和沟通方法。项目报告分为口头报告和书面报告。

8.4.1　项目口头报告的分类

（1）汇报性口头报告。它是下级向上级用口头形式的报告项目整体或某个部分的实际情况或发生的问题。

（2）说服性口头报告。针对项目出现的问题，采用解释性和论证性的叙述方式去说服对方接受报告者提出的观点、计划或方案等，说服性口头报告是用来解决问题或者商量解决方案的。

（3）敲定性口头报告。通过报告去敲定一件事情，这是一种需要做出决策的口头报告。

8.4.2　项目书面报告的分类

1. 按照书面报告的格式划分

（1）书面报表：就是用表格、图表等格式来动态显示项目运行的数据。

（2）书面报告：通常包含三大部分内容——篇首（报告题目、摘要和目录）、正文（绪论或前言、报告的内容和结论）及参考资料。

2. 按照书面报告的用途划分

（1）项目状态报告。

（2）项目成果总结报告。

（3）项目审计报告。

8.4.3　项目状态报告

项目状态报告是在整个项目实现过程中，按照一定的报告期给出有关项目各方面工作的进展情况和结果的报告。项目状态报告包含的细目主要有以下几点：

（1）自上次报告以来的绩效成果。

（2）项目实施的计划完成情况。

（3）前期问题解决的情况。

（4）本期发生的问题。

（5）计划采取的改进措施。

(6) 下一报告期要达到的目标。

微软的项目状态报告

在微软，每个软件产品都有一个相应的项目进展状态报告。每个月项目组把这些报告送给比尔·盖茨、其他高管人员以及所有相关项目的负责人。这些报告都很简洁并有一个标准格式。盖茨对大多数报告都能很快阅读并发现他不愿意看到的潜在项目延期或变动。他尤其要查看进度延迟，删除过多的产品功能，或者查看哪些需要改变产品规格。盖茨经常用电子邮件对相关的管理者或研发人员直接做出回复。状态报告是高管层与项目之间进行交流的重要机制，正如盖茨所解释的："我会得到所有的状态报告，就是现在，可能有一百个正在执行的项目……（这些状态报告）包含了里程碑日期、任何指标的改变，以及任何比如'嗨，我们雇不到足够的人'等评论。他们知道报告会被送到他们所依赖的所有其他项目的负责人那里。所以如果他们没有在状态报告上提出这些问题，而在两个月后才说点什么，那么这将是交流的一个脱节。"

资料来源：克利福德·格雷，埃里克·拉森.2005. 项目管理教程. 徐涛，张扬译. 北京：人民邮电出版社.

8.4.4 项目成果总结报告

项目成果总结报告通常是一个项目或一个项目阶段的总结。项目或项目阶段的工作总结报告包括以下几个方面的内容：

(1) 项目业主/客户对项目或项目阶段的最初需要。

(2) 项目或项目阶段最初确定的目标。

(3) 项目或项目阶段的简要描述。

(4) 项目或项目阶段结果和预期的对比。

(5) 项目或项目阶段目标的实现程度。

(6) 善后事宜的说明。

(7) 提供给业主/客户的所有交付物。

(8) 项目成果的最后测试数据。

(9) 项目或项目阶段的经验与教训。

8.4.5 项目审计报告

项目审计包括三大任务：①评价项目是否给所有干系人带来了期望的收益，项目管理是否良好，客户是否满意。②判断哪些做法是错误的，哪些做法是成功的。③确认所发生的变化，以促进未来项目的交付。

项目审计与报告是保证持续发展和管理质量的工具，让干系人全面了解项目的成功与教训。

1. 项目审计类型

（1）项目阶段审计：关注项目的进程与绩效，检查各项条件是否发生了变化。

（2）项目收尾审计：从更广的视野对已经完成的项目进行重新审视，检查战略利益是否实现。

审计应该快速进行，审计报告应该尽可能有积极性和建设性。

2. 审计报告

审计报告需要根据具体的项目和组织环境量体裁衣，但通常包含以下几个部分。

（1）项目分类：①项目类型；②项目耗资规模；③人员数量；④技术水平：新、高、中、低；⑤战略性或辅助性。

（2）分析：①项目使命和目标；②使用的程序和系统；③使用的组织资源。

（3）建议：应该进行的主要纠正措施，可以借鉴的成功经验。

（4）汲取的教训：可以提醒项目团队在未来的项目中避开类似错误，采取行动确保成功。

8.5　项目冲突管理

在项目的生命周期中，分歧和冲突的出现是很自然的，比如项目的优先权、资源分配等问题。有些冲突有利于团队的目标并改善目标的绩效，有些冲突可能会阻碍团队的绩效，所以识别冲突类型并进行有效管理是非常必要的。

8.5.1　项目冲突的概述

（1）项目冲突概念。项目冲突即是项目中产生的矛盾。

（2）项目冲突的积极性与消极性。处理得好，不仅可以解决矛盾问题，还可以产生创新；处理不好，不仅本身矛盾没解决，还可能引发更多冲突。

（3）冲突产生的原因。一方面，由于干系人价值观不一样，持有不同的看法，就会形成不同的意见；另一方面，由于设想与事实存在不一致，也导致冲突。以下九个方面如果设置不合理、协调不到位就会发生冲突：①项目成员；②项目目标；③技术问题；④项目计划；⑤项目成本；⑥资源分配；⑦组织结构；⑧优先权问题；⑨管理程序。

8.5.2　项目冲突管理

项目冲突管理就是采取合适的方法对项目进行中的各种矛盾进行有效处理，解决问题，以实现项目预期目标。

1. 识别项目冲突源

（1）人力资源冲突：项目与职能部门之间、项目与其他项目之间以及项目内部的用人上产生的冲突。

（2）成本费用冲突：往往在项目总预算和工作包费用如何分配时产生冲突。

（3）技术冲突：在项目技术质量、技术性能要求、技术权衡以及实现性能的手段上发生的冲突。

（4）管理程序冲突：如何定义项目责任、确定工作范围、计划与实施以及管理支持程序等方面产生的冲突。

（5）项目优先权冲突：项目参加者对实现项目目标应该执行的工作活动和任务的次序关系持有不同的看法。优先权冲突不仅发生在项目团队与其他合作队伍之间，在项目团队内部也经常会发生。

（6）项目进度冲突：围绕项目工作任务的时间确定次序安排和进度计划产生的冲突。

（7）项目成员个性冲突：个人的价值观、判断事物的标准等差异导致的冲突。

小案例

如何管理低优先级项目？一是项目经理在项目开始之前花时间开会，确定早期任务。二是尽可能增加项目活动的乐趣，如举办建立团队身份仪式的讨论活动。三是尽可能使项目的收益对团队成员真实化。如将高级别项目发起人邀请来，强调项目对公司的重要性，以此来激发大家的积极性。四是与每个团队成员建立密切的个人关系。这种关系一旦建立，成员们努力工作不仅是因为真正关心项目，更多地是因为他们不想让项目经理为难。因此，项目经理认识每位团队成员，与他们接触，鼓励他们，并在需要时伸出援助之手是非常必要的。五是项目经理要提醒人们不要忘了会议的召开，要多带些材料复印件，以备忘带的或找不到材料的人员之需。

资料来源：克利福德·格雷，埃里克·拉森．2005．项目管理教程．徐涛，张杨译．北京：人民邮电出版社．

2. 项目冲突强度

项目冲突在项目的整个生命周期都会发生，不同阶段冲突源发生的频次、影响程度都是不一样的，如在项目实施过程中，进度冲突就很明显，优先权冲突次之，成本费用冲突是最弱的，如图 8-6 所示。项目经理要清醒辨识冲突源的强度，建立预警机制，做好预防工作。

3. 项目冲突解决方法

共同的愿景能够超越项目中的分歧，所以建立共同目标，可以消除争端。如果双方都同意最重要的目标是使客户满意，那就为客观解决争端打下了基础。因此，提前就哪个优先级是重要的（从成本、时间或范围角度考虑）达成协议，将有助于项目团队决定什么样的决策是最恰当的。

项目经理还要建立一个恰当的反应模式，以备有人表示异议或者挑战他们的想法时予以应对。

通常，解决冲突有如下的五种方法：

（1）回避。①当冲突微不足道时；②双方情绪激动，需要时间平静时。

（2）缓和。①争端问题不很重要；②希望为以后的工作树立信誉时。

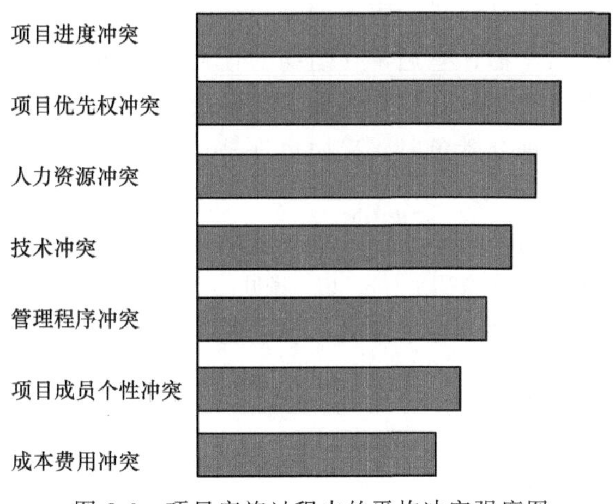

图 8-6　项目实施过程中的平均冲突强度图

（3）妥协。①双方都势均力敌；②希望复杂问题取得暂行解决时；③时间过紧需要一个权宜之计时。

（4）强制。①需要采取不同寻常的活动时；②对其他人是否赞同无所谓时。

（5）正视。①重大事件需要迅速处理时；②双方都希望赢时；③问题十分重要不可能妥协折中时。

4. 解决冲突的五个步骤

解决冲突的五个步骤为：①勇于承担责任；②开诚布公讨论；③寻求解决方案；④达成一致意见；⑤后续协调完善。

总之，对项目干系人的识别和与其沟通是非常重要的，特别是客户对项目的满意度是检验项目成功与否的最终标准。项目经理应该采取积极主动的方法管理客户的期望和感受，让客户积极参与到项目的关键决策中去，随时了解项目的重要进展，减少失望和误会，促使项目达成预期目标。

本章回顾

本章从项目沟通管理定义入手，分析了项目干系人的类别和需求，针对项目干系人有效信息沟通的四大障碍，提出了六个方面的解决途径。

项目会议和项目报告是项目沟通很重要的方式和工具，做好项目会议前、中、后的管理以及形成不同类型的报告是非常必要的。

面对项目的各类冲突，项目团队要善于识别冲突源，并运用解决冲突的办法和步骤有效化解冲突，推动项目顺利运行。

复　习　题

一、判断题

1. 项目沟通就是项目经理经常找人谈话。（　　）

2. 项目进展报告是项目沟通的重要形式。（　　）

3. 有效沟通的一个基本条件是演讲者表达清楚。（　　）
4. 冲突是项目组织的必然产物，它通常在组织的任何层次都会产生。（　　）
5. 冲突的强度越高，就说明它越重要，应该尽快解决。（　　）
6. 在冲突双方势均力敌、难分胜负时，妥协也许是较为恰当的解决方式。（　　）

二、单项选择题

1. 同一条项目信息，不同的人有不同的理解，这属于沟通中的（　　）。
   A. 认知障碍　B. 情感障碍　C. 偏见障碍　D. 个性障碍
2. 项目经理在进行项目管理的过程中用时最多的是（　　）。
   A. 计划　B. 控制　C. 沟通　D. 团队建设
3. 对于冲突，现代的观点认为（　　）。
   A. 冲突是不好的　B. 冲突是由制造事端者引起的
   C. 应当避免冲突　D. 冲突常常是有益的
4. 项目组织规定汇报制度、定期或不定期的会议制度、上级指示按组织系统下达或下级情况逐级上报等属于（　　）。
   A. 正式沟通　B. 非正式沟通　C. 单向沟通　D. 上行沟通
5. 组织中的平行沟通是指（　　）。
   A. 上下级之间的信息交流　B. 同级领导人员的信息交流
   C. 各平行部门或人员的信息交流　D. 职能相似部门之间的信息交流
6. 人与人之间的沟通主要是通过（　　）。
   A. 语言来进行的　B. 情感交流来进行的
   C. 心理因素来进行的　D. 正式渠道来进行的
7. 人们的真实思想动机往往是在（　　）沟通中表露出来。
   A. 正式　B. 非正式　C. 平行　D. 上行
8. （　　）是双向沟通。
   A. 作报告　B. 作讲演　C. 作批示　D. 进行协商
9. 某公司项目经理是从一个普通的技术人员发展起来的，但这位经理却常常为管理生产工人的事发愁。因为他被工人们称为“白面书生”，很难与他们沟通。你认为最可能的解决方法是什么？（　　）。
   A. 采取严厉的措施，板起脸来
   B. 招聘对生产管理有经验的专家，代替自己来管
   C. 与生产工人坐在一起开座谈会，放下架子，逐步缓和关系
   D. 开除给自己起外号的工人，杀一儆百
10. 在信息传递的过程中，构成信息双向沟通的重要一步是（　　）。
   A. 传递　B. 接收　C. 译码　D. 反馈
11. 在项目管理过程中，项目经理要营造信息畅通的沟通环境，其工作内容应该包括（　　）。
   A. 要求所有人按照项目经理的要求去做
   B. 确保所有的沟通都很明确

C. 让项目团队预先准备沟通管理计划

D. 确保项目小组成员拥有他们工作所需的信息

12. 在下面哪种情况下，项目小组需要与客户进行正式的书面沟通（　　）。

A. 项目的产品出现问题　　B. 项目进度拖期

C. 项目成本超支　　D. 客户提出了超出合同要求的工作

13. 从潜在的冲突中解脱出来的冲突解决方式是（　　）。

A. 妥协　　B. 缓和　　C. 竞争　　D. 回避

14. 现代观点认为冲突（　　）。

A. 是破坏性的

B. 如果处理得当，可能是有益的

C. 可能是有益的，但取决于和谁发生冲突

D. 以上皆是

15. 解决冲突的关键是（　　）。

A. 项目管理专家　　B. 客户

C. 团队成员　　D. 项目经理

16. 除了防范之外，项目经理最常用的解决方法是（　　）。

A. 正视　　B. 缓和　　C. 竞争　　D. 回避

17. 在项目实施的整个过程中，强度最大的是（　　）。

A. 技术冲突　　B. 个性冲突　　C. 进度冲突　　D. 人力资源冲突

18. 项目经理应当（　　）。

A. 控制所有信息　　B. 努力控制沟通

C. 授权沟通的控制　　D. 拥有沟通系统中各种冲突的信息

19. 缺乏沟通和未解决的争端意味着（　　）。

A. 项目复杂　　B. 进度计划失败

C. 项目团队效率低下　　D. 项目团队的职责界定不明确

20. 项目沟通管理中信息的过滤（　　）。

A. 应当尽量限制

B. 是有效沟通所必需的

C. 只有当项目出现重大问题或危机时才应该发生

D. B 和 C

三、多项选择题

1. 项目沟通管理在项目管理中起着很重要的作用，表现在（　　）。

A. 决策和计划的基础

B. 组织和控制管理过程的依据和手段

C. 建立和改善人际关系必不可少的条件

D. 成功领导的重要手段

2. 沟通方式方法包含（　　）。

A. 正式沟通、非正式沟通

B. 上行沟通、下行沟通、平行沟通

C. 单向沟通、双向沟通

D. 书面沟通、口头沟通、语言沟通、体语沟通

3. 项目会议期间的管理方法有（　　）。

A. 指定会议记录　　B. 先说明会议目的和议程

C. 掌握和控制会议　　D. 结束时要总结会议成果

4. 项目冲突解决方法有（　　）。

A. 回避或妥协　　B. 缓和或调停　　C. 竞争或逼迫　　D. 正视

5. 有效沟通的前提是（　　）。

A. 有高超的沟通技巧　　B. 有共同的语言

C. 有多种沟通渠道　　D. 有沟通的愿望

6. 项目沟通的方式多种多样，有正式的，也有非正式的，有书面的，也有口头的，这些方式包括（　　）。

A. 项目的启动会议　　B. 项目进展报告

C. 项目验收　　D. 项目总结报告

7. 非正式沟通的优点是（　　）。

A. 灵活、方便　　B. 约束力较强

C. 速度快　　D. 可以使沟通保持权威性

8. 项目沟通计划就是针对项目当事人的沟通需求进行分析，它主要包括（　　）。

A. 确定向谁发布信息　　B. 发布什么信息

C. 什么时候发布信息　　D. 采取何种方式发布信息

9. 采用何种沟通方式，取决于哪些因素？（　　）

A. 对信息需求的紧迫程度　　B. 沟通方式的可行性

C. 项目团队成员的能力　　D. 项目执行情况

10. 下面说法中正确的是（　　）。

A. 项目沟通有单向沟通和双向沟通

B. 项目沟通既有上对下的沟通也有下对上的沟通

C. 项目沟通只在项目团队内进行

D. 项目沟通分为文字符号、语言动作沟通

11. 下列有关冲突解决方式的表述正确的是（　　）。

A. 缓和是一种折中的方法

B. 缓和是从冲突中找出一致的方面，忽视两者之间的矛盾

C. 正视通常用于解决与上级的冲突

D. 妥协常常用于解决与职能部门的冲突

12. 为了做好冲突防范，项目经理应该（　　）。

A. 确保项目团队成员都清楚项目的目标

B. 让团队成员明白项目计划

C. 提高项目成员的自信

D. 营造良好的沟通环境

13. 下列各项哪些是非正式沟通的例子？（　　）

A. 工程师的笔记　　B. 电子邮件信息

C. 管理计划　　D. 发给项目团队成员的备忘录

14. 项目经理可以通过什么来促进项目沟通？（　　）

A. 运用多种沟通渠道　　B. 进行信息的追踪与反馈

C. 成为一个沟通联络者　　D. 主持有效的会议

四、简答题

1. 有效信息沟通有哪几条途径？

2. 项目经理应该具备哪几种交流技能？

3. 项目会议管理有哪些方法与技巧？

4. 项目书面报告有多少种分类？

5. 项目冲突有哪些解决方法？

五、能力应用题

案例一　沟通不仅仅需要 MSN

由创始人兼总经理王立羽创办的香莱尔服饰经过了十多年的艰苦创业，已经成为女装品牌服饰的领头羊。王立羽聪明、爱才，工作中最常用也最主要应用的交流工具就是 MSN：通过 MSN 他招聘到了市场总监李雪露、设计总监刘文云，也通过 MSN 与员工交流，并讨论工作方案，并拒绝与员工当面沟通。他的口头禅就是“MSN”上谈吧。

但最近连续三年来公司的中层、高层管理人才相继集体辞职。李雪露因不甘于低下的效率而辞职，而刘文云的新年度设计方案由于王立羽来不及看未被采纳，王立羽在没有作任何沟通的情况下宣布公司决定要模仿某法国品牌款式，也让刘文云伤心离去。

骨干的连续出走给公司的生存、发展带来了严重的威胁和挑战，而这一切的根源缘于王立羽在沟通渠道上主要依赖 MSN 的交流方式，忽视了其他有效沟通的交流方式。

资料来源：经理人网站：http：//www.ceconline.com/hr/ma/8800059923/01/

讨论题

1. 项目沟通包含哪些方式？

2. 比较当面表达与 MSN 文字表达的优、劣势。

案例二　沟 通 管 理

希赛信息技术有限公司（简称希赛公司）是由 M 集团投资建立的致力于为教育行业提供针对信息技术咨询、开发、集成的专业应用解决方案提供商，在“数字化校园”领域具有多年的研发经验和相当数量的客户成功案例。

经过长时间的使用和改进，系统已经日趋成熟，获得了广大用户的信赖。目前通过和有关银行的合作，综合考虑了学校的需求，为“数字化校园”推出了软、硬件结合的“银校通”完整解决方案。

半个月前，希赛公司和U大学合作建设的“银校通”项目正式立项。由于希赛公司已有比较成熟的产品积累，项目研发工作量不是特别大。张红被任命担任该项目的项目经理，主要负责项目管理和用户沟通等工作。张红两个月前刚从工作了五年时间的B公司辞职来到希赛公司，由于B公司主要从事电子政务信息系统的集成，故张红在“数字化校园”的业务方面不是特别熟悉。

项目组成员还包括李晓、王卿、两名程序员和一名测试人员，李晓主要负责项目中的技术实现，赵丹和高峰两名程序员主要负责程序编码工作，王卿负责项目文档的收集和整理。在希赛公司，李晓属于元老级的人物，技术水平高也是大家公认的，但李晓在过去作为项目经理的一些项目中，工作上常由于没有处理好客户关系为公司带来了一些问题。王卿的工作虽然简单但是格外繁重，因而多次向张红提出需要增派人员，张红也认为王卿的工作量过大，需要增派人手，因此就此事多次与希赛公司项目管理部门领导沟通。但每当希赛公司项目管理部门就此事向李晓核实情况时，李晓总是说王卿的工作不算很多，而且张红的工作比较轻松，让张红帮助下王卿就可以了，不需要增派人员。因而希赛公司项目管理部门不同意张红关于增加项目组成人员的建议。张红得到希赛公司项目管理部门意见反馈后，与李晓进行了沟通，李晓的理由是张红的工作确实不多，总是帮别人提意见，自己做得不多。所以李晓认为张红有足够时间来帮助王卿完成文档工作。张红试图从岗位责任、项目分工等方面对李晓的这个误解进行解释，又试图利用换位思维的方法向李晓说明真实情况，但李晓依旧坚持自己的看法，认为张红给自己的工作太少。

资料来源：百度文库：http：//wenku.baidu.com/view/877cee45be1e650e52ea9981.html

讨论题

1. 什么是项目沟通管理中的沟通渠道？沟通渠道与沟通复杂性的关系怎样？

2. 就软件项目中如何改进项目沟通提出实质性的建议。

马歇尔·古德史密斯，马克·莱特尔．2012．管理中的魔鬼细节．刘祥亚译．广州：广东人民出版社．

杰尔·R·梅瑞狄斯，小塞缪尔·J·曼特尔．2006．项目管理：管理新视角．周晓红等译．北京：电子工业出版社．

克利福德·格雷，埃里克·拉森．2005．项目管理教程．徐涛，张扬译．北京：人民邮电出版社．

戚安邦等．2011．项目管理学．北京：科学出版社．

世界经理人网站：http：//www.ceconline.com/.

第9章　项目采购与招投标管理

知识目标

1. 掌握采购的基本概念、采购计划的制订和常用的方法
2. 掌握项目招投标的概念、程序、开标、评标与授予合同
3. 了解项目合同管理的基本内容

能力目标

1. 有能力为项目进行有效的采购管理
2. 有能力进行有效的招标管理
3. 有能力对项目的合同进行高效管理

关键词　项目采购　项目招投标管理　项目合同管理

导入案例

公司的目标是要追求利润最大化，而增加利润的方法之一就是增加销售额。假设某公司购进50000元的原材料，加工成本为50000元，若销售额为110000元时，销售利润是10000元。如果利润率不变，将销售利润提高到15000元，则销售额就需要达到165000元，这样使公司的销售能力提高50%是非常困难的。

此外，还有一种方法也可实现利润的增长。假定加工成本不变，可以通过有效的采购管理使原材料只花费45000元，所节余的5000元可直接转化为利润，同样可将销售额在110000元时达到利润15000元。

此案例说明了良好的采购管理可以直接增加公司的利润和价值，使公司在市场竞争中赢得优势。

采购是项目管理过程中的一个重要环节，重要性体现在以下几个方面：一是采购费用占项目投资的比重很大，一般要占项目投资的60%以上。二是采购物资的质量、成本、进度对项目目标完成有重要的影响。三是采购过程在整个项目管理中占据较大的工作量。采购往往涉及相当多的外协部门，采购的时间应该与整个项目的实施进度相适应，而且往往要考虑的是项目整个生命期的费用，而不是光考虑最初的采购价格。一般来说，供应商提供货物和服务的价格是在客户发出的报价需求的基础上确定的，一般情况是多方竞争报价的结果，也可能是商务直接谈判的结果。

采购也是一个供应商竞争的过程，采购物资报价、供应商询价和客户行情的变化

等都要受许多因素的影响。项目采购不是简单的买卖过程，它涉及全过程的开发跟踪与管理，在采购管理过程中还涉及招投标管理、合同履约等。

9.1 项目采购概述

9.1.1 项目采购的概念

采购（procurement）就是千方百计获得性价比高的产品或服务。项目采购与一般的商品买卖不同，它不是一种简单的交易，除了产品交易外，还包括采购前的准备和定点后的过程管理。采购管理类书籍将项目采购管理定义为“为实现项目的目标，而从外部获取货物和服务所需的过程。”通常把货物和服务（无论是一项还是多项）称为“产品”。

项目采购管理过程中合同条款一般由买方先起草，双方经过一定时间的协商和准备才能达成，采购合同是项目开发过程中对供应商管理的一个重要依据。

任何项目的执行都离不开采购活动，如一个总成产品的开发需要专用原材料、外协件、开发新的设备、工装模具、检具，认可试验需要部分或全部外委，零件的运输需要外委。这些项目投入物或服务都是通过采购获得的。

可以说，采购工作是项目实施过程的关键环节。采购管理成功与否是一个项目实施成败的决定因素。如果采购管理不当可能会出现设备、材料的质量问题，使成本上升，交付延迟，最终导致项目不能成功。因为项目的基础是需要合格的供应商提供合格的原材料、协配件、工装设备等，这些都是通过采购获取的。项目的成本构成中，供应商原材料、外购件、设备工装等占绝大部分，所以，只有控制好采购成本，项目管理的经济效益才能体现。另外，不论是原材料、外购件供应商开发的进度，还是设备工装的进度，都会影响项目总进度，导致零件无法按时交样。产品是由原材料和外协件构成的，产品的制造是由设备和工装完成的，所以项目采购所获得物资的质量对项目产品质量有着重要影响。

9.1.2 项目采购相关术语

1. 产品

产品泛指公司的自制件、备件等或指外协件、原材料，该产品由一个或多个外协件组成。

2. 外协件供货

作为订货合同的标的物，指供应商提供给公司的毛坯件、零件、部件、材料、总成或分总成，或者供应商对由公司提供的毛坯件、零件、部件、总成或分总成进行加工处理，可以作为最初样件、预批量供货、现生产供货或备件。供应商向公司提供的所有的供货，均带公司专门的指定名称和编号。

3. 联合开发设计

联合开发设计指委托开发和合作开发两种形式。

4. QCDSTAP

QCDSTAP 指质量（Quality）、成本（Cost）、交货（Delivery）、服务（Service）、技术（Technology）、资产（Asset）、员工与流程（People and Process），合称 QCDSTAP，是一个对供应商的评价体系。前三个指标各行各业通用，相对易于统计，属硬性指标，是供应商管理绩效的直接表现；后三个指标相对难于量化，是软性指标，但却是保证前三个指标的根本。服务指标介于中间，是供应商增加价值的重要表现。前三个指标广为接受并应用；对其余指标的认识、理解则参差不齐，对其执行则能体现管理供应商的水平。

5. 定点意向书

定点意向书指在咨询报价、谈判阶段完成之后，公司与预选供应商签署的关于产品开发的采购临时合同。该合同由多份合同文件组成，其中特别包括技术任务书、供应商最终和完整的报价清单和公司通用的采购通则。

6. 供货协议书

供货协议书是双方签署的现生产采购合同文件。订货协议书包括现生产订货开口合同（现生产供货、备件）和/或现生产订货闭口合同。现生产订货开口合同不含交货数量，有待在交货令中确定；现生产订货闭口合同中数量和交货期限已予确定。

7. 知识产权

知识产权泛指对任何文学、艺术和知识等方面享有的权利，特别是专利、商标、外观设计和模型、计划、工艺、专业知识、制造秘密、软件或所有类似或相同的权利。

8. 物流技术任务书

物流技术任务书是公司有关物流方面的所有要求的总和，包括：运输、物流类型等，这些也是物流成本正确计算的必要因素。

9. 供货模式

供应商的供货模式包括：周期供货、批量供货、看板供货、同步配送等。各供应商的供货模式在物流协议中体现。

10. 月度订单

月度订单是指周期供货、批量供货供应商的交付令。订单中含四周的正式要货计划和两个月的滚动预测。供应商按正式要货计划送货，参考预测准备自己的库存，以满足公司的后续订单。这种订单一般适用于标准件，如卡扣、螺钉等。

11. 滚动计划

滚动计划是指日配送供应商备货参考。一般公司滚动计划为三个月，波动计划含次月和后续两个月的需求预测，每月更新。

12. 周配送计划

周配送计划是指看板供货中日配送供应商的交付令。

13. 同步配送计划

同步配送计划是指按客户生产节拍，同步实施供货，一般为半小时到两小时不等。

14. 零件交付

零件交付是指供应商按订单或配送计划中的品种、时间、数量、交付地点及质量协议中的质量规定，携带交货单、自检报告完成对公司零件的交付。

15. 停线

停线是指公司生产线停工待料。

16. 交货令

交货令是指公司按供货的交货时间表，就某交货地点对外协件的需求而做出的明确指示。

17. 安全库存

安全库存是指供应商符合现行技术定义的合格外协件的一定数量的库存（现生产的外协件和备件）。

18. 入库结算

入库结算是公司与供应商之间的一种资产转移方式，当且仅当公司对到货的外协件进行抽检合格并入库后，才视为公司对资产的接收。公司仓库的范围仅包括：公司外协件仓库（或公司委托的第三方物流服务商外协件仓库）、同步外协件卸货中转区、交替式物流超市，不包括供应商的第三方中转库。

19. 供应商的产能

供应商的产能是指供应商在与公司所签署的合同所约定的时间内生产出满足公司质量、准时交货前提条件下的外协件数量的能力。

20. 上线结算

上线结算指按结算周期内实际消耗的零件数量与供应商结算。公式为

结算周期内零件上线数量－车间料废退库数量＝供应商外协件结算数量

9.2 项目采购的方式和过程

9.2.1 采购方式分类

根据项目本身的要求、项目面临的宏观和微观环境的不同，项目采购可以选择的方式多种多样。不同的采购方式又分别适用于不同的项目采购规模、不同的资金来源渠道、不同的项目采购对象的性质和要求。因此，在项目实施过程中，就有必要选择适当的采购方式。而且还可能出现在同一项目中同时使用多种不同的采购方式的情况，多种采购方式的合理组合使用，有助于提高采购效率和质量。

按采购方式可分为招标采购和非招标采购。其中，招标采购主要包括国际竞争性招标和国内竞争性招标、有限国际招标采购。非招标采购主要包括国际询价采购、国

内询价采购、直接采购等。

1. 公开竞争性招标（无限竞争性招标）

公开竞争性招标是由招标单位通过报刊、广播、电视等公开媒体工具发布招标广告，凡对该招标项目感兴趣又符合条件的法人，都可在规定的时间内向招标单位提交意向书，由招标单位进行资格审查，校准后购买招标文件，进行投标。公开竞争性招标的方式给一切合格的招标者以平等的竞争机会，能够吸引众多的供应商，也称为无限竞争性招标。

根据项目采购的规模大小、要求的货物和服务的技术水平的高低以及资金来源，公开竞争性招标又可根据其涉及的范围大小，分为国际竞争性招标和国内竞争性招标。

公开竞争性招标的优点：竞争公平而激烈；在更加广的范围内选择供应商；有利于选择最佳供应商。

公开竞争性招标的缺点：准备工作时间较长；有可能出现低水平标书；增加采购管理费用等。

这种招标方式主要适应对象是设备、模具等固定资产投资项目。

2. 有限竞争性招标（邀请招标或选择招标）

有限竞争性招标，又称为邀请招标或选择招标。有限竞争性招标是由招标单位根据自己积累的资料，或由权威的咨询机构提供的信息，选择一些合格的单位发出邀请，应邀单位（必须有三家以上）在规定时间内向招标单位提交投标意向，购买投标文件进行投标。

有限竞争性招标优点：缩短评标周期和费用；有利于项目迅速开工；节省招标管理费用。

有限竞争性招标缺点：竞争不公平；不能有效地发现潜在的供应商；采购价格可能会提高。

这种招标方式一般适用于技术复杂的外购件、原材料。

3. 询价招标（议标）

询价招标即比价方式，一般习惯称作“货比三家”。它适用于项目采购时即可直接取得的现货采购或价值较小、属于标准规格的产品采购。

询价采购是根据来自几家供应商（至少三家）所提供的报价，然后将各个报价进行比较的一种采购方式，其目的是确保价格的竞争性。这种方式无需正式的招标文件，具体做法同一般的对外采购区别不大，只不过是要向几个供应商询价进行比较，最后确定采购的供应商。

询价采购优点：快速启动作业。

询价采购缺点：因缺乏竞争导致成本大幅度上升。

适应对象：一般外协外购件、原材料。

4. 直接签订合同

直接签订合同是指在特定的采购环境下，不进行竞争而直接签订合同的采购方法。这主要适用于不能或不便进行竞争性招标、竞争性招标优势不存在的情况下。例如，有些产品或服务具有专有的技术，只能从一家供应商获得，或客户指定供应商。

5. 自制或自己提供服务

这种方式不是一种严格意义上的采购方式，而是由项目实施组织利用自己的人员和设备生产产品。这可能是由于项目的一些特殊要求或是项目组织从成本效益原则分析研究的结果所决定的。

为了避免发生高成本和低效率的问题，采用这种方式进行采购前应尽可能地作详细的设计，并估算成本，在实施过程中，应建立严格的内部控制制度进行进度、投资和质量控制。

9.2.2 项目采购的主要过程

项目采购过程包括了需要从执行组织以外获得货物和服务的过程。各种类型的项目采购，如工程项目采购、货物采购、咨询服务项目采购或IT项目采购都有其共性。项目采购管理由以下过程组成。

（1）采购计划编制：决定何时采购何物。

（2）询价计划编制：形成产品需求文档，并确定可能的供方。

（3）询价：依据情况获得报价单、投标、出价，或在适当的时候取得建议书。

（4）供方选择：从可能的卖主中进行选择。

（5）合同管理：管理与卖方的关系。

（6）合同终结（收尾）：合同的完成和解决，包括任何未解决事项的决议。

9.3 项目采购计划

9.3.1 项目采购计划的定义

项目采购计划是项目采购管理中第一位的和最重要的工作。它是对项目整个采购工作的总体安排，具体要考虑是否采购、采购什么、采购多少、怎样采购以及何时采购等问题。

采购计划（预算）是属于生产/销售计划中的一部分，也是公司年度计划与目标的一部分。通常，销售部门的计划（即销售收入预算）是公司年度营业计划的起点，然后生产/销售计划才随之确定。而生产/销售计划则包括采购预算（直接原料用品采购成本）、直接人工预算及制造/销售费用预算。由此可见，采购预算是采购部门为配合年度的销售预测或采购数量，对所需求的原料、物料、零件等的数量及成本做出的详细计划，以利于整个企业目标的达成。采购计划（预算）虽是整个企业预算的核心，但是如果单独编制，不但缺乏实用的价值，而且会失去其他部门的配合。

一般来说，编制采购计划至少须考虑以下六个方面的问题：

（1）采购的设备、货物或服务的数量、技术规格、参数和要求。

（2）所采购的设备、货物或服务在整个项目实施过程中的哪一阶段投入使用。

（3）所采购的每一种产品间彼此的联系。

（4）全部产品采购如何分别捆包，每个捆包应包括哪些类目。

（5）每个捆包从开始采购到到货需要多少时间，从而制定出每个捆包采购过程各阶段的时间表，并根据每个捆包采购时间表制定出项目全部采购的时间表。

（6）对整个采购工作协调管理。

9.3.2　采购计划的编制

1. 编制采购计划的输入

1）范围说明

范围说明书说明了项目目前的界限，提供了在采购计划过程中必须考虑的项目要求和策略的重要资料。随着项目的进展，范围说明书可能需要修改或细化，以反映这些界限的所有变化。范围说明应当包括对项目的描述、定义，以及详细说明需要采购的产品类目的参考图或图表及其他信息。

2）产品说明

项目产品（项目最终成果）的说明，提供了有关在采购计划过程中需要考虑的所有技术问题或注意事项的重要资料。项目产品说明在早期阶段一般比较粗略，而后则越来越详细，这是随着成果特性的了解逐步深入必然产生的结果。虽然成果说明的形式和内容会改变，但在任何时候其详细程度都应能够保证以后项目计划的进行。

3）采购活动所需的资源

项目实施组织若没有正式的订货单位，则项目管理班子将不得不自己提供资源和专业知识支持项目的各种采购活动。

4）市场状况

采购计划过程必须考虑市场上有何种产品可以买到、从何处购买，以及采购的条款和条件是怎样的。

5）其他计划结果

只要有其他计划结果可供使用（如项目成本初步估算、质量管理计划等），则在过程中必须加以考虑。

6）假设和约束条件

由于项目采购存在着诸多变化不定的环境因素，项目实施组织在实施采购过程中，面对变化不定的社会经济环境所做出的一些合理推断，就是基本假设。假设和约束条件的存在限制了项目组织的选择范围。

2. 采购计划的输出

1）采购管理计划

采购管理计划应说明如何管理其采购过程（从询价计划编制到合同收尾）。

2）工作说明书

工作说明书足够详细地说明了采购项目，以使预期的卖主确定其是否具备提供该项目的能力。详细的程度随采购项目的性质、买方的需求或与其合同形式的不同而不同。

9.3.3 采购计划常用的方法

1. 自制或外购分析

自制或外购分析法可用来分析某种产品由执行组织生产是否成本更低，这是很普通的管理工具。自制或外购分析都包括间接成本和直接成本。例如，在外购分析时，应包括采购产品的成本和管理购买过程的间接费用。自制和外购分析必须反映执行组织的观点和项目的直接需求。

2. 短期租赁与长期租赁分析

租赁是项目获得外部资源的一种常用的方式。应该根据项目对租赁预计使用时间、租金的大小求得长期租赁成本与短期租赁成本的平衡点，据此决定选用哪种租赁方式。例如，采购一项资本性支出项目（从建筑吊车到个人电脑的任何项目）与租赁此项目相比较，在成本上一般是不合算的，然而如执行组织对某一项目有持续需求，那么该项目的购货成本就可能会比租赁来得低。

3. 专家意见

在采购计划的工具和方法中，往往需要专家意见来评估管理输入。这种专家意见可由具有专门知识、来自于多种渠道的团体和个人提供，包括执行组织中的其他单位、顾问、专业技术团体、实业集团等。

9.4 招标投标

9.4.1 招标投标的定义及特点

招标投标是大宗物质采购和工程采购中广泛使用的一种采购方式，是由招标人和投标人经过要约、承诺和择优选定，最终形成协议和合同关系的平等主体之间的一种交易方式。招标投标具有如下特点。

1. 程序规范

招标投标的程序十分规范，从制订招标文件到订立合同，整个流程旨在杜绝程序上的漏洞：关于招标投标的法律法规是程序规范的保证。

2. 可查性强

招标投标从发布招标公告到签订合同，都通过了层层把关，整个流程的工作有章可循、有据可查，操作性强，这就在机制和操作程序上堵住可能出现的漏洞。同时，这些文件都作为档案保存起来，使之经受历史的检验。

3. 公开透明

我们知道，隐秘件和黑箱操作，是获取暴利和腐败的直接原因。由于招标投标是一种公开透明的行为，所以迫使商家最大限度地向买方让利，这对社会和生意人来说是百利而无一弊的，同时也杜绝了商家通过贿赂买主而抬高价格，从中赚取不法利润。

对商家而言，适当地采取低利投标策略是正确和合法的。这是因为尽管获取的利润低一些，但是却加大了赢得生意的可能性，这是值得的。在市场竞争日趋激烈的今天，通过低利润或零利润打入市场，再通过改进工艺和加强管理保证不亏本，进而通过本项目的优秀表现赢得其他项目，这会给商家带来更大的生存空间。

4. 一次成交

在一般交易活动中，买卖双方往往要经过多次谈判才能成交。招标则不同，在投标人递交投标文件后、招标人确定中标人之前，招标人不得与投标人就投标价格等实质性内容进行谈判。也就是说，投标人只能一次报价，不能与招标人讨价还价，并以此报价作为签订合同的基础。但是，对于小型的采购，会出现报价后由于各种原因进行再询价的情况，只要做到公正透明，还是允许的。

9.4.2　招标投标的标止性规定

1. 禁止招标人向投标人泄露标底

从某种意义上说，招标投标是捉迷藏，让投标人不能确认自己中标。如果某一投标人知道自己中标，那么其他投标人就没有参加的必要。而招标人向投标人泄露标底，会造成投标人中标的机会，对其他投标人是十分不公平的。

《中华人民共和国招标投标法》第 52 条规定：依法必须进行招标的项目的招标人向他人透露已获取招标文件的潜在投标人的名称、数量或者可能影响公平竞争的有关招标投标的其他情况的，或者泄露标底的，给予警告，可以并处 1 万元以上 10 万元以下的罚款；对单位直接负责的主管人员和其他直接责任人员依法给予处分；构成犯罪的，依法追究刑事责任。

2. 禁止投标人之间相互约定抬高或压低投标报价

如果是全部投标人之间相互约定，那么只能是整体抬高了招标的报价。对于业主，即使采取低价中标法也会是以高价格让暗中约定的投协人中标，这无疑会带来不可挽回的损失。

如果是部分投标人之间相互约定，那么这部分的投标人之间先进行内部竞价，内定中标人然后再参加投标，那么可能会以降低价格来赢得中标，这对于其他的投标人来说又是不公平竞争。同时，因为价格太低导致实际上无法运行，对于业主来说会增加很多麻烦。

以上情况俗称为围标，围标也叫串通招标投标，它是指招标者与投标者之间，或者投标者与投标者之间采用不正当手段，对招标投标事项进行串通，以排挤竞争对手或者损害招标者利益的行为。按行为主体的不同，围标包括：招标者与投标者的串通和投标者之间的串通两种。

招标者与投标者之间串通的一般做法：实施排挤竞争对手的行为。招标者在公开开标前，开启标书，并将投标情况告知其他投标者，或者协助投标者撤换标书，更换报价；招标者向投标者泄漏标底；投标者与招标者商定，在招标投标时压低或者抬高标价，中标后再给投标者或招标者额外补偿；招标者预先内定中标者，在确定中标者时以此决定取舍。

投标者之间串通的一般做法：投标者之间相互约定，一致抬高或者压低投标报价；投标者之间相互约定，在投标项目中轮流以高价或低价中标；投标者之间先进行内部竞价，内定中标人，然后再参加投标。这种做法是通过不正当手段排挤其他竞争者，从而使某个利益相关者中标，以达到谋取利益的目的。这种行为必须禁止，情节严重的需要追究法律责任。

《中华人民共和国招标投标法》第 53 条规定：投标人相互串通投标或者与招标人串通投标的，投标人以向招标人或者评标委员会成员行贿的手段谋取中标的，中标无效，处中标项目金额 0.5%以上 1%以下的罚款，对单位直接负责的主管人员以及其他直接责任人员处单位罚款数额 5%以上 10%以下的罚款；有违法所得的，并处没收违法所得；情形严重的，取消其 1～2 年内参加依法必须进行招标的项目的投标资格并予以公告，直至由工商行政管理机关吊销营业执照；构成犯罪的，依法追究刑事责任；给他人造成损失的，依法承担赔偿责任。

3. 不可以挂靠或者借用其他企业资质进行投标

一般都是不够资质的组织或个人进行挂靠，它们的技术力量、管理水平、资金来源等都会存在问题，如果挂靠或者借用，会给项目带来很大风险，对招标人十分不利。

《中华人民共和国招标投标法》第 54 条规定：投标人以他人名义投标或者以其他方式弄虚作假，骗取中标的，中标无效。给招标人造成损失的，依法承担赔偿责任；构成犯罪的，依法追究刑事责任。

4. 禁止投标人以行贿手段中标

投标人可以低于成本的报价中标，但是如果投标人以行贿手段中标，则有可能触犯刑律。投标人除了可能行贿招标人外，比较捷径的方法是行贿评标委员会成员。

《中华人民共和国招标投标法》第 56 条规定：评标委员会成员收受投标人的财物或者其他好处的，评标委员会成员或者参加评标的有关工作人员向他人透露对投标文件的评审和比较、中标候选人的推荐以及与评标有关的其他情况的，给予警告，没收收受的财物，可以并处 3000 元以上 50000 元以下的罚款，对有上述所列违法行为的评标委员会成员取消其担任评标委员会成员的资格，不得再参加任何依法必须进行招标的项目的评标；构成犯罪的，依法追究刑事责任。

9.4.3 招标的方式

严格意义上的招标仅为两种方式：公开招标和邀请招标。但对于一些相对小型的采购，还有协商议标、竞争性谈判、询价等方法。

1. 公开招标

公开招标又叫公开竞争性招标，是指招标人以招标公告的方式邀请不特定的法人或其他组织投标。由招标单位发布招标广告，凡是对该招标项目感兴趣的通过招标单位资格审查的法人或其他组织都可以购买招标文件进行投标。这种方式因为给所有合格的投标者以平等的竞争机会，所以又称为无限竞争性招标。

在应用公开招标方式时应注意：

(1) 时限。依法必须进行招标的项目，自招标文件开始发布之日起至投标人提交投标文件截止之日止，最短不得少于二十日。自招标文件或者资格预审文件出售之日起至停止出售之日止，最短不得少于五个工作日。

招标人对已发出的招标文件进行必要的澄清或者修改的，应当在招标文件要求提交投标文件截止时间至少十五日前，以书面形式通知所有招标文件收受人。

开标应当在招标文件确定的提交投标文件截止时间的同一时间公开进行。

投标人在提交投标文件截止时间前，可以补充、修改或者撤回已提交的投标文件，并书面通知招标人，但是，在提交投标文件截止时间后到招标文件规定的投标有效期终止前撤回投标文件的，其投标保证金将被没收。

(2) 废标处理。废标包括：逾期送达的或未送达指定地点的；未按招标文件要求响应或密封的；未按招标文件要求提交投标保证金的；无单位盖章的。废标处理是使之退出招标程序。

2. 邀请招标

邀请招标又叫有限竞争性招标，是指招标人以投标邀请书的方式邀请特定的法人或者其他组织投标（《中华人民共和国招标投标法》第 10 条）。之所以有限，是因为这种招标方式是招标单位向已具有意向性的合格单位（三家以上）发出邀请，而不是面向所有的潜在投标单位。

经批准可以进行邀请招标的情形：

(1) 项目技术复杂或有特殊要求，只有少数几家潜在投标人可供选择的；

(2) 受自然地域环境限制约束；

(3) 涉及国家安全或抢险救灾的；

(4) 拟公开招标的费用与项目的价值相比，不值得的。

3. 两段招标

两段招标是指相继运用公开招标和邀请招标的招标方式。所谓两段是指两个阶段：第一阶段属于公开招标阶段，仅由投标人为适应大范围的性能规格所提交的技术投标，并与招标人进行讨论，然后达成一个共同的技术规格。第二阶段属于邀请招标阶段，是在所达成的共同技术规格的基础上，投标人提交标价或有标价的补充标。

两段招标一般针对技术极端复杂，或者因为其迅速发展的特点而不可能拟定准确的设计标准和技术规格时采用。适用于技术复杂的大型招标项目。

4. 协商议标

协商议标主要是针对受客观条件限制或不易形成竞争局面的招标项目，如专业性很强，只有少数单位有能力承担的项目；或时间紧迫，来不及按正规程序招标的项目，可以由主管部门推荐或自行邀请三至四家比较知底的单位进行报价比较，由招标投标双方通过协商确定相关事项。协商议标是通过协商达成交易的一种方式，通常是在非公开状态下采取一对一谈判方式进行，实质是中一种非竞争性招标，严格地讲不能称为招标。因为招标投标行为的核心是竞争，没有竞争也就失去了招标的原有意义。

5. 竞争性谈判

竞争性谈判是政府采购方式之一，在国际上也广泛流行，如美国、欧盟的政府采购法律或指令中，都规定了这种采购方式。同样，这种方式在实际应用中已经突破了政府采购的领域。

竞争性谈判的实施有如下五个步骤。

（1）成立谈判小组。符合竞争性谈判采购方式的采购项目，一般采购金额较大，具有技术复杂、性质特殊和不确定性等特点。为此，法律规定要成立一个谈判小组，小组成员由采购人代表和有关专家（三个以上的单数）组成，其中专家人数不得少于成员总数的三分之二。

（2）制订谈判文件。竞争性谈判虽然与招标是两种不同的采购方式，但基本要求相同。在谈判活动开始前制订谈判文件。在谈判文件中规定好下列事项：谈判的具体程序，如谈判轮次及每个轮次的谈判重点；拟谈判的内容，包括技术规格、价格、服务等；合同草案，包括当事人的权利和义务、履约期限和方式、资金支付要求、验收标准等；评定成交的标准（类似招标文件中规定的评标标带），明确谈判小组应当考虑的具体因素及相关要求等。

（3）确定邀请参加谈判的供应商。谈判小组首先要规定参加谈判的供应商资格条件，然后从符合资格条件的供应商名单中确定并邀请不少于三家的供应商参加谈判。在给供应商发出谈判邀请时要提供谈判文件，谈判文件是供应商决定是否参加谈判的参考依据。

（4）开展谈判。在谈判活动中，为了维护谈判的公平和公正，谈判小组成员要作为一个集体与单个供应商分别谈判。谈判的任何一方或者谈判小组成员不得透露与谈判有关的其他供应商的资料、价格和其他信息。在谈判小组与各供应商进行了相同轮次的谈判后，为了更好地实现采购目标，谈判小组可以修改谈判文件，但涉及实质性变动的，要以书面形式通知所有参加谈判的供应商。供应商收到修改谈判文件的须知后，可以决定是否继续参加谈判活动。

（5）确定成交供应商。其基本程序为谈判小组在谈判结束后，要求所有参加谈判的供应商在规定时间内提交最后报价，否则作无效处理。谈判小组要按照谈判文件规定的评定标准，对供应商提交的报价进行评审，确定成交候选人名单并上报采购人。采购人从成交候选人名单中按照符合采购需求、质量和服务相等且报价最低的原则确定成交供应商，并将结果通知所有参加谈判的未成交供应商。竞争性谈判应遵循以下原则：①选好专家；②邀请尽可能多的供应商参加谈判；③注意提高谈判效率，保证采购质量。

6. 询价

询价一般适宜货物规格和标准统一、现货货源充足且价格变化幅度小的政府采购项目，它是指从应征的卖方那里取得就如何满足项目要求的应答（报价单和建议书）。简而言之，询价是买方从潜在的卖方获得建议书或标书的过程，包括获得报价的工作、供应商资格评审、还盘和讨价还价、谈判签约四个阶段。询价过程的大部分实际工作由应征的卖方完成，项目方通常无须支付任何费用。

询价的步骤与竞争性谈判相类似，它们是：

（1）成立询价小组。询价小组由采购人的代表和相关专家共三人以上的单数组成，其中专家的人数不得少于成员总数的三分之二。询价小组应当对采购项目的价格构成和评定成交的标准等事项做出规定。

（2）确定被询价的供应商名单。询价小组根据采购需求，从符合相应资格条件的供应商，名单中确定不少于三家的供应商，向其发出询价通知书让其报价。

（3）询价。询价小组要求被询价的供应商一次报出不得更改的价格。一般做法是在报价之前召开投标人会议。投标人会议又叫承包商会议、供应商会议和投标前会议，是指在拟定建议书之前向期望卖方举行的会议。会议的目的是保证所有期望卖方对本项目采购目的（技术要求、合同要求等）都有清楚的共同理解。在此过程中，所有潜在卖者都应保证得到同等对待。

询价的结果是获得报价单和建议书。报价单是清晰标示分类价格和总价格的清单，在分类价格中，应该具有与之相应的单价和数量。建议书是出卖方拟定的文件，叙述卖方提供所需产品的能力与意愿，建议书按有关采购文件要求拟定，建议书可以用口头介绍的方式加以补充。

（4）确定成交供应商。确定成交供应商是指采购人在收到报价单或建议书后，根据符合采购需求、质量和服务相等且报价最低的原则确定成交供应商，并将结果通知所有被询价的未成交的供应商。

9.4.4 招标投标的程序

1. 招标准备

招标准备主要是编制招标文件。招标文件是标明招标数量、规格、要求，以及招标投标双方责任和关系的法律文件。招标文件的重要性在于：①指导投标人分析决策；②为投标人和业主评标提供依据；③它是业主和中标人签订合同的组成部分。

2. 准备标底

标底又称底价，是招标人对招标项目所需费用的自我测算的期望值。标底直接关系到招标人的经济利益和投标人的中标率，应在合同签订前严加保密，不得泄露。

3. 投标者资格预审

资格预审主要是审查投标人或潜在投标人是否具有独立订立合同的权利，是否具有履行合同的能力，是否处于被责令停业、投标资格被取消的状态，法律法规确定的其他资格条件。主要内容有：投标者的法人地位与资质，资产财务状况，人员素质，技术力量，企业信誉和业绩。

资格预审时，招标人不得以不合理的条件限制、排斥潜在投机人或投标人，不得对潜在投机人或投标人实行歧视待遇，不得限制外系统潜在投机人或投标人，不得限制外地区潜在投机人或投标人。

投标单位编制投标文件最重要的依据是资格预审文件。

正确的资格预审程序：发布资格预审公告——发售资格预审文件——资格预审资料分析——发出资格预审合格通知书。

4. 召开标前会议

召开标前会议的目的主要是文件答疑。所谓文件答疑，是给所有的投标者一次质疑机会；投标人应当研读招标文件，发现招标文件中的各类问题时，应以书面形式向招标单位提出。这些问题一般在标前会议中得到公开的解答。而作为招标方，应该安排标前会议，最好把各类问题整理出来，分门别类加以解答，如果有必要，可以作为招标文件的补充部分发给所有投标人。

5. 开标

在约定的时间、地点，召集所有投标方代表和有关人士，如有必要还需邀请国家公证人员，在他们的监督下，当众启封密封的投标文件，宣读投标单位名称、项目和报价。

开标后，投标人不得更改标书的内容。

6. 初审和询标

由招标班子对投标文件进行审阅、鉴别，其内容包括：投标文件是否符合招标文件的要求，技术资料、证明文件是否齐全，报价的计算是否正确，全部文件是否按规定盖章确认，有否提出招标人无法接受的要求。

经过初审，对不符合招标文件要求的投标文件，作废标处理；对需要澄清的问题，通知投标方进行当面会谈或书面回答。质疑和澄清的内容，均应作书面记录，其中相关内容经双方代表签字后，可以成为投标文件的补充条款。

7. 评标

评标是指根据招标文件确定的标准和方法，对各标书进行分析比较。评标必须在投标文件有效期内结束，一般规定从开标到确定中标单位间隔时间不超过三十天。

8. 决标

决标是指从初评挑选出的一至三家中标候选者中进行终评，选出最终中标人。一般的方法有价低者得和合理低价法。

9. 授标与签约

确定中标单位两天内向中标人发出中标书面通知为授标，发出书面通知之日起三十天内与中标单位签订合同为签约。

9.5 项目合同

9.5.1 项目合同的概念

项目合同是业主与供应商之间为完成指定项目的目标而达成的相互权利和义务关系的具有法律效应的协议。供应商同意提供产品或服务；业主同意付给供应商相应的酬金。

项目合同有时也称协议，但是协议与合同不完全相同，协议适用非正式场合。合同有口头合同和书面合同两种，但根据《中华人民共和国合同法》要求，建设工程合同应当采用书面形式，一般来说，项目合同也是采用书面形式。

订立书面合同的依据是招标文件和投标文件。

合同管理是保证承包商的实际工作、满足合同要求的过程。

9.5.2 项目合同的构成

1. 合同当事人

合同当事人是指签订合同的各方，是合同权利和义务的主体。

2. 合同标的

合同标的是当事人双方的权利和义务所指向的对象（物品、劳务或服务）。

3. 合同的价款和酬金

合同的价款和酬金是指取得标的的一方向对方支付的代价。一般来说，合同的价款和酬金应该按工程量的进度支付，所以项目成本的结算期是项目的整个生命周期。

4. 合同期限、履行地点和方式

合同期限是指从合同生效到合同结束的时间。

履行地点是指合同标的物所在地。

履行方式是指交货或付款的方式。

5. 违约责任

违约责任是指合同一方因过失不能履行或不能完全履行合同责任而侵犯另一方权利时所应负的责任。

6. 解决争端的方法

解决争端的方法是指当出现合同没有陈述但又涉及某一方或双方利益、违背合同条款或不能预料的情况时如何处理的办法。

9.5.3 项目合同的类型

项目合同的类型，按不同的分类方法，其分类也不同。

1. 按签约各方的关系分类

（1）工程总承包合同。项目组织与承包商之间签订的合同，所包含的范围包括项目建设的全过程。

（2）工程分包合同。它是承包商将中标工程的一部分内容包给分包商，为此而签订的总承包商与分承包商间的分包合同。允许分包的内容，一般在合同条件中有约定。签订分包合同后，承包商仍应全部履行与业主签订的合同所规定的责任和义务。

（3）转包合同。转包合同是一种承包权的转让。承包商之间签订的转包合同，明确由另一承包商承担原承包商与项目组织签订的合同所规定的权利、义务和风险，而原承包商由转包合同中获取一定的报酬。

(4) 货物购销合同。货物购销合同是项目组织为从组织外部获得货物而与供应商签订的合同。

(5) 劳务分包合同。劳务分包合同通常称包工不包料合同或包清工合同。分包商在合同实施过程中，不承担材料涨价的风险。

(6) 劳务合同。承包商或分承包商雇用劳务所签订合同。提供劳务一方不承担任何风险，但也难获得较大的利润。

(7) 联合承包合同。指两个或两个以上合作单位之间，以承包人的名义，为共同承担项目的全部工作而签订的合同。

2. 按合同内容涉及范围的大小分类

(1) 一体化合同。这一合同类型要求承包商递交一份项目最终结果的文件，依据这一文件及顾客对文件的认可，合同被执行并完成。

(2) 分期式合同。这一合同类型要求承包商递交项目的阶段或部分结果的文件，而不是项目的最终结果。在合同中，一般要约定明确的劳务数量，而非项目的最终产品。这一劳务数量是通过承包商的员工在一定时间内平均技术水平与劳动强度的计算来确定。当合同约定的劳务数得以完成，承包商不再承担其他义务。

3. 按合同计价方式分类

根据计价方式的不同，合同可以分为总价合同、单价合同和成本补偿合同三种类型。

(1) 总价合同。总价合同又叫固定价格合同或总包合同，它是指对一个可明确识别的产品采用一个固定总价格包死的合同，有时也包括对达到或达不到既定项目目标进行奖惩的条款。总价合同是最简单的格式，是规定特定日期按照规定的价格交付规定的产品的采购清单。

(2) 单价合同。单价合同是指业主按预先设定的单价支付给供应商一定金额的合同。

(3) 成本补偿合同。成本补偿合同又叫费用偿还合同，是指业主（发包人）同意支付给供应商（承包人）的实际成本外加一定数额或百分比的管理费和商定的利润。

9.5.4 项目合同的履行

1. 项目合同的履行

项目合同的履行是指当事人双方按合同规定的内容行使合同规定的权利、完成各自承担的义务、实现合同目的的过程。合同当事人必须共同按计划履行合同，实现合同所要达到的各类预定目标。

2. 项目合同的变动

项目合同的变动通常是指由于一定的法律事实而改变合同的内容和标的的法律行为。项目在履行中是经常会发生变更的，为了保证项目目标的实现，必须依据合同的条款对项目的变更加以控制，并反过来对合同进行变更。合同的变动有正常的变动和失控的变动，前者是一种积极的变更，有利于项目目标的实现；后者是在迫不得已的情况下，未经双方充分协商一致而做出的变更，往往会导致项目利益的损失和合同执行的困难。

3. 项目合同的解除

项目合同的解除是指消除既存的合同效力的法律行为。合同的变动与解除是两种法律行为，二者的相同之处在于都必须经过双方当事人协商一致后改变原合同的法律关系；不同之处是前者产生新的法律关系，后者消灭原合同关系而并不产生新的法律关系。

4. 项目合同的终止

合同签订以后，因为一方的法律事实而出现的终止合同的关系是合同的终止。合同签订以后是不允许随意终止的。根据中国的现行法律和有关司法实践，可以因为以下原因终止合同的法律关系：

（1）合同因履行而终止。

（2）双方当事人混同为一人而终止。

（3）因不可抗力原因而终止。

（4）双方当事人协商同意而终止。

（5）仲裁机构或者法院判决终止合同。

9.5.5　合同分析

合同分析是履约管理的依据，它从执行的角度分析、补充、解释合同，将合同目标和合同规定落实到合同实施的具体问题上和具体事件上。合同分析包括：

1. 合同价格分析

合同价格分析的内容包括：合同所采用的计价方法及合同价格所包括的范围；合同价格的调整，即费用索赔的条件；价格调整方法；计价依据，索赔有效期规定。但是，违约合同责任不属于合同分析。

2. 合同漏洞分析

合同漏洞分析是分析合同漏洞，解释争议内容。项目实施的实际情况是千变万化的，合同难免会有漏洞。找出漏洞并加以补充，可减少合同双方的争执。另外，合同双方争执的起因往往是对合同条款理解的不一致，分析条文的意思，对条文的理解达成一致，才能为索赔工作打开通道。

3. 合同风险分析

合同风险分析主要是分析合同风险，制订风险对策。只有界定和确认项目所承担的风险是什么、风险影响程度大小，才能找到对策和措施去控制风险，规避风险。

4. 合同责任分析

合同责任分析主要是分解合同责任和加强合同交底。项目经理应将合同责任进行分解，具体落实到部门与个人。

9.5.6 项目合同的违约与纠纷处理

1. 项目合同的违约

项目合同的违约是指合同的当事人违反合同的约定，不履行义务或者履行义务不符合约定的行为所造成的事实。违反合同必须承担违约责任，这是我国合同法中规定的一项法律制度。当合同的一方不履行合同义务时，另一方有权请求他方履行合同，并支付违约金或赔偿损失。对于违约的惩罚方式有支付违约金、罚金、终止合同、重新招标和取消承包资格等。

2. 合同纠纷产生的原因

合同是平等主体的自然人、法人、其他组织之间设立、变更、终止民事权利、义务关系的协议，只有分析了合同纠纷产生的原因，才能提出处理合同纠纷的具体方式。产生合同纠纷的原因主要有以下几个方面：

(1) 合同自身的原因。这是由于虽然合同都尽可能订得具体详尽，但是不可能完美无缺，这就成为今后争端的“伏笔”。签约各方必须在签订合同前认真地逐条审查合同条款，以便删除合同中有明显偏向的条款，避免发生争端时处于被动。

(2) 人为的原因。这类原因主要是执行合同过程中发生的错误或组织管理不力而产生争议，如设计变更、增减项目内容、技术人员指示不明确等。

(3) 不可预见的原因。这主要是因为在执行合同过程中发生的不可抗拒力和不可预见的自然灾害和社会政治变动等情况给项目的实施造成实质性的损害。

3. 处理合同纠纷的主要方式

1) 协商解决

协商解决又称为友好协商，是指双方当事人为了促进双方的关系与相互谅解，为了今后双方经济往来的继续与发展，彼此怀着诚意进行磋商，相互做出一些有利于解决纠纷的让步，并在彼此可接受、继续合作的基础上达成和解的协议。协商解决的优点在于无须经过仲裁和诉讼的麻烦和费用，气氛比较友好，而且双方协商的灵活性比较大，能给彼此留下很大的余地。

2) 调解解决

调解是由第三者从中调停、促使双方当事人和解。调解可以在交付仲裁和诉讼前进行，也可以在仲裁和诉讼过程中进行。通过调解达成和解后，即可不再求助于仲裁或诉讼了。我国民事诉讼中的一个重要原则是重视通过调解来解决各种纠纷，包括合同纠纷。实践证明，许多合同纠纷经过第三者的调解是可以得到顺利解决的。

3) 仲裁解决

仲裁又称为“公断”，仲裁解决是指双方当事人根据双方达成的书面协议，自愿将争议提交给双方同意的第三者，由其依据一定的程序做出仲裁。合同当事人只能选择仲裁或诉讼，裁决对双方都有约束力。当事人一方在规定的期限内不履行仲裁机构的仲裁裁决，另一方可以申请法院强行执行。

4）诉讼解决

诉讼解决即指司法机关和案件当事人在其他诉讼参与人的配合下，为解决案件依法定诉讼程序所进行的全部活动。基于所要解决的案件的不同性质，可以分为民事诉讼、刑事诉讼和行政诉讼。而在项目合同中一般只包含广义上的民事诉讼（即民事诉讼和经济诉讼）。项目合同的当事人因合同纠纷而提起的诉讼，一般由各级法院的经济审判庭受理并判决。根据某些合同的特殊情况，还必须由专业法院进行审理，如铁路运输法院、水上运输法院、森林法院和海事法院等。当事人在采取诉讼前，应该注意诉讼管辖地和诉讼时效的问题。

9.5.7 合同收尾

合同收尾就是按合同要求对项目进行验收、付款、移交。

本章回顾

本章对项目的采购管理、招标投标管理和合同管理作了全面的阐述。其中，采购管理包括项目采购的概论、采购的方式和过程及采购计划的制订作了详细的阐述；招标投标管理包括招标投标的方式和程序；合同管理包括合同的构成、合同的类型、合同的履行、合同的分析、合同的违约与纠纷处理及合同收尾。

复 习 题

一、判断题

1. 项目的采购是站在卖方的角度进行的。（　　）
2. 为了保证采购货物或服务的质量，应该指定一家供应商。（　　）
3. 大部分采购不需要竞争，直接签订合同就可以了。（　　）
4. 项目的采购计划的编制就是确定需要从项目组织外部采购哪些产品和服务，采购多少、何时采购、怎样采购才能满足项目需要的过程。（　　）
5. 一般来说，公开招标采购比邀请招标采购能招到更多的投标者。（　　）
6. 只有合同双方都履行完各自的义务时，合同才能终止。（　　）

二、单项选择题

1. 下列哪项属于项目采购中的无形采购（　　）。
   A. 工程采购　　B. 货物采购　　C. 咨询服务采购　　D. IT 项目采购
2. 项目中整个采购工作的总体安排是指（　　）。
   A. 采购规划　　B. 询价计划　　C. 选择卖方　　D. 合同管理
3. 询价的结果是取得（　　）。
   A. 工作说明书　　B. 评价标准　　C. 建议书（投标书）　　D. 采购文档
4. 询价计划的编制应该与（　　）保持高度一致，这是项目实现进度、成本控制的基本保障。
   A. 项目进度计划　　B. 项目范围　　C. 项目资源计划　　D. 项目成本预算

5. 以下哪种采购方式称为“货比三家”？（　　）
A. 国际或国内询价采购　　B. 直接采购
C. 自营工程　　D. 国内竞争性招标
6. 下列哪种采购方式的广告只限于刊登在国内报纸或公办的杂志上，广告语言可以用本国语言？（　　）
A. 国际竞争性招标采购方式　　B. 国际和国内询价采购方式
C. 国内竞争性招标采购方式　　D. 有限国际招标采购方式
7. 下列哪一项是投标和评标的依据，是构成合同的重要组成部分？（　　）
A. 采购计划　　B. 招标文件　　C. 建议书　　D. 投标书
8. 开标应由谁主持？（　　）
A. 招标单位的法人代表　　B. 项目发起人
C. 项目业主　　D. 监理机构
9. 评标委员会的成员为五人以上的单数组成，其中技术、经济等方面的专家不得少于成员总数的（　　）。
A. 二分之一　　B. 三分之二　　C. 四分之三　　D. 五分之三
10. 由谁决定中标人？（　　）
A. 招标机构　　B. 项目业主　　C. 二者共同商讨决定　　D. 二者都不是
11. 下列有关招标采购的表述错误的是（　　）。
A. 手续烦琐，耗费时间也较多，不够机动灵活
B. 投标者可能把手续费等附加费用转移到购买的投标项目的价格中去
C. 可能发生抢标、围标等现象
D. 可能出现贪污贿赂行为

三、多项选择题

1. 世界银行将项目采购分为哪几种？（　　）
A. 工程采购　　B. 货物采购　　C. 咨询服务采购　　D. IT 项目采购
2. 招标采购方式包括（　　）。
A. 国际竞争性招标　　B. 有限国际招标
C. 国内竞争性招标　　D. 国际或国内询价采购
3. 工程项目采购决标成交阶段的内容有（　　）。
A. 开标　　B. 评标　　C. 决标　　D. 授标
4. 项目招标的形式有（　　）。
A. 公开招标　　B. 邀请招标　　C. 混合招标　　D. 协商招标
5. 招标投标活动一般分为几个阶段？（　　）
A. 招标准备阶段　　B. 投标准备阶段　　C. 开标评标阶段　　D. 决标签约阶段
6. 评标首先对投标文件进行初评，主要是审查（　　）。
A. 投标文件是否完整，是否符合招标文件的要求
B. 投标文件有无计算错误
C. 投标商的技术、经济和报价

D. 是否提交了足够的保证金

四、简答题

1. 买方的采购管理包括哪些关键内容?

2. 制造或购买决策分析法的三个原则是什么?

3. 如何进行短期租赁或长期租赁决策分析?

4. 指出招标投标法的禁止性规定。

5. 简述公开招标的时限。

6. 试分析竞争性谈判与询价的异同。

7. 简述招标投标的程序。

8. 为什么项目合同需要采用书面形式?

9. 成本补偿合同有哪些类型?

10. 如何进行合同分析和收尾?

五、能力应用题

美国柏柯德公司的招标与评标

美国柏柯德公司是一家有近百年历史的咨询公司，承担过许多世界银行贷款项目的咨询工作，该公司招标评标的做法和要求很具有借鉴意义。

一、评标原则

柏柯德公司认为，评标的目的是要围绕技术、进度、质量、费用以及商务条款等有关条件评选出合适的投标商。在评标中必须本着公正、平等地对待所有投标商以及满足招标文件要求的原则。为此，评标工作必须做到：始终按照招标规定的程序进行；注意保守机密；除了明显不符合招标要求的投标书外，对每份投标书都应该进行认真的审阅和评估，所有的评估决定都应该清楚地记录在案。

二、评标的过程

1. 进行预筛选

评标过程的第一个步骤是对所有投标书进行初步筛选，对一些有明显缺点的投标书可以暂且放置一边，而对其他合乎要求的投标书进行评估。但必要时，仍可以对这些不符合要求和内容不完备的投标书重新进行审查，不过应要求投标者对投标书的不足部分进行补充和修正。但对于那些已了解工程范图但报价没有竞争力的投标，则可予以否定。

2. 对投标书进行评估分析

评标时每份标书都要进行认真的评估分析，评估应包括以下七个方面的内容：

(1) 技术评估。投标商的投标内容首先在技术上必须是可以接受的。

(2) 进度。投标书是否能够满足项目要求的工程进度，应该进行仔细审查。如果标书不能保证项目工程建设所必需的进度要求，而且项目进度又不能改变，则该标书应予以否定。

(3) 费用分析。应对投标商涉及的总费用进行深入分析。

(4) 商务条款及条件。投标书中提出的商务条款和条件是否与招标文件规定的条款和条件一致，尤其应该注意支付条款和责任。

(5) 与预算比较

应该对投标书的报价与项目的预算费用进行比较，目的是使用户了解项目总费用是否发生了大的变化，并找出产生差别的原因。

(6) 财务能力

要检查投标商的报价与其年度经营额是否有超常规的比值，投标商是否有足够的资金，能不能靠预付款或抵押借款去完成其投标内容的工作。

3. 投标书的澄清

经过对投标书的详细分析，可能会发现投标书中的疏漏、含糊不清和不符合要求之处，应给予投标商以澄清修正的机会。澄清修正必须以书面方式提供。如果投标商不愿意根据要求加以修正或用户对所澄清的内容感到不能接受时，可视为不符合要求而否定其投标。

4. 评估的详细程度及考虑的因素

评估的详细程度是由项目的复杂性、项目的费用和风险程度决定的。复杂性、风险性较高的为重要项目投标书；复杂性、风险性较低的为次要项目投标书。在评估重要项目时，要对投标书作全面详细的分析，因为重要项目风险也较高。

三、评标的组织形式

评估有较高风险的重要项目投标书，柏柯德公司认为有效的组织形式是组织专题评标组，这个组织由以下项目成员组成：

1. 负责技术及施工事项的工程技术人员。

2. 负责分析条款及条件、价格、进度的采购部人员。

3. 负责协调评估计划和编制预算比较费用或标底的财务计划部人员。

4. 负责协调设计人员实施有关事项的施工人员。

次要项目投标书的评估一般不需由工程技术、财务和施工等部门参加组成评标小组，而由采购部门单独负责。评估方法是从最低报价的投标书开始，依次进行评估，直到找到可以接受的投标书为止。

四、评标的批准

按照世界银行采购导则的规定，咨询公司的评标结果须报用户批准。

讨论题

1. 试述评标过程以及在该过程中应注意的问题。

2. 评估投标书的失误可能会造成什么后果？

丁荣贵，杨乃定 . 2011. 项目组织与团队（第 2 版）. 北京：机械工业出版社 .

宋伟 . 2007. 项目组织与团队管理 . 北京：机械工业出版社 .

埃德加·沙因 . 2011. 组织文化与领导力：如何以最有效的方式认识和打造组织（管理大师沙因经典之作）. 马红宇，王斌译 . 北京：中国人民大学出版社 .

第 10 章　项目风险管理

知识目标

1. 掌握风险的含义及特征
2. 掌握项目风险的含义、类别及产生原因
3. 掌握项目风险管理的含义及方法
4. 掌握风险识别的含义、依据、识别工具和方法
5. 掌握项目风险度量的含义、内容和方法
6. 掌握项目风险应对的概念、依据和措施
7. 掌握项目风险监控的概念、目标、内容与依据
8. 掌握项目风险监控方法的步骤与内容、方法和工具

能力目标

1. 有能力识别各种项目风险，应用风险度量工具和方法进行具体分析
2. 提出相应的风险应对措施，灵活使用风险监控方法和工具
3. 对项目风险进行有效控制，实现项目预定目标

关键词　项目风险　风险管理　风险识别　风险度量　风险应对　风险监控

香港 66 岁老太通过司法逼停港珠澳大桥建设

港珠澳大桥连接香港大屿山、广东省珠海市和澳门，建成后将成为世界最长的跨海大桥。大桥整体造价逾 700 亿港元，建成后使用寿命长达 120 年，可以抗击八级地震，施工难度号称世界第一。2009 年 12 月 15 日大桥内地工程正式动工。

香港 66 岁老太朱绮华认为，造价逾 700 亿港元的港珠澳大桥没有评估臭氧、二氧化硫及悬浮微粒的影响，因而不合理也不合法。于 2010 年就大桥香港段环评报告申请司法复核。2010 年 3 月，司法复核在香港高等法院开庭进行。2010 年 4 月 18 日下午，香港高院正式裁定港珠澳大桥香港段环评报告不合规格，要求环保署长撤销环境许可证。法官霍兆刚的判词指出，环保署长批核的环评报告，欠缺关于空气方面的独立评估，未能符合港珠澳大桥研究概要及技术备忘录的要求。

根据《环境影响评估条例》中研究概要及技术备忘录的要求，环评报告应包

括指出、预计及评估有关工程对环境的影响，让环保署长及市民能了解影响。若环评报告未能符合研究概要及技术备忘录的要求，环保署长应该否决该报告。政府不应因为经济利益和加速区域融合，而放弃行之有效的监督机制，比如通过环境评估保护生态和公众利益。

全长近50公里、工程造价逾700亿港元的港珠澳大桥，竟被一位家住香港东涌的66岁老太挡住建设步伐，计划2016年通车的港珠澳大桥香港段工程或许无法如期完工。工程界人士担心，由于大桥香港段迟迟未能动工，预计工程造价将上涨5%。香港特区政府运输及房屋局局长郑汝桦2012年4月25日表示，港珠澳大桥香港接线的工程预算需调高约88亿港元，增至250.47亿港元。

备受世人关注的港珠澳大桥为什么会陷入如此尴尬的境地？项目管理过程中究竟有什么问题？项目风险是如何监控的？值得大家深思。

资料来源：根据《66岁香港老太"逼停"港珠澳大桥》，《今日早报》，2011.04.20（A15）

10.1 项目风险及其管理

10.1.1 风险的含义及特征

1. 风险的含义

风险的定义最初载于1901年美国的A. M. 威利特所著的博士论文《风险与保险的经济理论》："风险是关于不愿意发生事件发生的不确定性的客观体现。"这一定义强调风险的客观性和不确定性。其后许多专家学者在此基础上给风险下了各种大同小异的定义。

虽然风险的定义很多，但大致可分两类，第一类定义强调风险的不确定性；第二类定义强调风险损失的不确定性。

事实上，风险是一个事件的不确定性和它可能带来不确定结果的综合效应。

2. 风险的特征

风险的特征指风险的本质及其发生规律的表现，包括客观性、不确定性、相对性、可变性、风险与收益对称性。

（1）客观性。风险是由客观存在的自然现象和社会现象所引起的，是自然界自我平衡的必要条件。自然界的运动是由其运动规律所决定的，而这种规律是独立于人的主观意识之外而存在的。人们只能发现、认识和利用这种规律，而不能改变之。但是人们可以认识和掌握这种规律，预防意外事故，减少其损失，但终究不能完全消除之。只要影响项目的风险因素存在，在条件具备时风险都会发生。人们只能在一定的范围内改变风险形成和发展的条件，降低风险事故发生的概率，减少损失程度，而不能也不可能彻底消除全部风险。所以要减少风险就必须及时识别风险，分析可能导致风险的因素，并对其进行有效管理。

（2）不确定性（偶然性）。不确定的未来事件、事件的某些方面及其后果叫作“不确定因素”或“未知因素”。产生风险的因素很多，这些因素自身存在很大的不确定性。从全社会看，风险事故的发生是必然的。然而，对特定的个体来说，风险事故的发生是偶然的，这就是风险的偶然性。这种偶然性是由风险事故的随机性决定的，表现出种种不确定性：其一，风险事故发生与否不确定；其二，风险事故何时发生不确定；其三，风险事故将会怎样发生，其损失多大，也是不确定的。

（3）相对性。风险对于不同项目的活动主体可产生不同的影响。人们对于风险事故有一定的承受能力，但是这种能力因人和时间而异。而且收益的大小、投入的多少以及项目活动主体地位的高下、拥有资源的多寡，都与人们对项目风险承受能力的大小密切相关。

（4）可变性。风险的可变性是指风险性质的变化、风险后果的变化、出现新的风险。风险后果包括后果发生的频率、收益或损失大小。风险处于运动、变化之中。风险的变化，有量的增减，也有质的改变，还有风险的消亡与新风险的产生。风险的变化，主要是由风险因素的变化引起的。这种变化主要来自于：科技进步；经济体制与结构的转变；政治与社会结构的改变。随着科学技术的发展和生产力的提高，人们认识和抵御风险事故的能力也逐渐增强，能够在一定程度上降低风险事故发生的频率并减少损失和损害。但是，随着项目或其他活动的展开，一些新的风险随之出现。特别是活动主体为回避某些风险而采取一些行动时，其他风险就有可能出现。如某些工程项目为了早日完成，采取边设计边施工或者在设计中免除校核手续的办法，虽然加快了工程进度，但却增加了设计变更、降低施工质量和提高造价的风险。

（5）风险与收益对称性。对于风险主体而言，风险与收益是对等的，即收益是以一定的风险为代价的。要获取一定收益就必须承担相应的风险。一般说来，高收益高风险。

10.1.2　项目风险及管理

1. 项目风险的含义

项目风险是指由于项目所处环境和条件本身的不确定性和主观上不能准确预见或控制影响因素，使项目的最终结果与项目相关利益主体的期望产生背离，从而给项目相关利益主体带来损失的可能性。

2. 项目风险产生的原因

形成项目风险的根本原因是人们对于项目发展与变化情况的认识和应对决策等方面出现了问题，主要包括：

（1）人们的认识能力有限。由于人们获取数据和信息能力的有限性与客观事物发展变化的无限性之间的矛盾，使人们认识事物的深度和广度存在局限性。同样，人们对项目的认识存在局限性，造成了不能确切预见项目未来的状况，从而形成项目风险。

（2）信息本身的滞后性特征。信息的滞后性是客观规律，即信息的不完备性是绝对的，信息的完备性是相对的。人们只有在事物发生后才能获得真实数据，而且必须对数据进行加工处理才能获取有用信息。但是，对数据进行加工处理需要一定的时间，从而使得信息滞后。信息滞后性是造成信息不完备性的重要原因之一，是形成项目风险的根本原因。

（3）项目信息资源管理和沟通管理方面的问题。由于对项目信息内容把握不充分，与信息内容相关的资源如设备、设施、技术、投资、信息人员等不完善，不能有效使用现代的管理方法和手段对项目相关的信息资源和信息活动进行组织、规划、协调和控制。同时，项目相关利益人沟通机制不灵，或缺乏沟通技巧，造成项目管理混乱，形成项目风险。

3. 项目风险的类别

项目风险可以按照不同标准进行分类。本书主要按照项目风险来源进行分类，其来源是多方面的，不同的项目风险会有不同的引发来源。

（1）自然风险：指由于自然因素的不确定性对项目造成影响，从而对项目相关利益者造成损失。

（2）政治风险：指由于政策的潜在变化给项目相关利益者带来的经济损失，包括：政治环境风险、政治体制改革风险、政治政策变化风险、战争风险、项目管理制度改革风险等。

（3）经济风险：指一系列与经济环境和经济发展有关的不确定因素对项目产生的影响，包括：财政、货币政策变化、融资、财务、市场供求、工程招投标、国内经济状况变化等方面的风险。

（4）技术风险：指由于科学技术进步、技术结构及其相关变量的变动给项目可能带来的损失，包括：科技进步、技术和工艺革新、原材料改变和更新、设计变动和计算失误、生产技术短缺等风险。

（5）社会风险：指由于人文社会环境因素的变化对项目的影响，从而给项目相关利益者带来损失的可能性，包括：社会发展规划、区域发展、社会治安、公众干预等风险。

（6）国际风险：指因国际经济环境的变化导致对地区性的经济活动的影响，包括：国际投资环境风险、货币汇率变化风险。

（7）内部决策和管理风险：指由于项目策划失误、决策错误或经营管理不善导致预期的收入水平不能实现，包括：投资方式、地点、类型选择、组织管理、时间管理、合同管理等风险。

此外，还可以根据项目风险的预警性进行分类，一般可分为：

（1）无预警信息的项目风险（风险Ⅰ）。这类项目风险是没有任何预警信息而突然爆发的风险。

（2）有预警信息的项目风险（风险Ⅱ）。通常这种风险有三个阶段：其一是潜在风险阶段，其二是风险发生阶段，其三是造成后果阶段。

4. 项目风险管理

1）项目风险管理的含义

项目风险管理是指由项目风险识别、项目风险度量、项目风险应对、项目风险监控以及妥善处理项目风险事件所造成的结果等构成的一种项目专项管理工作。它是对项目风险从识别到分析乃至采取应对措施等一系列过程，它包括将积极因素所产生的影响最大化和使消极因素产生的影响最小化两方面内容。项目风险管理的目标在于提高项目积极事件的概率和影响，降低项目消极事件的概率和影响。

2）项目风险管理的方法

项目风险在不同的阶段需要采用不同的风险管理方法：①潜在风险阶段的管理方法。人们可以通过预先采取措施对风险的进程和后果进行控制和管理。这类方法通常被称为风险规避的方法。②风险发生阶段的管理方法。在这一阶段人们可以采用风险转化与化解的办法对风险及其后果进行控制和管理，这类方法通常被称为风险化解方法。③风险造成后果阶段的管理方法。在这一阶段，人们可以采取消减风险后果的措施去降低由于风险的发生和发展所造成的损失。

3）项目风险管理的主要内容：①项目风险的识别。②项目风险的度量。③制定风险应对措施。④项目风险的监控。

项目风险管理工作如图 10-1 所示。

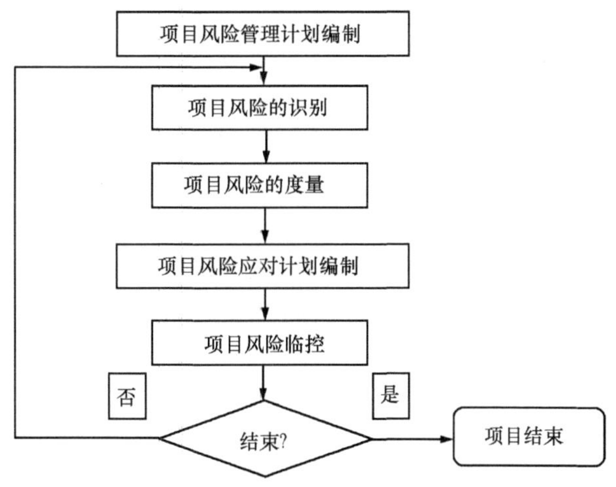

图 10-1 项目风险管理工作示意图

10.2 项目风险识别

10.2.1 风险识别的定义

风险识别是指风险管理人员在收集资料和调查研究之后，运用各种方法对尚未发生的潜在风险以及客观存在的各种风险进行系统归类和全面识别。风险识别的主要内容有：识别引起风险的因素有哪些，什么是主要因素，以及这些风险可能导致的后果如何。

风险识别活动的参与者包括：项目经理、项目团队成员、风险管理团队（如有）、客户、项目团队之外的主题专家、最终用户、其他项目经理、干系人和风险管理专家。虽然上述人员往往是风险识别过程的关键参与者，但还应鼓励全体项目人员参与风险识别工作。项目风险识别流程如图 10-2 所示。

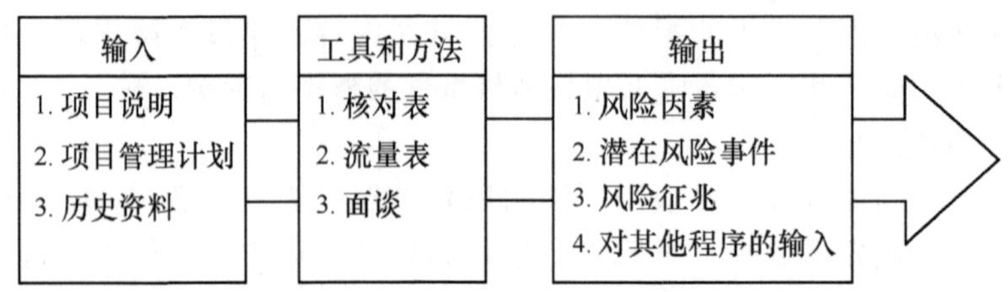

图 10-2 项目风险识别流程示意图

10.2.2 风险识别的过程

（1）确认不确定性的客观存在。首先要辨认所发现或推测的因素是否存在不确定性，然后确认这种不确定性的客观存在。

（2）建立初步风险因素清单。把客观存在的和潜在的各种风险因素列出清单，应包括各种影响环境、决策的因素。

（3）确立各种风险事件并推测其结果。根据初步风险清单中所列的各种主要风险因素，推测与其相关联的各种可能性，重点是资金的财务结果。

（4）制订风险预测图。分析某风险发生的可能性大小及其潜在的危害。

（5）对风险进行分类。首先能加深对风险的认识和理解，其次能辨清风险的性质，有助于制定风险管理目标。

（6）建立风险目录摘要。这是风险识别过程的最后一个步骤。通过建立项目风险目录摘要，可将项目可能面临的风险汇总并排列出轻重缓急，能给人一种总体风险印象图。

10.2.3 风险识别的依据

1. 风险管理计划

风险管理计划向识别风险过程提供一些关键输入，包括角色和职责分配、已列入预算和进度计划的风险管理活动以及可能以风险分解结构的形式呈现的风险类别。

2. 活动成本估算

对活动成本估算进行审查，有利于识别风险。活动成本估算是对各活动可能需要成本的量化评估，最好用一个区间来表示，区间的宽度代表着风险的程度。通过审查，可以得出这样的结论：估算的成本足以或不足以完成某项活动（继而给项目带来风险）。

3. 活动持续时间估算

对活动持续时间估算进行审查，有利于识别与活动或整个项目的时间安排有关的风险。类似地，估算区间的宽度代表着风险的相对程度。

4. 范围基准

可从项目范围说明书中了解项目的假设条件。应该把项目假设条件的不确定性作为项目风险的潜在原因，认真加以评审。工作分解结构（Work Breakdown Structure，WBS）是识别风险过程的关键输入，因为它方便人们同时从微观和宏观层面认识潜在风险，可以在总体、控制账户和工作包层级上识别、继而跟踪风险。

5. 干系人登记册

可以利用干系人的信息，确保关键干系人（特别是客户）能以访谈或其他方式参与识别风险过程，为识别风险提供各种输入。

6. 成本管理计划

进行风险识别，需要了解项目管理计划中的成本管理计划。特定项目的成本管理方法往往有某种独特的性质或结构，从而导致或降低风险。

7. 进度管理计划

进行风险识别也需要了解项目管理计划中的进度管理计划。特定项目的进度管理方法往往有某种独特的性质或结构，从而导致或降低风险。

8. 质量管理计划

进行风险识别，还需要了解项目管理计划中的质量管理计划。特定项目的质量管理方法往往有某种独特的性质或结构，从而导致或降低风险。

9. 项目文件

项目文件包括（但不限于）：假设条件日志；工作绩效报告；挣值报告；网络图；基准；对识别风险有价值的其他项目信息。

10. 事业环境因素

可能影响识别风险过程的事业环境因素包括（但不限于）：公开发布的信息，包括商业数据库；学术研究资料；公开发布的核对表；标杆；行业研究资料；风险态度。

11. 组织过程资产

可能影响识别风险过程的组织过程资产包括（但不限于）：项目档案，包括实际数据；组织和项目的流程控制规定；风险描述的模板；经验教训。

10.2.4　风险识别工具和方法

1. 风险识别工具

（1）核对表。核对表一般根据风险要素编纂，包括项目的环境，其他程序的输出，项目产品或技术资料，以及内部因素如团队成员的技能（或技能的缺陷）。有些领域广泛应用分类图表作为风险原始资料的一部分。

（2）流量表。流量表能帮助项目组易于理解风险的缘由和影响。

2. 风险识别方法

（1）分解法：就是将项目管理过程中复杂的难于理解的事物分解成比较简单的容易被认识的事物，将大系统分解成小系统，这也是人们在分析问题时常用的方法。

（2）故障树法：就是利用图解的形式将大的风险分解成各种小的风险，或对各种引起风险的原因进行分解。该法是利用树状图将项目风险由粗到细，由大到小，分层排列的方法，这样容易找出所有的风险因素，关系明确。

（3）专家调查法：包括头脑风暴法和德尔菲法。头脑风暴法的目的是获得一份综合的项目风险清单。通常由项目团队开展头脑风暴，团队以外的多学科专家也经常参与其中。在主持人的引导下，参加者提出各种关于项目风险的主意。头脑风暴可采用由参加者畅所欲言的传统自由模式，也可采用结构化的集体访谈方法，如名义小组技术。可以采用风险类别（如风险分解结构）作为基础框架，然后依风险类别进行识别和分类，并进一步阐明风险的定义。德尔菲法是美国著名咨询机构兰德公司于20世纪50年代初发明的。它主要依靠专家的直观能力对风险进行识别，即通过调查意见逐步集中，直至在某种程度上达到一致，故又叫专家意见集中法。它是组织专家就某个专题达成一致意见的一种方法。项目风险专家匿名参与。组织者使用调查问卷就重要的项目风险征询意见，然后对专家的答卷进行归纳，并把结果反馈给专家，请他们做进一步评论。这个过程重复几轮后，就可能取得一致意见。德尔菲法有助于减轻数据的偏倚，防止任何个人对结果产生不恰当的影响。

（4）流程图法：用于给出一个项目的工作流程，项目各个不同部分之间的相互关系等信息的图表。

（5）情景分析法：通过有关数字、图表和曲线等，对项目未来的某个状态或某种情况进行详细的描绘和分析，从而识别引起项目风险的关键因素及其影响程度的一种风险识别方法。

（6）财务报表法：根据项目的会计记录和财务报表为基础，将每一会计科目作为风险单位进行分析并发现可能存在的风险，然后汇总，得出结论的方法。

（7）敏感性分析法：研究项目生命周期内，当项目的变数以及项目的各种前提假设发生变动时，项目的经济评价指标会出现何种变化以及变化范围有多大。

（8）面谈法：与不同的项目相关人员进行有关风险的面谈有助于识别那些在常规计划中未被识别的风险。项目前期面谈记录（这些工作往往在进行可行性研究时进行）也是可以获得的。

10.2.5 风险识别的输出

1. 风险因素

风险因素是指一系列可能影响项目向好或坏的方向发展的风险事件的总和，这些因素是复杂的，也就是说，它们应包括所有已识别的条目，而不论频率、发生之可能性，盈利或损失的数量等。一般风险因素包括：需求的变化；设计错误、疏漏和理解错误；狭隘定义或理解职务和责任；不充分估计；不胜任的技术人员。

对风险因素的描述应包括对以下四项内容的评估：

（1）由一个因素产生的风险事件发生的可能性；

（2）可能的结果范围；

（3）预期发生的时间；

（4）一个风险因素所产生的风险事件的发生频率。

2. 潜在的风险事件

潜在的风险事件是指如自然灾害或团队特殊人员出走等可能影响项目的不连续事件。在发生这种事件或重大损失的可能相对巨大（“相对巨大”应根据具体项目而定）时，除风险因素外还应将潜在风险事件考虑在内。当潜在风险事件发生在不常有的特定应用领域时，常常是指如下一些事件：与普通项目要求不同的高新技术的发展领域，较常见于电子工业而少见于地产业的发展；类似风暴所造成的损失，较常见于建筑业，而不是生物科学技术领域。

对潜在风险的描述应包括对以下四个要素的评估：

（1）风险事件发生的可能性；

（2）可选择的可能结果；

（3）事件发生的时间；

（4）发生频率的估测（即是否会发生一次以上）。

3. 风险征兆

风险征兆有时也被称为触发引擎，是一种实际风险事件的间接显示。例如，丧失士气可能是计划被搁置的警告信号；而运作早期即产生成本超支可能又是评估粗糙的表现。

4. 对其他程序的输入

风险认定过程应在另一个相关领域中确定一个要求，以便进行进一步运作。比如：如果工作分解结构图不够细致，就无法进行充分的风险识别。风险常常被作为系统规定参数或假定值输入其他过程。

10.3　项目风险度量

10.3.1　项目风险度量的定义

项目风险度量是对项目风险的影响和后果所进行的评价和估量。项目风险度量包括对项目风险发生可能性大小、风险影响范围以及对项目风险发生时间等的评价和估量等方面。

项目风险度量的主要作用是根据这种度量去制定项目风险的应对措施以及开展项目风险的控制。通过项目风险度量，计算出较为准确的损失概率，可以使风险管理者在一定程度上消除损失的不确定性。对损失幅度的预测，可以使项目风险管理者了解风险所带来的损失后果，进而集中力量处理损失后果严重的风险，对项目影响小的风险则不必过多投入。

10.3.2 项目风险度量的内容

1. 项目风险发生可能性度量

项目风险度量的首要任务是分析和估计项目风险发生的概率，即项目风险可能性的大小。这是项目风险度量中最为重要的一项工作，因为一个项目风险的发生概率越高，造成项目损失的可能性就越大，对它的控制就应该越严格，所以在项目风险度量中首先要确定和分析项目风险可能性的大小。风险发生概率可以用数学模型、统计方法和人工估计进行分析，从现实工作看人工估计是比较实际的方法。

2. 项目风险后果的度量

项目风险后果的度量是分析和估计项目风险可能带来的损失大小。这也是项目风险度量中的一项非常重要的工作，因为即使是一个项目风险的发生概率不大，但如果它一旦发生则后果十分严重，那么对它的控制也需要十分严格，否则这种风险的发生会给整个项目成功造成严重的影响。

3. 项目风险影响范围的度量

项目风险影响范围的度量，即是分析评估项目风险可能影响到项目的哪些方面和工作。这也是风险度量一项重要的工作，因为即使是一个项目风险发生概率和后果严重程度都不大，但它一旦发生会影响到项目各个方面和许多工作，则也需要对它进行严格的控制，防止因这种风险发生而搅乱项目的整个工作和活动。

4. 项目风险发生时间的度量

项目风险发生时间的度量是分析和估计项目风险可能在项目的哪个阶段和什么时间发生。这也同样重要，因为对于项目风险的控制和应对措施都是根据项目风险发生时间安排的，越先发生的项目风险就应该越优先控制，而对后发生的项目风险可以通过监视和观察它们的各种征兆，做进一步识别和度量。

在项目风险度量中人们需要克服多种认识上的偏见，主要如下：

（1）项目风险估计上的主观臆断。即根据主观意志需要夸大或缩小风险，当人们渴望成功时就不愿看到项目的不利方面和项目风险。

（2）对于项目风险估计的思想僵化。即对原来的项目风险估计，人们不能或不愿意根据新获得的信息进行更新和修正，最初形成的风险度量会成为一种定势在脑子里驻留而不肯褪去。

（3）缺少概率分析的能力和理念。因为概率分析本身就比较麻烦和复杂，使项目风险度量者不愿意或无能力进行数理分析。

10.3.3 项目风险度量的输入

风险度量涉及对风险和风险之间相互作用的评估，用这个评估去分析项目可能的输出。这首先需要决定哪些风险值得反应。风险由于包括诸多因素而较复杂，这些因素有：①机会和危险能够以出乎意料的方式相互作用。比如，计划的延迟会造成不得不考虑新的战略以缩短整个项目周期。②一个单纯的风险事件能造成多重后果。比如，主要零部件递送延误会造成成本超支、计划延迟、多支付薪水以及产品质量低劣等。③某个项目涉及人员的机会。如降成本却往往意味着对其他项目涉及人员的威胁，不得不降低利润。④数学技巧往往容易使人们对精确性和可靠性产生错误印象。

风险度量的输入（图 10-3）主要如下。

（1）相关利益人对风险的容忍度

（2）风险因素

（3）潜在风险事件

（4）成本评估

（5）运作周期评估

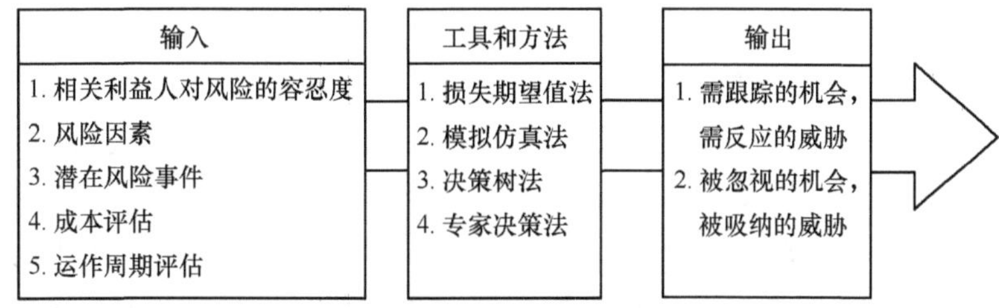

图 10-3　项目风险度量过程示意图

10.3.4　项目风险度量的方法

1. 损失期望值法

这种方法首先要分析和估计项目风险概率和项目风险可能带来的损失（或收益）大小，然后将二者相乘求出项目风险的损失（或收益）期望值，并使用项目损失期望值（或收益）去度量项目风险。

损失期望值是风险的一个重要指标，它是以下两个值的函数：

（1）风险事件的可能性——对一个假定风险事件发生可能性的评估。

（2）风险事件值——风险事件发生时对所引起的盈利或损失值的评估。

这个风险事件值要以有形资产和无形资产形式反映。比如，由于付出过高价格制定的计划书的 A 项目与 B 项目认定了损失有形资产 100000 美元的相同风险概率。如果 A 项目认定只有极少或没有造成无形资产损失，而 B 项目预计所产生的巨大的损失将使该组织不得不离开该行业，那么两种风险则不同了。在相同情形下，如无法将无形资产计算在内，则将高概率的小亏损同低概率的大亏损等同起来会产生巨大差异。

2. 模拟仿真法

模拟仿真法是用数学模拟或者系统法模型去分析和度量项目风险的方法。大多数这种项目风险度量的方法使用蒙特卡罗方法（Monte Carlo Method，MCM）或三角模拟分析法。这种方法可用来度量各种能量化的项目风险，通过改变参数并多次模拟项目风险以后就能得到模拟仿真计算的统计分布结果，并可以此作为项目风险度量的结果。

例如，项目工期风险和项目成本风险等的度量就可以使用这种方法。这种方法多数用在大项目或是复杂项目的风险度量上，小项目一般使用前面给出的损失期望值法。对于成本风险分析，需要使用成本估算进行模拟。对于进度风险分析，需要使用进度网络图和持续时间估算进行模拟。由于项目时间和成本的风险都是项目风险管理的重点，所以模拟仿真法在这些项目风险度量中的使用较为广泛。

3. 决策树法

决策树是一种便于决策者理解的，用来说明不同决策之间和相关偶发事件之间的相互作用的图表。决策树的分支或代表决策（用方格表示）或代表偶发事件（用圆圈表示）。

4. 专家决策法

在项目风险度量中最为经常使用的方法还有专家决策法，它一般可以代替或者辅助上面所讲过的数学计算和仿真的方法。专家判断（最好来自具有近期相关经验的专家）用于识别风险对成本和进度的潜在影响，估算概率以及定义各种分析方法所需的输入（如概率分布）。专家判断还可在数据解释中发挥作用。专家应该能够识别各种分析方法的劣势与优势。专家可以根据组织的能力和文化，决定某个特定方法应该在何时使用或不应该在何时使用。

例如，许多项目管理专家运用他们的专家经验做出的项目工期风险、项目成本风险、项目质量风险等的度量通常是准确可靠的，甚至有时比数学计算与模拟仿真确定的项目风险度量还要可靠，因为这些专家的经验通常是一种比较可靠的依据。另外，在很多项目风险度量中要求给出高、中、低三种项目风险概率和几种项目风险损失不同严重程度的数据，而且精确程度一般要求并不高，所以使用专家决策法做出的项目风险度量结果一般是足够准确和可靠的。专家决策法中用的专家经验可以从搞过类似项目的专家处获得，也可以通过查阅历史项目有关经验教训、原始资料等方法获得。

10.3.5 项目风险度量的输出

1. 需跟踪的机会，需反应的威胁

风险量化的主要产出是一个记录着应被跟踪的机会和值得注意的威胁的清单。

2. 被忽视的机会，被吸纳的威胁

风险量化过程中也应记录如下信息：

（1）哪些风险来源和风险事件被项目管理队伍决定忽略或吸纳了。

（2）是谁做出的该种决策。

10.4 项目风险应对与监控

10.4.1 项目风险应对的概念

项目风险应对是指根据项目风险识别和度量的结果，针对可能的项目风险提出项目应对措施，并制定项目风险应对计划的项目风险管理工作。

经过项目风险识别和度量确定出的项目风险一般会有两种情况：

一是项目整体风险超出了项目组织或项目业主、客户能够接受的水平。

二是项目整体风险在项目组织或项目业主、客户可接受的水平之内。

对于这两种不同的情况，可以有一系列的项目风险应对措施。对于第一种情况，在项目整体风险超出项目组织或项目业主、客户能够接受的水平时，项目组织或项目业主、客户至少有两种基本的应对措施可以选择：其一是当项目整体风险超出可接受水平很高时，由于无论如何努力也无法完全避免风险所带来的损失，所以应该立即停止项目或取消项目。其二是当项目整体风险超出可接受水平不多时，由于通过主观努力和采取措施能够避免或消减项目风险损失，所以应该制定多种项目风险应对措施，并通过开展项目风险控制落实这些措施，从而避免或消减项目风险所带来的损失。

10.4.2　项目风险应对的主要措施

1. 项目风险规避措施

这是从根本上放弃项目或放弃使用有风险的项目资源、项目技术、项目设计方案等，从而避开项目风险的一类应对措施。例如，对于存在不成熟的技术坚决不在项目实施中采用就是一种项目风险规避的措施。

2. 项目风险遏制措施

这是从遏制项目风险引发原因的角度出发应对项目风险的一种措施。例如，对可能因项目财务状况恶化而造成的项目风险（如因资金断绝而造成烂尾楼工程项目等），采取注入新资金的保障措施就是一种典型的项目风险遏制措施。

3. 项目风险转移措施

风险转移是风险管理的一个十分重要和常用的手段。风险转移并不是纯粹地向他人转嫁风险，是通过某种方式将某些风险的后果连同对风险应对的权力和责任转移给他人。风险转移是合法的、正当的，是一种高水平管理的体现。这类项目风险应对措施多数是用来对付那些概率小，但是损失大（超出了承受能力）或者项目组织很难控制的项目风险。例如，通过购买工程一切险等保险的方法将工程项目的风险转移给保险商的办法就属于风险转移措施。在软件项目风险转移中将软件项目风险的结果连同对应的权利转移给有风险承受能力的第三方。这也是事前的应对策略，如签订不同种类的合同或者签订补偿性合同等。

4. 项目风险化解措施

这类措施从化解项目风险产生原因出发，去控制和消除项目具体风险的引发原因。例如，对于可能出现的项目团队内部和外部的各种冲突风险，可以通过采取双向沟通、调解等各种消除矛盾的方法去解决，这就是一种项目风险的化解措施。

5. 项目风险消减措施

这类风险应对措施是对付无预警信息项目风险的主要应对措施之一。例如，对于一个工程建设项目，在因雨天而无法进行室外施工时，采用尽可能安排项目团队成员与设备从事室内作业的方法就是一种项目风险消减的措施。

6. 项目风险储备措施

这是应对无预警信息项目风险的一种主要措施，特别是对于那些潜在巨大损失的项目风险，应该积极采取这种风险应对措施。例如，储备资金和时间以对付项目风险、储备各种灭火器材以对付火灾、购买救护车以应对人身事故的救治等都属于项目风险储备措施。

7. 项目风险容忍措施

这是针对那些项目风险发生概率很小而且项目风险所能造成的后果较轻的风险事件所采取的一种风险应对措施。这是一种最常使用的项目风险应对措施，但是要注意必须合理地确定不同组织的风险容忍度。

8. 项目风险分担措施

这是指根据项目风险的大小和项目相关利益者承担风险的能力大小，分别由不同的项目相关利益主体合理分担项目风险的一种应对措施。这种项目风险应对措施多数采用合同或协议的方式确定项目风险的分担责任。

9. 项目风险开拓措施

如果组织希望确保项目风险的机会能得以实现，这就得采用积极的风险措施，该项积极措施的目标在于确保项目风险机会的实现。这种措施包括为项目分配更多和更好的资源，以便缩短完成时间或实现超过最初预期的好质量。

10. 项目风险提高措施

这种策略旨在通过提高项目风险机遇的概率及其积极影响，识别并最大程度发挥这些项目风险机遇的驱动因素，致力于改变这种项目风险机遇的大小，最终促进或增强项目风险的机会，以及积极强化其触发条件，提高其发生的概率。

另外还有许多项目风险的应对措施，但是在项目风险管理中上述应对措施是最常用的。

10.4.3 制定项目风险应对措施的依据

制定项目风险应对措施的主要依据如下。

1）项目风险的特性

通常项目风险应对措施主要是根据风险的特性制定的。例如，对于有预警信息的项目风险和没有预警信息的项目风险就必须采用不同的风险应对措施，对于项目工期风险、项目成本风险和项目质量风险也必须采用完全不同的风险应对措施。

2）项目组织抗风险的能力

项目组织抗风险能力决定了一个项目组织能够承受多大的项目风险，也决定了项目组织对于项目风险应对措施的选择。项目组织抗风险能力包括许多要素，既包括项目经理承受风险的心理能力，也包括项目组织具有的资源和管理能力等。

3）可供选择的风险应对措施

制定项目风险应对措施的另一个依据是一种具体项目风险所存在的选择应对措施的可能性。对于一个具体项目风险而言只有一种选择和有很多个选择，情况是不同的，总之要通过选择最有效的措施去制定出项目风险的应对措施。

10.4.4　项目风险应对措施制定的结果

项目风险应对措施制定的结果主要包括如下内容：

1. 系列项目风险应对措施

这是针对项目已识别的风险的特性和要求而制定出的全部项目风险应对措施，它不但包括前面所述主要的项目风险应对措施，还包括各种项目所属专业领域独特的项目风险应对措施。

2. 项目风险应对计划

项目风险应对计划是对于项目风险应对工作的计划与安排，是关于项目风险应对的目标、任务、程序、责任、措施等一系列内容的全面说明。它包括：对于项目风险识别和风险度量的结果说明，对于项目风险控制责任的分配和说明，对于如何更新项目风险识别和风险度量结果的说明，项目风险管理计划的实施说明，以及项目预备资金如何分配和使用等方面的全面说明和计划与安排。

3. 项目风险应急措施的计划安排

项目风险应急措施的计划安排是在事先假定项目风险事件发生的前提下，所确定出的在项目风险事件发生时所应实施的行动计划，项目风险应急计划通常是项目风险应对措施管理计划的一部分，但是它也可以是融入项目的其他计划。例如，它可以是项目范围管理计划或项目质量管理计划的一个组成部分。

4. 项目预备金

项目预备金是一笔事先准备好的资金，这笔资金也被称为项目不可预见费，它是用于补偿差错、疏漏及其他不确定性事件的发生对项目费用估算精确性的影响而准备的，它在项目实施中可以用来消减项目成本、进度、范围、质量和资源等方面的风险。为使这项资金能够发挥更加明确的消减项目风险的作用，通常它可分成几个部分，例如，可以分为项目管理预备金、项目风险应急预备金、项目进度、成本预备金等。

5. 项目的技术后备措施

项目的技术后备措施也是专门用于应付项目风险的一种措施和办法，它是一系列预先准备好的项目技术措施方案，这些技术措施方案是针对不同项目风险而预想的技术应急方案，只有当项目风险情况出现并需要采取补救行动时才需要使用这些技术后备措施。

10.4.5　项目风险监控的概念、目标与内容

1. 项目风险监控的概念

项目风险监控是指在整个项目过程中根据项目风险管理计划和项目实际发生的风

险与项目发展变化所开展的各种监督和控制活动。这是建立在项目风险的阶段性、渐进性和可控性基础之上的一种项目风险管理工作，因为只有当人们认识了项目风险发展的进程和可能性以后项目风险才是可控的。更进一步，当人们认识了项目风险的原因及其后果等主要特性以后，就可以对项目风险开展监控了。只有当人们对项目风险一无所知时，它才是不可控的。

项目风险是发展和变化的，这种发展和变化也会随着人们的控制行为而发生变化。人们对项目风险的控制过程就是一种发挥主观能动性去改造客观世界（事物）的过程，此时产生的各种信息会进一步完善人们对项目风险的认识和把握程度，使人们对项目风险的控制行为更加符合客观规律。实际上人们对项目风险的监控过程就是一个不断认识项目风险和不断修订项目风险监控决策与行为的过程。这一过程是通过人们的行为使项目风险逐步从不可控向可控转化的过程。

2. 项目风险监控的目标

1）努力及早识别和度量项目的风险

项目风险监控的首要目标是通过开展持续的项目风险识别和度量，及早地发现项目所存在的各种风险以及项目风险的各种特性，这是开展项目风险监控的前提条件。

2）努力避免项目风险事件的发生

项目风险监控的第二个目标是在识别出项目风险以后要积极采取各种风险应对措施，努力避免项目风险事件的发生，从而确保不给项目造成不必要的损失。

3）积极消除项目风险事件的消极后果

项目风险并不是都可以避免的，有许多项目风险会由于多种原因而最终发生了，这种情况下的项目风险监控目标是积极采取行动，努力消减这些风险事件的消极后果。

4）充分吸取项目风险管理经验与教训

项目风险监控的第四个目标是对于各种已经发生并形成最终结果的项目风险，一定要从中吸取经验和教训，从而在今后避免发生同样的项目风险事件。

3. 项目风险监控的内容

项目风险监控的内容主要包括：监控项目风险的发展、辨识项目风险发生的征兆、采取各种风险防范措施、应对和处理已发生的风险事件、消除或缩小项目风险事件的后果、管理和使用项目不可预见费、实施项目风险管理计划和进一步开展项目风险的识别与度量等。

10.4.6 项目风险监控的依据

项目风险监控的依据主要如下。

1. 项目风险管理计划

项目风险监控活动都是依据这一计划开展的，但是在发现新风险后需要立即更新项目风险管理计划，所以项目风险监控工作是依据不断更新的项目风险管理计划开展的。

2. 实际项目风险发展变化情况

有些项目风险最终变成现实而发生了，有些项目风险却没有发生。这些项目风险实际情况的发展变化情况也是项目风险监控工作的最重要依据之一。

3. 项目风险应对计划

4. 可用于项目风险控制的资源

可用于项目风险控制的资源主要包括人力资源、物力资源、财力资源、信息资源及技术资源。

10.4.7　项目风险监控方法的流程和步骤

项目风险监控是按照一定流程和步骤进行的，具体分述如下。

1. 项目风险监控的流程图

项目风险监控的流程如图 10-4 所示。

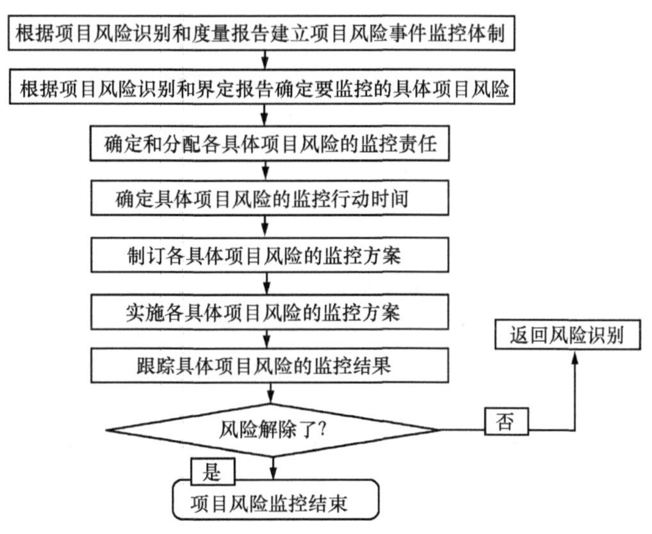

图 10-4　项目风险监控流程图

2. 项目风险监控具体步骤的内容与做法

项目风险监控各具体步骤的内容与做法说明如下。

（1）建立项目风险事件监控体制。这是制订整个项目风险监控的方针、程序和管理体制的工作，这包括项目风险责任制、项目风险报告制、项目风险监控决策制、项目风险监控的沟通程序等。

（2）确定要监控的具体项目风险。这是按照项目风险后果严重程度、概率大小、组织风险监控资源等情况确定出对哪些项目风险进行控制、对哪些项目风险容忍并放弃对它们的控制。

(3) 确定项目风险的监控责任。所有需要监控的项目风险都必须落实具体负责控制的人员并要规定他们所负的具体责任。每项项目风险监控工作都要由专人负责而不能分担，而且要由合适人员去负责。

(4) 确定项目风险监控的行动时间。这是项目风险监控时间的计划和安排，它规定出解决项目风险问题的时间限制等。项目风险的损失多数是因为错过监控时机造成的，所以项目风险监控时间计划很重要。

(5) 制订各个具体项目风险的监控方案。这首先要找出能够监控项目风险的各种备选方案，然后对方案作必要的可行性分析和评价，最终选定要采用的风险监控方案并编制项目风险监控方案文件。

(6) 实施各个具体项目风险监控方案。此时人们必须根据项目风险的实际发展与变化，不断地修订项目风险监控方案与办法。对于某些具体的项目风险而言，项目风险监控方案的修订与实施几乎是同时进行的。

(7) 跟踪各个具体项目风险的监控结果。其目的是要收集项目风险监控工作的结果信息并给予反馈，以指导项目风险监控工作。通过跟踪给出项目风险监控信息，根据信息改进项目风险监控工作，直到风险监控完结为止。

(8) 判断项目风险是否已经解除。如果认定某项目风险已经解除，则该项目风险监控作业完成。若判定某项目风险仍未解除就需要重新识别和度量项目风险，然后按图 10-4 所示的步骤去开展下一步的项目风险监控作业。

10.4.8 风险监控的方法和工具

风险监控还没有一套公认的、单独的技术可供使用，其基本的目的是以某种方式驾驭风险，保证项目可靠、高效地完成项目目标。由于项目风险具有复杂性、变动性、突发性、超前性等特点，风险监控应该围绕项目风险的基本问题，制定科学的风险监控标准，采用系统的管理方法，建立有效的风险预警系统，做好应急计划，实施高效的项目风险监控。

风险监控技术方法可分为两大类：一类用于监控与项目、产品有关的风险；另一类用于监控与过程有关的风险。风险监控技术有很多，例如，核对表法、挣值分析法等。在很多情况下，项目中发生的风险问题可以追溯到不止一个风险，风险驾驭与监控的另一个任务就是试图在整个项目中确定“风险的起源”。风险监控的关键在于培养敏锐的风险意识，建立科学的风险预警系统，从“救火式”风险监控向“预防式”风险监控发展，从注重风险防范向风险事前控制发展。

1. 建立项目风险监控体系

项目风险监控体系的建立，包括制定项目风险监控的方针、项目风险控制的程序、项目风险责任制度、项目风险信息报告制度、项目风险预警制度和项目风险监控的沟通程序等。风险监控的意义就在于实现项目风险的有效管理，消除或控制项目风险的发生或避免造成不利后果。因此，建立有效的风险预警系统，对于风险的有效监控具有重要作用和意义。风险预警管理是指对于项目管理过程中有可能出现的风险，采取超前或预先防范的管理方式，一旦在监控过程中发现有发生风险的征兆，及时采取校正行动并发出预警信号，以最大限度地控制不利后果的发生。因此，项目风险管理的良好开端是建立一个有效的监控或预警系统，及时觉察风险计划的偏离，以高效地实施项目风险管理过程。

2. 项目风险审核

项目风险审核是确定项目风险监控活动和有关结果是否符合项目风险管理计划和项目风险应对计划的安排，以及这些安排是否有效地实施并适合于达到预定目标的、系统的检查。项目风险审核是开展项目风险监控的有效手段，也是作为改进项目风险监控活动的一种有效机制。专人检查风险监控机制是否得到执行，并定期进行风险审核，在重大的阶段、节点重新识别风险并进行分析，对没有预计到的风险制定新的应对计划。

3. 挣值分析

挣值分析就是将计划工作与实际完成工作进行比较，从而确定是否符合计划费用和进度的要求。如果产生的偏差较大，则需要进一步对项目的风险进行识别、评估和量化。

4. 附加风险应对计划

项目实施过程中，如果出现了事前未预料到的风险，或者该风险对项目目标的影响较大，而且原有的风险应对措施又不足以应付时，为了控制风险，有必要编制附加风险应对计划。

5. 项目风险评价

通过风险识别，充分揭示出项目所面临的风险；通过风险分析，从量上确定了风险发生的概率和损失的严重程度。但是否要采取监控措施？采取什么样的监控措施？监控到什么程度？采取监控措施后，原来的风险发生了什么变化？是否产生了新的风险？这些均要通过风险评价来解决。

项目风险评价的类别，按评价的阶段不同可分为：事前评价、事中评价、事后评价和跟踪评价；按项目风险管理的内容不同可分为：设计风险评价、风险管理有效性评价、设备安全可靠性评价、行为风险评价、作业环境评价、项目筹资风险评价等；按评价方法不同可分为：定性评价、定量评价和综合评价。

10.4.9　风险监控的结果

1. 权变计划

风险应对计划制订得再周密，也不可能事先预料到所有的风险，实施过程中常会出现风险计划未考虑到的情况。权变措施就是根据所处的内外条件的变化，采取的随机应变措施。权变措施必须正确地记载并纳入到项目风险管理计划和风险应对计划中去。

2. 纠正行动

纠正行动是实施应急计划或权变措施。例如，某关键工序因承包商的原因而延误了工期，则承包商在征得业主、工程师和政府建设管理部门的同意后，增加人力、施工设备和每日的作业时间，追回延误的时间。因此，这些纠正行动都应当书面记载下来，作为今后计算工程款、解决争议，以及总结经验的依据，同时，也是资料和数据的积累。

3. 变更请求

实施应急计划或权变措施之后，经常要求对各方面的计划进行修改以应对风险。风险负责人应当向管理计划原制订者或批准者发出正式的变更请求。

4. 风险应对计划更新

风险可能发生，也可能不发生。当风险确实发生时，就应当将其形成文件并进行评估。实施风险控制可能会减少已识别风险的后果或概率。重新估计风险评分，以便正确地控制重要的新风险。未发生的风险应当记录在案，并在风险应对计划中取消。

5. 风险数据库

在风险管理过程中汇集、维护、分析并使用的数据库可以用于整个项目风险管理，并随着时间的推移而逐渐扩大。应当利用这个数据库编写风险管理教材，开设风险管理课程，向组织员工和项目管理人员传授经验，加强风险意识，提高风险管理能力。

6. 风险识别核对表更新

根据经验更新的核对表有助于将来的风险管理。

本章回顾

风险是关于不愿意发生事件发生的不确定性的客观体现。风险的特征包括：客观性、不确定性、相对性、可变性、风险与收益对称性。项目风险是指由于项目所处环境和条件本身的不确定性和主观上不能准确预见或控制影响因素，使项目的最终结果与项目相关利益主体的期望产生背离，从而给项目相关利益主体带来损失的可能性。项目风险产生的原因是人们的认识能力有限；信息本身的滞后性；项目信息资源管理和沟通管理方面的问题。项目风险可以按照不同标准进行分类。项目风险管理是指由项目风险识别、项目风险度量、项目风险应对、项目风险监控以及妥善处理项目风险事件所造成的结果等构成的一种项目专项管理工作。

风险识别是风险管理人员在收集资料和调查研究之后，运用各种方法对尚未发生的潜在风险以及客观存在的各种风险进行系统归类和全面识别。风险识别的主要内容有：识别引起风险的因素有哪些；什么是主要因素；以及这些风险可能导致的后果如何；风险识别的依据有产品说明、历史资料、其他计划输出。风险识别方法主要有分解法、故障树法、流程图法、情景分析法、财务报表法、敏感性分析法和面谈法。风险识别的输出包括风险因素、潜在的风险事件、风险征兆、对其他程序的输入等。

项目风险度量是对项目风险的影响和后果所进行的评价和估量。项目风险度量包括对项目风险发生可能性大小，风险影响范围以及对项目风险发生时间等的评价和估量等方面。项目风险度量的内容有项目风险发生可能性度量、风险后果的度量、风险影响范围的度量、风险发生时间的度量等。项目风险度量的工具和方法有损失期望值法、模拟仿真法、决策树法、专家决策法等。

项目风险应对是指根据项目风险识别和度量的结果，针对可能的项目风险提出项目应对措施，并制定项目风险应对计划的项目风险管理工作。项目风险应对的主要措施有：项目风险规避措施、风险遏制措施、风险转移措施、风险化解措施、风险消减措施、风险储备措施、风险容忍措施、风险提高措施和风险开拓措施等。项目风险监控是指在整个项目过程中根据项目风险管理计划和项目实际发生的风险与项目发展变化所开展的各种监督和控制活动。项目风险监控的目标是努力及早识别和度量项目的风险、努力避免项目风险事件的发生、积极消除项目风险事件的消极后果和充分吸取项目风险管理经验与教训。风险监控的依据是项目风险管理计划、实际项目风险发展变化情况、项目风险应对计划和可用于项目风险控制的资源。风险监控的方法和工具包括建立项目风险监控体系、项目风险审核、挣值分析、附加风险应对计划和项目风险评价。

复　习　题

一、判断题

1. 项目的风险无法预测、无法管理。(　　)

2. 风险事件就是那些给项目带来负面影响的、给项目带来损失的事件。(　　)

3. 风险评估主要是定性或定量评价风险对项目影响的大小。(　　)

4. 转移风险可以降低风险发生的概率。(　　)

二、单项选择题

1. 由于环保政策变化而出现的风险属于（　　）。

   A. 自然风险　　B. 经济风险　　C. 政治风险　　D. 社会风险

2. 以下哪一项决定了风险的不可消除性？(　　)

   A. 必然性　　B. 偶然性　　C. 客观性　　D. 可变性

3. 通过减少其发生概率来降低风险事件的影响属于（　　）。

   A. 风险规避　　B. 风险承担　　C. 风险转移　　D. 应急计划

4. 您获悉供应商因其工厂发生灾难而无法交付项目所需产品。以下（　　）是风险转移。

   A. 违反合同　　B. 承担损失　　C. 利用外部储备　D. 向保险公司提出索赔

5. 项目风险应对的办法包括（　　）。

   A. 风险识别、风险评估、风险应对、风险监控

   B. 风险事件、风险征兆

   C. 头脑风暴法、专家判断法、系统模拟法

   D. 风险转移、风险规避、风险缓解、风险接受

三、多项选择题

1. 风险管理的工作流程是（　　）。

   A. 风险辨识　　B. 风险分析　　C. 风险控制　　D. 风险转移

2. 下面哪些事项是外部的不可预测的风险？（　　）

A. 政府管制的变化 B. 自然灾祸　　C. 有意的破坏　　D. 通货膨胀

3. 风险识别工作包括（　　）。

A. 确定风险来源　B. 确定风险条件　C. 制定风险对策　D. 描述风险特征

4. 项目风险的属性是（　　）。

A. 风险事件　　B. 发生概率　　C. 风险计划编制　D. 受威胁的金额

5. 在以下所有的描述中，哪些是项目风险管理的目的？（　　）

A. 识别出在项目执行过程中可能影响到项目的范围、进度、成本和质量的因素

B. 评价风险对项目的影响程度，并制定出应对的计划

C. 为不能控制的因素制定目标

D. 通过影响能够被控制的事件来减轻风险的影响

6. 下面例子中，哪些是通过风险转移来降低项目风险？（　　）

A. 购买厂家实行“三包”的产品　　B. 制定项目的应急计划

C. 购买保险　　D. 批量采购

四、简答题

1. 什么是风险？风险有哪些特点？

2. 什么是项目风险？产生项目风险的原因有哪些？

3. 什么是项目风险管理？项目风险管理方法有哪些？

4. 风险识别的含义是什么？风险识别的依据是什么？

5. 风险识别方法有哪些？

6. 什么是项目风险度量？如何进行项目风险度量？

7. 试述项目风险应对的含义、依据和措施。

8. 试述项目风险监控的定义、目标、内容与依据。

9. 如何进行项目风险监控？

五、能力应用题

某联合体承建非洲公路项目的失败案例

我国某工程联合体（某央企＋某省公司）承建非洲某公路项目，双方五五出资参与合作，项目组主要由该省公司人员组成。该项目业主是该非洲国政府工程和能源部，出资方为非洲开发银行和该国政府，项目监理是英国监理公司。

项目所在地土地全部为私有，土地征用程序及纠纷问题极其复杂，地主阻工的事件经常发生，当地工会组织活跃；当地天气条件恶劣，可施工日很少，一年只有三分之一的可施工日；该国政府对环保有特殊规定，任何取土采沙场和采石场的使用都必须事先进行相关环保评估并最终获得批准方可使用，而政府机构办事效率极低，这些都给项目的实施带来了不小的困难。业主委托一家对当地情况十分熟悉的英国监理公司起草项目合同。该监理公司非常熟悉当地情况，将合同中几乎所有可能存在的对业主的风险全部转嫁给了承包商，包括雨季计算公式、料场情况、征地情况。中方公司在招标投标前期做的工作不充分，对招标投标文件的熟悉和研究不够深入，现场考察也未能做好，对项目风险的认识不足，低估了项目的难度和复杂性，对可能造成工期

严重延误的风险并未做出有效的预测和预防，造成了投标失误。

该项目初期，设备、人员配置不到位，部分设备选型错误，中方人员低估了项目的复杂性和难度，当项目出现问题时又过于强调客观理由。在项目执行过程中，由于中方内部管理不善，野蛮使用设备，没有建立质量管理保证体系，现场的组织管理沿用国内模式，不适合该国的实际情况，对项目质量也产生了一定的影响。这一切都造成项目进度严重滞后，成本大大超支，工程质量也不如意。随着项目的实施，该承包商也采取了一系列的措施，在一定程度上推动了项目的进展，但这一系列措施并没有收到预期的效果。特别是由于合同条款先天就对中方承包商极其不利，造成了中方索赔工作成效甚微。现场人员素质不能满足项目的需要，在一个以道路施工为主的工程项目中，道路工程师却严重不足甚至缺位，所造成的影响是可想而知的。在项目实施期间，中方竟三次调换办事处总经理和现场项目经理。在项目的后期，由于项目举步维艰，加上业主启动了惩罚程序，这对原本亏损巨大的该项目雪上加霜，项目组织也未采取积极措施稳定军心。由于看不到希望，现场中外职工情绪不稳，人心涣散，许多职工纷纷要求回国，当地劳工纷纷辞职，这对项目产生了不小的负面影响。

在项目实施的四年多时间里，中方遇到了极大的困难，尽管投入了大量的人力、物力，但由于种种原因，合同于 2005 年 7 月到期后，实物工程量只完成了 35%。2005 年 8 月，项目业主和监理工程师不顾中方的反对，单方面启动了延期罚款，金额每天高达 5000 美元。为了防止国有资产的进一步流失，维护国家和企业的利益，中方承包商在我国驻该国大使馆和经商处的指导和支持下，积极开展外交活动。2006 年 2 月，业主致函我方承包商同意延长 3 年工期，不再进行工期罚款，条件是中方必须出具由当地银行开具的约 1145 万美元的无条件履约保函。由于保函金额过大，又无任何合同依据，且业主未对涉及工程实施的重大问题做出回复，为了保证公司资金安全，维护我方利益，中方不同意出具该保函，而用中国银行出具的 400 万美元的保函来代替。但是，由于政府对该项目的干预往往得不到项目业主的认可，2006 年 3 月，业主在监理工程师和律师的怂恿下，不顾政府高层的调解，无视中方对继续实施本合同所做出的种种努力，以中方不能提供所要求的 1145 万美元履约保函的名义，致函终止了与中方公司的合同。针对这种情况，中方公司积极采取措施并委托律师，争取安全、妥善、有秩序地处理好善后事宜，力争把损失降至最低。该承包商由于风险管理不当，造成工程严重拖期，亏损严重，同时也影响了中国承包商的声誉。

资料来源：王守清 .2008. 国际工程项目风险管理案例分析 . 施工企业管理 .(02)：40-42.

讨论题

1. 通过案例解读，请问该承包商面临哪些风险？风险管理存在哪些问题？

2. 在实施“走出去”战略中，我国国际工程承包经营者应该从中吸取哪些经验教训？

卢有杰.2011. 现代项目管理学.3版. 北京：首都经济贸易大学出版社.

刘强，江涌鑫.2009. 国际工程项目风险管理框架与案例分析. 项目管理技术.7（12）：59-64.

吴健，彭四平.2011. 项目管理与实践应用. 北京：机械工业出版社.

殷焕武.2012. 项目管理导论. 北京：机械工业出版社.

第 11 章　项目管理软件

知识目标

1. 理解项目管理软件的分类和功能
2. 熟悉 Primavera 公司的 P3 软件和 Microsoft Project 2003 软件
3. 掌握 Microsoft Project 2003 软件操作的一般过程

能力目标

1. 能够结合实际案例进行项目管理软件的基本操作
2. 能够使用 Microsoft Project 2003 软件模拟一个项目的计划与实施过程

关键词　P3　Microsoft Project 2003

11.1　概述

随着计算机技术的发展，20 世纪 80 年代后项目管理技术也呈现出繁荣发展的趋势，项目管理软件开始出现，并得到广泛的应用。通过项目管理软件，各种进度图表可以实时、动态生成，修改方便，关键路径由软件自动动态计算，从而为项目进度管理提供了极大方便，项目计划的作用也才能真正发挥。

目前的项目管理软件功能主要是围绕项目管理目标来设置的。有的涉及传统项目管理的三大目标：质量、工期、成本；有的涉及现代项目管理的六大目标：质量、工期、成本、安全、环境、健康；还有的涉及《项目管理知识体系指南》(Project Management Body of Knowledge Guide，PMBOK Guide）九大知识领域：范围管理，时间管理，费用管理，质量管理，人力资源管理，沟通管理，风险管理，采购管理，整体管理。

项目管理软件的功能可分为三个层次：第一层次为基本功能，如进度控制、费用控制、质量管理等，是对基层工作流程的模拟，在一定程度上实现数据共享，减轻了基层项目管理人员的工作强度。这类软件在国外 80 年代已走进普通办公室，并被广大基层项目管理工作人员接受。第二层次的功能有两个特点：一是分析和预测功能，通过计算机技术的应用、分析，在此基础上产生预测功能，以满足中层管理人员的业务需求。二是计算机网络的使用和通讯功能，计算机网络技术主要是局域网上的多用户操作和多项目管理。通讯方面主要是借助因特网、局域网通讯、电子邮件、电子信箱等先进的通讯工具和手段，减少项目管理工作所受的地域限制。第三层次为基于因特网的项目管理。一方面，借助于因特网使传统的项目管理软件能在因特网上运行。另一方面，是整个项目管理业务与因特网的结合。这个层次的软件提供一个基于因特网的“虚拟”项目环境，解决了项目组织和管理全球化问题。

11.2 项目管理软件的分类

11.2.1 按照基本功能划分

项目管理软件提供的基本功能主要包括进度计划管理、费用管理、资源管理、风险管理、交流管理和过程管理等，这些基本功能有些独立构成一个软件，大部分则是与其他某个或某几个功能集成构成一个软件。

1. 进度计划管理

对于工程项目建设来说，时间是最重要的资源。基于网络技术的进度计划管理功能是工程项目管理中开发最早、应用最普遍的、技术上最成熟的功能，它也是目前绝大多数面向工程项目管理的信息系统的核心部分。具备该类功能的软件至少应能做到：定义作业（也称为任务、活动），并将这些作业用一系列的逻辑关系连接起来；计算关键路径；时间进度分析；资源平衡；实际的计划执行状况；输出报告，包括甘特图和网络图等。

2. 费用管理

进度计划管理系统建立项目时间进度计划，费用（或成本）管理系统确定项目的价格，这是现在大部分项目管理软件功能的布局方式。最简单的费用管理是用于增强时间计划性能的费用跟踪功能，这类功能往往与时间进度计划功能集成在一起，但难以完成复杂的费用管理工作；高水平的费用管理功能应能够胜任项目寿命周期内的所有费用单元的分解、分析和管理的工作，包括从项目开始阶段的预算、报价及其分析、管理，到中期结算与分析、管理，再到最后的决算和项目完成后的费用分析，这类软件有些是独立使用的系统，有些是与合同事务管理功能集成在一起的。费用管理应提供的功能包括：投标报价、预算管理、费用预测、费用控制、绩效检测和差异分析。

3. 资源管理

项目管理软件中涉及的资源有狭义和广义之分。狭义资源一般是指在项目实施过程中实际投入的资源，如人力资源、施工机械、材料和设备等；广义资源除了包括狭义资源外，还包括其他诸如工程量、影响因素等有助于提高项目管理效率的因素；所有这些资源又可以根据使用过程中的特点划分为消耗性资源（如材料、工程量等）和非消耗性资源（如人力）。资源管理功能应包括：拥有完善的资源库，能自动调配所有可行的资源，能通过与其他功能的配合提供资源需求，能对资源需求和供给的差异进行分析，能自动或协助用户通过不同途径解决资源冲突问题。

4. 风险管理

变化和不确定性的存在使项目总是处在风险的包围中，这些风险包括时间上的风险、费用上的风险，技术上的风险等。项目管理软件的风险管理功能大都采用了风险范围估计方法以及风险模拟分析等技术。项目管理软件中的风险管理功能应包括：项目风险的文档化管理、进度计划模拟、减少乃至消除风险的计划管理等。目前的风险管理软件包有些是独立使用的，有些是和上述的其他功能集成使用的。

5. 交流管理

交流是任何项目组织的核心，也是项目管理的核心。事实上，项目管理就是从项目有关各方之间及各方内部的交流开始的。大型项目的各个参与方经常分布在跨地域的多个地点上，大多采用矩阵化的组织结构形式，这种情况对交流管理提出了很高的要求；信息技术，特别是近些年的 Internet、Intranet 和 Extranet 技术的发展为这些要求的实现提供了可能。目前流行的大部分项目管理软件都集成了交流管理的功能，所提供的功能包括进度报告发布、需求文档编制、项目文档管理、项目组成员间及其与外界的通讯与交流、公告板和消息触发式的管理交流机制等。

6. 过程管理

过程管理功能应是每个项目管理软件所必备的功能，它可以对项目管理工作中的项目启动、计划编制、项目实施、项目控制和项目收尾等过程提供帮助。过程管理的工具能够帮助项目组织的管理方法和管理过程实现电子化和知识化。项目负责人可以为其所管理的项目确定适当的过程，项目管理团队在项目的执行过程中也可以随时对其应完成任务进行深入的了解。

7. 多功能集成的项目管理软件套件

目前流行的项目管理软件大部分是系列化的项目管理软件，通常称为项目管理软件套件。

11.2.2 按照适用对象划分

1. 面向大型、复杂工程项目的项目管理软件

这类软件锁定的目标市场一般是那些规模大、复杂程度高的大型工程项目。其典型特点是专业性强，具有完善的功能，提供了丰富的视图和报表，可以为大型项目的管理提供有力的支持；但购置费用较高，使用上较为复杂，使用人员必须经过专门培训。

2. 面向中小型项目和企业事务管理的项目管理软件

这类软件的目标市场一般是中小型项目和企业内部的事务管理过程。其典型特点是提供了项目管理所需要的最基本的功能，包括时间管理、资源管理和费用管理等；有很强的易学易用性，使用人员一般只要具备项目管理方面的知识，经过简单的引导，就可以使用；购置费用较低。

11.3 项目管理软件简介

目前常用的项目管理软件根据功能和价格可以分为适用于大型项目的专业型软件及适用于中小型项目的非专业型软件。专业型软件专业性强，功能完善，主要应用于规模大、复杂程度高的大型工程项目。这类软件包括 Primavera 公司的 P3、Welcom 公司的 Open Plan、Gores 技术公司的 Artemis 和 ABT 公司的 Workbench 等。非专业型软件主要应用于一些中小型项目和企业内部事务管理，虽然功能不很齐全，但依然能够提供项目管理所需要的基本功能，包括计划安排、风险分析、时间管理、人员管理、资源管理和费用管理等。其优点是易于掌握，使用人员一般只需要具备项目管理的知识，通过初步的培训学习就可以使用，购置费用比较便宜。这类软件包括微软公司的 Project 2003，TimeLine 公司的 Time Line，Scitor 公司的 Project Scheduler 和 Primavera 公司的 SureTrak 等。下面具体介绍 Primavera 公司的 P3 和微软公司的 Project 2003 项目管理软件。

11.3.1 Primavera 公司的 P3

1. 概述

P3 是 Primavera Project Planner 的简称，由美国 Primavera 公司开发。该公司成立于 1983 年，专业从事项目管理软件的开发与服务，当年即推出 P3 1.0 for DOS。Primavera 公司的 P3 软件和小 P3（SureTrak Project Manager）软件在国际工程界的市场份额高达百分之八十一。P3 长期以来被认为是一种标准，它在如何进行进度计划编制、进度计划优化，以及进度跟踪反馈、分析和控制方面一直起到方法论的作用。国内绝大部分大型工程也都在使用 P3，例如在三峡、小浪底、二滩等大型水利水电工程中，P3 项目管理软件都发挥了重要作用。

P3 从 1983 年发布第一版至今已经进行了十多次升级。由于其核心架构开发较早，因此 P3 的功能应用起来存在数据安全、字段字符限制等问题。在这种情况下，Primavera 公司在总结 P3 应用经验的基础上，结合项目管理理论和软件技术的发展，开发了性能更加强大的企业级项目管理软件 P3E，即 Primavera Project Planner for Enterprise。目前这一款软件在我国正逐步推广，Primavera 公司计划在两年内用 P3E 代替其早期的 P3 软件，P3E 正在成为项目管理软件的主流产品。

2. P3 功能简介

（1）工程模式。P3 是基于广义网络计划技术理论编制的项目管理软件。它支持二十级的工作分解结构编码，支持多项目管理，并且可将多个工程合并成一个。用户可自定义二十四种作业分类码，用于项目信息的选择、排序、查询和分组分析。P3 可处理的单个项目的最大工序数达到十万道，采用目标管理的模式对项目实施控制。

（2）进度管理。P3 进度管理是基于关键路径法（Critical Path Method，CPM）和单节点网络图模式的。支持自由浮时和总浮时计算；支持完成－开始、开始－开始、开始－完成和完成－完成四种作业关系；可使用三十一种作业日历，九种不同的作业类型；作业上可设置停工和复工日期；可以对计划进行优化，辅助编排工程总进度计划，对工程的实际进度进行动态跟踪、分析和控制。

（3）P3 软件拥有完善的编码体系，包括工作分解结构、作业代码编码、作业分类码编码、资源编码等。此外，通过作业分类码编码，可方便地按指定要求组织作业数据，对作业数据进行分类和汇总。

(4) 资源和费用管理。P3 软件作业栏位中可显示多个资源，且资源也可有日历；P3 利用资源直方图和资源表格标出潜在的资源冲突，自动解决平衡资源的问题。平衡和平滑时，作业可以分解、延长和压缩；提供赢得值（Budgeted Cost for Work Performed，BCWP)、预算值（Budgeted Cost for Work Scheduled，BCWS）直方图、表格和曲线，预算值（BCWS）直方图、表格和曲线，能计算费用差值和进度差值；可跟踪预算、本期实际费用、累计实际费用、完成百分比，完成时费用等指标；用户可定义计算规则等。

(5) 数据交换和二次开发。P3 能够共享数据资源，可以同开放式数据库连接（Open Database Connectivity，ODBC)、Windows 程序交换数据；Primavera Post Office 允许远程工作，双向审阅计划和进度更新；可采用与 MAPI/VIM 兼容的邮件系统来互换工程和作业数据；可读写 MPX 文件与 MSaProject 兼容；可输入/输出 dBASE、Lotus、ASCII；可与 SureTrak（小 P3）共享数据。

(6) 报表和图形。P3 软件提供一百五十多个预先定义好的报表、矩阵报表和图形，可自定义页眉和页脚。可用简明的行列报表和矩阵报表、交叉报表和自定义报表生成器来分析复杂的工程。利用作业分类码、自定义数据项、预算和差值数据与基于布尔逻辑的过滤器一起使用来选取作业。用户可用二十八种语言来显示和打印视图报表。同时可将设计说明、图纸、电子报表、字处理软件、扫描的图片以及数据放到报表和工程中。

11.3.2　Microsoft Project 2003

1. 概述

Microsoft Project 是 Microsoft 公司开发的项目管理系统软件，是一款通用的项目管理软件，适用于国民经济的各个领域，包括石油化工、钢铁冶金、生物医药、交通运输、航空航天、IT 项目、能源等各种行业的项目。它从 Microsoft Project 1-4. x 面向个人使用者，到 Microsoft Project 98 面向团队使用者，到 Microsoft Project 2000 面向企业使用者，到 Project 2003 面向价值链使用者，目前最新版本是 Microsoft Project 2013。

Project 2003 是 Microsoft 发布的中文版 Office 2003 软件包中基于 Windows 操作系统的项目管理软件，它以其强大的功能、友好的界面吸引了众多的用户，成为目前最受欢迎的项目管理软件之一。Microsoft Project 2003 包括三大部分：标准版（standard)、专业版（professional）和服务器版（server)。

(1) 标准版 Microsoft Project Standard 2003：是 Microsoft Project 的核心程序，面向个人用户的单机版项目管理软件。用户只要在桌面环境下安装 Project Standard 后，无需联网和复杂的设置，就可以马上投入使用。适合项目管理人员独立使用，管理项目的日常事务。

(2) 专业版 Microsoft Project Professional 2003：设计目的是与 Project Server 2003 和 Project Web Access 协同工作，从而组成了 Microsoft 的企业项目管理解决方案

(Enterprise Project Management，EPM)。Microsoft Project Professional 2003 是专门针对有企业级项目管理需求的应用软件。功能与 Microsoft Project Standard 基本类似，只是在 Microsoft Project Server 协作方面的功能得到增强，从而更好地发挥企业级项目管理的职能。

(3) 服务器版 Microsoft Project Server 2003：为企业集中管理和共享项目信息而设计。它能将项目团队和企业内部的项目信息集中储存，是一种平台，支持项目、资源管理及协作功能。通过 Project Server，项目成员、公司领导和其他项目干系人经过授权后，都能快速获取最新的项目信息，并能互相交流信息。用户使用 Project Server 时，必须取得客户端存储授权（Client Access License，CAL)。

2. Microsoft Project 2003 的主要功能

Microsoft Project 2003 的功能主要涉及范围管理、时间管理、成本管理、人力资源管理、风险管理、质量管理、沟通管理、采购管理、综合管理等多个方面。具体表现在以下几个方面：

(1) 项目范围管理。Microsoft Project 2003 在范围管理中使用的是 WBS 技术。用户可以方便地对项目进行分解，并可以在任何层次上进行信息的汇总。

(2) 进度计划管理。项目计划工作在项目管理中占有最重要的地位，是整个项目管理的龙头。Microsoft Project 2003 按关键路径法计算每个任务的开始、完成时间，自动计算并识别关键路径，还可以利用 PERT（Program Evaluation and Review Technique）或 CPM 技术安排逻辑网络图、网络横道图，对任务进行调度。

(3) 成本预算管理。Microsoft Project 2003 采用了“自底向上费用估算”技术进行费用管理。用户通过输入资源在任务上工作的费率或固定的任务成本，可以查看某项任务的资源和材料成本、项目运行期间某一阶段的项目成本。Microsoft Project 2003 还可以生成 S 曲线，利用挣值技术对项目进展进行评价。

(4) 资源管理。Microsoft Project 2003 提供了人力资源管理技术，包括“责任矩阵”、“资源需求值方图”等。用户可以方便地定义和输入资源，定义资源的工作时间，对资源进行排序，突出显示特定资源，考察资源的基本情况和使用状况。Microsoft Project 2003 可以通过调配资源、增加资源总量、替换资源、设定资源推迟开始工作时间、设置资源加班时间、调整资源日历等手段来解决资源冲突。

(5) 信息管理。Microsoft Project 2003 使用丰富的视图、报表为项目中不同类别的人员提供了所需的信息。例如 Microsoft Project 2003 可以查询特定的工作信息。通过 Server，项目经理可将项目计划发布到服务器上，并将工作分配给各个项目组成员；项目组成员只要登录到 Server 上就能看到分配给自己的任务；在项目实施过程中，项目组成员和项目经理可以通过 Microsoft Project Server 及时地更新项目信息；Microsoft Project 2003 与 Excel 进行数据交换，还可将进度图表放入 Word 文档中形成项目文件。

(6) 项目跟踪预测。利用 Microsoft Project 2003 的跟踪预测功能，可以及时发现计划与实际相冲突的地方，比如项目的成本超过预算，项目的完成时间晚于预期的时间等。通过支持比较基准，使任务更有可比性。通过盈余分析方法改进，更有效地跟踪、分析、评价项目状态。

（7）多项目协同工作。Microsoft Project 2003 通过合并项目文件、建立项目之间的相关性和在项目之间共享资源等方式可以平衡项目间人员和设备的工作量，简化项目间的交流和协调。

3. Project 2003 软件操作简介

1）Project 2003 的工作界面

启动 Project Professional 2003 后，可以看到它的工作界面与 Office 其他软件的界面极其相似，主要由标题栏、菜单栏、工具栏、数据编辑栏、任务窗格、视图栏和工作区等组成，如图 11-1 所示。

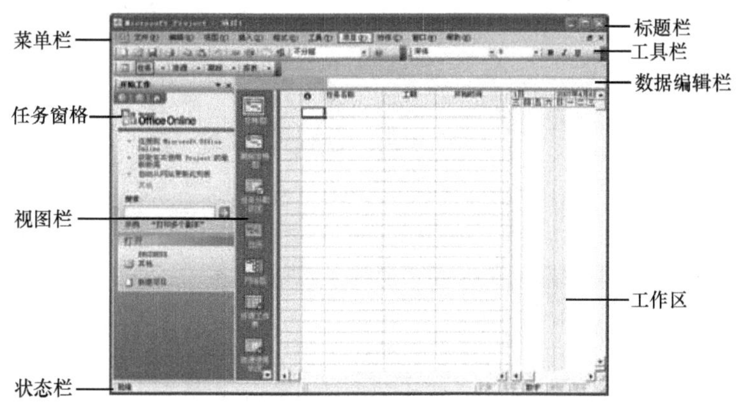

图 11-1　Project 2003 的工作界面

2）Project 2003 的常用视图

视图主要分为任务类视图和资源类视图，常用的任务类视图有“甘特图”视图、“网络图”视图、“日历”视图、“任务分配状况”视图等；常用的资源视图有“资源工作表”视图、“资源图表”视图、“资源使用状况”视图等。

3）制定项目计划

（1）设置项目信息。项目信息设置包括项目基本信息、工作日历及项目环境信息等。

单击 Microsoft Project 2003 菜单上的“文件—属性”，会弹出“项目属性”对话框，根据项目具体情况，对其进行设置，如图 11-2 所示。

设置项目日历点击“工具—更改工作时间”命令按钮，弹出“更改工作时间”对话框，如图 11-3 所示。

设置项目工作环境。单击“工具—选项”命令按钮，弹出“选项”所示对话框，如图 11-4 所示。使用“视图”选项卡可以输入、查看或更改 Microsoft Project 2003 显示不同类型的项目信息的首选项。

“常规”选项卡可以进行通用的常规选项、规划向导等选项设置，还可以为新资源和任务指定默认设置。图 11-5 所示为“常规”选项卡对话框。

使用“选项”对话框中的“保存”选项卡可以输入、查看或更改 Microsoft Project

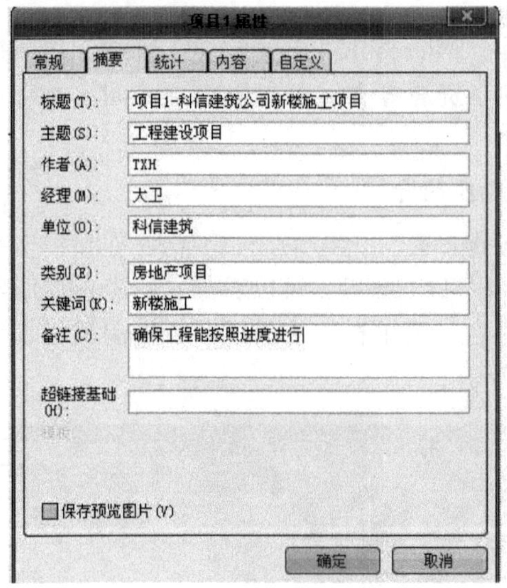

图 11-2 “项目属性”对话框

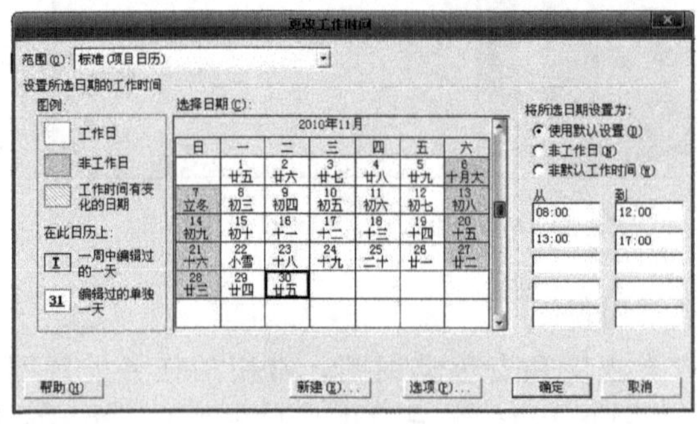

图 11-3 “更改工作时间”对话框

2003 保存文件方式的首选项，包括保存 Project 文件的默认文件格式、位置以及自动保存的选项设置等。

（2）创建项目任务

任务是项目中最基础的元素，任何项目的实施都是通过完成一系列的任务来实现的。

输入任务。在 Project 2003 的多种视图中都可以输入任务，其操作方式大致相同。例如，如果要在“甘特图”视图中为输入任务，只需要选中工作区的“任务名称”栏下的单元格，然后输入任务名称，按 Enter 键或单击其他单元格输入即可。

手动输入任务的过程比较烦琐，若已有使用 Excel 制作的任务表格，可将其直接导入到 Project 2003 中。

编辑任务。在实际工作中，创建任务后，还需要对其进行编辑，比如插入任务、删除任务、复制任务及移动任务等。

任务分级。创建任务后，默认状态下所有的任务都处于同一级别，没有差异。为

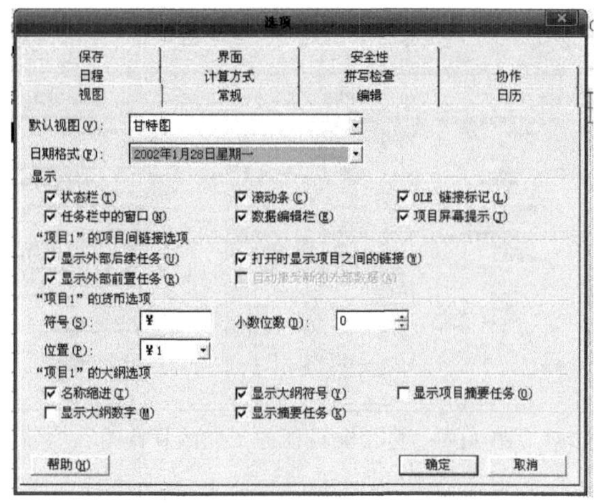

图 11-4　“视图”选项卡对话框

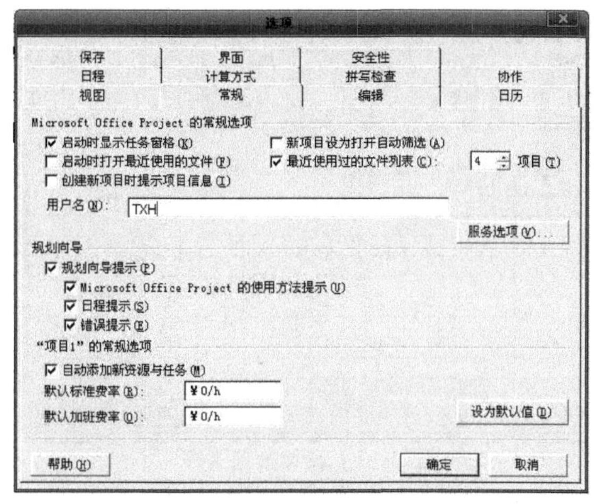

图 11-5　“常规”选项卡对话框

了方便查询和管理项目任务，可以对其进行分级。

(3) 创建大纲结构。选中要作为子任务的多个任务，然后选择“项目”/“大纲”/“降级”命令，将其降级，使之成为子任务即可。

创建工作分解结构（WBS）。可以根据任务在项目大纲中的层次将相应的 WBS 代码分配给任务。

(4) 设置任务工期。创建和编辑完任务后，还需要对任务的工期进行设置。在 Microsoft Project 2003 中输入新任务时，所有的任务起始日期都是默认项目的开始日期，工期为 1 天，工期后面的“?”表示估计工期，只有当手工输入工期后，估计工期才会被转换为确认工期。在 Microsoft Project 2003 中完成任务列表的输入、排序和阶段划分后，接下来就应该为每项任务设置工期，从而建立项目的进度计划。包含项目任务工期的甘特图如图 11-6 所示。

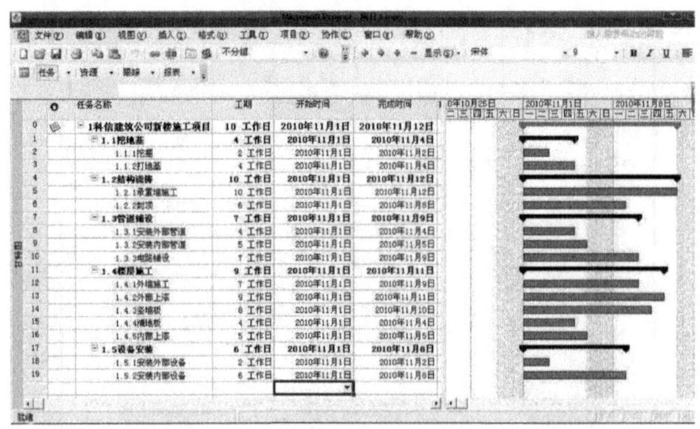

图 11-6　包含项目任务工期的甘特图

（5）安排任务紧前工序。双击任务，弹出“任务信息”对话框，在对话框中输入该任务的紧前任务，将二者关系设置为“完成—开始”，延隔时间为“0”，如图 11-7 所示。

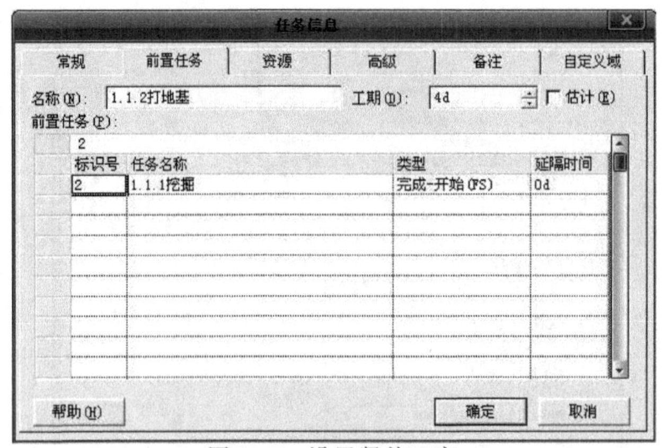

图 11-7　设置紧前工序

在设置了任务的工期并完成任务相关性设置后，项目进度计划就初步完成了，如图 11-8 所示。

图 11-8　完整的项目甘特图

以上操作仅仅涉及了简单的项目计划编制工作，主要包括为项目设置信息，创建任务的工作分解结构及建立任务的相互关系。

11.3.3　其他项目管理软件

1. Project Scheduler

Project Scheduler 是 Scitor 公司的产品，它提供了简洁的图形界面，可帮助用户管理项目中的各种活动。它通过工作分解结构、组织分解结构和资源分解结构进行调整和汇总功能可以很好地对项目进行规划及合并。该软件中的资源平衡算法和资源优先设置具有较好的实用价值，用户利用项目分组多项目中主进度计划进行查看、分析及更新。通过统一的资源跟踪工作表，用户可以根据一个周期的数据来评价资源成本和利用率。此外，该软件具有“what if”分析功能以及 ODBC 链接数据库。该软件的缺点是联机帮助、文件编制及电子邮件功能有限。

2. SureTrak Project Manager

Primavera SureTrak Project Manager 是 Primavera 公司开发的适用于小型公司的工程项目管理软件，通常也称为小 P3。SureTrak 的功能虽然不如 P3 强大，但也具备了工程项目管理软件的所有基本功能。与 P3 相比，SureTrak 的优势在于操作简单，易学易用，工程管理人员比较容易操作，而且价格相对低廉。因此 SureTrak 适合中小型企业和项目应用。它支持多项目进度计算和资源计划，并用不同颜色区分不同的任务。此外，SureTrak 还提供四十多种标准报表，同时支持 PERT 和 CPM 两种网络图形，可任意选取、输出所需要的信息。SureTrak 可利用企业的电子邮件来辅助工作、并进行网上发布和工程进度采集，使得与工程有关的人员能够随时了解工程的实际情况。

3. Open Plan

由美国 Welcom 公司开发的 Open Plan 是一个企业级的项目管理系统，极大提升组织进行多项目管理的能力。拥有无限级别的子项目，每项任务都可以无限分解。此外它的任务数目不限，提供了最多 256 位宽度的作业编码和作业分类码，为项目多层次、多角度管理提供了可能。Open Plan 还全面支持 OLE，可与微软公司的 Excel 等应用程序交互信息。

4. Project Management Workbench (PMW)

PMW 项目管理软件是应用商业技术公司（ABT）的产品，该软件可以管理复杂的项目。它运行在 Windows 操作系统下，提供了对项目建模、分析和控制的图形化手段，具有项目计划、进度计划、资源分配、项目跟踪、项目分析等项目管理所需的各种功能。

5. Time Line

Time Line 是 Symantec 公司的产品，该软件对初学者可能存在一定的困难，但对于有经验的项目经理则相对容易。它具有独特的 Overview 功能，可向用户提供有关项目、资源、设置、日历、筛选标准、用户自定义的数据计算公式等图形信息。此外，还具有报表功能和极强的与结构化查询语言（Structural Query Language，SQL）数据库连接的功能。

6. 梦龙智能项目管理系统 pert

“梦龙智能项目管理系统 pert”是梦龙公司应用网络技术原理，采用高新技术手段开发的，是适用于各种项目计划管理的智能化软件。pert 系统适合我国国情，界面新颖友好，操作简单，对软硬件环境适应性好。该软件系统曾应用于三峡工程等重点项目，广泛使用在科研、军事、建筑等领域。该软件提供了灵活方便的作图功能，具有多种作图方式，网络图可以在多种形式之间灵活转换。利用该软件，可以瞬时生成流水网络。此外，该软件具有方便实用的网络图分级管理功能。

7. 普华 PowerOn 项目管理集成软件系统

PowerOn 是上海普华科技发展有限公司自主研发的一套既融入了国际先进的项目管理思想，又结合了国内管理习惯及标准的企业级多项目管理集成系统。

8. 普华 PowerPIP 项目管理信息平台简介

普华 PowerPIP 项目管理信息平台是普华公司为适应企业项目现代化管理在普华项目沟通与文档管理系统（PowerCom）基础上自主研发的工程项目信息管理平台。普华 PowerPIP 项目管理信息平台涵盖工程建设项目管理的核心业务流程和主要功能模块，充分演绎项目管理知识体系 PMBOK 九大知识领域和五个关键过程。

9. 易建工程项目管理软件

易建工程项目管理软件是一个适用于建设领域的综合型工程项目管理软件系统。软件不仅可以应用于单、多项目组合管理，而且可以融合企业管理，直至延伸到集团化的管理。软件不仅可以提供给建设单位以及施工企业使用，而且可以扩展成为协同作业平台，融合设计单位、监理单位、设备供应商等产业链中不同企业的业务协同流程作业，构筑坚实的企业信息化工作平台。

11.4 项目管理软件的应用

11.4.1 选择项目管理软件时应考虑的因素

下面是购买项目管理软件包时应考虑的一些因素。这些因素应根据购买者的实际情况来进行考虑，并不是对于所有人都是重要的。

（1）容量。主要考虑系统能否处理你预计进行的项目数量、资源数以及同时管理的项目数量。

（2）安装简便，保证能够在计算机系统高速运行。这里主要考虑运行项目管理软件对计算机硬件和软件的要求：存储器、硬盘空间容量、处理速度和能力、图形显示类型、打印设置以及操作系统等。

（3）可利用的功能。要考虑系统是否具备项目组织所需要的各种功能。例如，是否包含工作分析结构、甘特图和网络图；系统能否排序和筛选信息、监控预算、生成定制的日程表，并协助进行跟踪和控制；它能否检查出资源配置不当并有助于解决。

(4) 软件手册的可读性与实用性强，逻辑清晰，详细明确。

(5) 学习容易，操作简便，表现在菜单显示、数据输入、报表绘制等方面。

(6) 报表、图形功能完善，能够生成适用于管理的报告。大多数用户非常注重软件这种能生成内容广泛、有说服力的报表的功能。

(7) 拥有将数据转出和转入的各种软件，并与互联网相连接，能够在网络上运行。

(8) 软件安全性能，防止他人恶意窃取。

(9) 软件能可靠运行，有性能测试报告，早期版本所暴露的错误和问题得到改进。

(10) 经销商的支持。要注意经销商或零售商是否提供技术支持、支持的费用，以及经销商的信誉。

11.4.2　应用项目管理软件的误区

尽管使用项目管理软件有许多益处，但在使用过程中也有一些应该注意的地方，同时尽可能避免其中的一些陷阱。

1. 过分依赖管理软件

现在的项目管理软件不断推陈出新，更新速度相当快，提供的功能也越来越强大。这时用户很有可能沉溺于项目管理软件，把大量的时间用于完善、美化各种报表、图形。项目经理可能会把大量时间投入软件中，摆弄那些报表、功能，把工件中最主要的部分抛在脑后。

2. 安全错觉

项目管理软件有时会使项目经理产生一种安全错觉。主要有以几种方式：首先，项目经理会认为，由于有功能强大的软件，项目会管理、完成得更出色。其次，如果项目偏离计划，项目经理会认为软件能有办法让项目回到正常轨道上来。第三，软件如果使用不当，它可能会显示项目进行良好，但实际情况却并非如此，单凭软件显示一切正常是远远不够的。

3. 信息过量以致影响决策

项目管理软件提供了众多的功能和大量信息，比如过多的表格、图形等可能会导致项目经理无法抓住问题的关键所在。应该只使用功能合适的软件。项目经理要克制自己，避免使用某些只生成更多的报表却对成功地完成项目毫无益处的功能。

应该注意到，项目管理软件作为一种管理工具，它是一把双刃剑，它可以提高企业的管理效率，但也可能造成种种误导，反而不利于企业。要成功地应用项目管理软件，除了软件本身的因素外，企业自身的管理理念和实际管理水平，项目经理和团队成员的经验、技能以及责任心，往往是最重要的。

11.4.3　应用软件管理项目的基本过程

1. 启动阶段

在项目启动阶段确定项目的整体目标、项目的约束条件，为相关人员分配项目责任，并且根据需要为项目建立团队组织。这个阶段的工作并不需要借助于计算机软件，但是启动阶段的工作成果一般会成为计划阶段的输入信息。

2. 计划阶段

计划阶段就是为了保证项目的顺利实现，编制一个合理、可行、高效的工作计划，以达到项目目标中的各项要求。计划阶段利用软件管理项目的主要工作有：设置项目基本信息，创建项目任务，编制项目进度计划，建立资源列表，各项任务的资源分配，设置任务的风险信息，项目工期与资源的优化等。

1）设置项目基本信息

需要设置的项目基本信息有项目的名称、项目描述、总工期、项目日程安排方式、项目环境、项目日历等基本信息。

2）创建项目任务，编制项目进度计划

在设置完项目基本信息之后，接下来的工作是创建项目任务表，建立任务之间的层次关系，形成工作分解结构，编制项目进度计划。创建项目任务的主要内容包括：输入任务名称与任务代码；输入任务的工期；设置任务的层次关系；设定任务之间的关联性；定义周期性任务；定义里程碑（可以在每一个阶段结束时加入检查点，这个检查点其实便是里程碑）；为项目任务加入更多信息（任务备注及超链接）等。

3）项目工作分派与设定

主要包括如下工作：

（1）将项目任务分派给小组成员。

项目是众多工作的集合，因此项目中的任务需要以分派方式交由许多人共同来完成。当项目进行工作分配后，能够知道哪些人在进行哪些工作、是否超出工作负荷。

（2）建立资源表并将资源分配到任务中。

建立资源表：包括输入所需资源的名称；设置资源相关信息；输入资源的工作时间；输入单个资源的成本；设定资源的备注信息。

将资源分配到任务中：要确定每种任务所需资源的数量及工作频率。

当资源被分配到工作之后，项目管理人员便可以了解哪些人分配了哪些工作，哪些任务还没有分配，是否会出现工作负荷太高而无法及时将任务完成的情况。可以通过报表或任务视图方式来了解资源分配情况。

4）项目计划优化

项目的计划编制可能会存在缺陷，这种情况下，可以利用软件的计算功能对项目所做的计划进行调整与优化。项目管理软件具备的优化功能包括：关键路径的优化；工期约束下的资源均衡；资源之间的冲突调平；项目费用的估算。

3. 实施与控制阶段

在这一阶段，主要利用软件将项目运行过程中的实际情况与计划标准进行比较。具体包括建立比较基准、项目进度跟踪、实际成本跟踪、项目资源跟踪等。

1）比较基准

Project 中的“比较基准”是一组原始的开始日期和完成日期、工期、工时和成本估计值。在用户完成并精确调整项目计划之后，项目正式开始执行前保存这些估计值。估计值是用于衡量项目变化的主要参照点。比较基准包括任务、资源和工作分配的汇总信息以及时间分段信息。

如果比较基准信息与当前数据不同，表示原始计划不正确。一般来说，如果项目的范围或性质发生变化，就会出现这种差异。如果项目风险承担者认为该差异是合理的，可在项目进行过程中的任何时间修改或重新制定比较基准。如果项目的工期持续时间很长，或项目的计划任务，或成本发生显著更改，此时保存多个比较基准尤其有用。

2）项目进度跟踪

跟踪项目进度重要的是及时更新项目信息，以便于及时变更项目的工期，实现项目的进度跟踪。通过改变相应的资源数量可以变更项目的工期，例如增加资源可以缩短工期，减少资源可能延长工期。通过软件中的各种视图可以查看项目进度，及时发现项目工期及资源方面存在的问题，为及时解决冲突提供基础。

3）实际成本跟踪

在定义了项目活动并分配资源后，项目管理软件能够根据资源库中所定义资源的成本单价和成本计算方法，自动计算出各个资源在各个项目活动中的成本，从而得到各资源的总成本和项目总成本，以及随项目时间表而形成的项目成本的现金流。

项目实际成本跟踪，主要就是及时获取真实的项目实际成本数据，并与项目预算形成对比。因此，利用项目管理软件，可以将实际成本数据导入项目管理信息系统，形成与项目预算相对应的项目实际成本数据，并能计算出两者的差异。在获得了以上的基础数据后，就可以利用成本数据在项目过程中随时对项目的进展情况进行分析，可以计算出许多的项目绩效指标，如经常使用的挣值分析法，计算 BCWS、BCWP、ACWP、SV、CV、SPI、CPI 等，对项目进行多方面的量化分析。

4）项目资源跟踪

项目资源跟踪要及时掌握项目运行过程中的资源变更信息，并将变更后的实际资源消耗和资源基准计划进行比较。如果出现偏差十分显著，则应进行相应的调整。

4. 项目收尾阶段

项目收尾包括一系列零碎、繁琐的工作，如核实合同条款、项目移交评审、合同文件归档收集、整理项目等。利用项目管理软件可以得到不同形式的文件报表。

本章回顾

本章详细介绍了项目管理软件的分类，对目前市场上流行的项目管理软件的特点及功能等进行了分析和总结。重点介绍了 Primavera 公司的 P3 软件和 Microsoft Project 2003 软件，同时还对其他的项目管理软件进行了简单介绍，例如 Scitor 的 Project Scheduler，Primavera 公司的 Primavera SureTrak Project Manager，Welcom 公司的 Open Plan，ABT 公司的 PMW 等。在此基础上，对项目管理软件的应用方面进行了介绍，包括如何选择合适的项目管理软件、常见的应用误区以及项目管理软件的基本应用过程。

复　习　题

简答题

1. 项目管理软件的基本功能有哪些?
2. 代表性的项目管理软件有哪些?
3. 应用软件管理项目的基本过程有哪些?
4. Microsoft Project 2003 的工作视图有哪些？这些工作视图的作用是什么？
5. 在使用软件编制项目计划之前，需要为项目设置哪些基本信息?

程莉莉.2006.项目管理仿真与软件应用.天津：南开大学出版社.
宋伟.2008.项目管理概论.北京：机械工业出版社.
吴健，彭四平.2011.项目管理与实践应用.北京：机械工业出版社.
杨威.2006.管理高手 Project 2003 项目管理应用.北京：人民邮电出版社.
孙连三.2008.新编 Project 2003 项目管理从入门到精通.北京：人民邮电出版社.